财政部规划教材
全国财政职业教育教学指导委员会推荐教材
全国高职高专院校财经类教材

成本会计

主　编　尹湘萍
副主编　钱　文　廖峻波

中国财经出版传媒集团
中国财政经济出版社

图书在版编目（CIP）数据

成本会计／尹湘萍主编．——北京：中国财政经济出版社，2020.8（2022.7重印）

财政部规划教材　全国财政职业教育教学指导委员会推荐教材　全国高职高专院校财经类教材

ISBN 978-7-5095-9824-5

Ⅰ.①成…　Ⅱ.①尹…　Ⅲ.①成本会计－高等职业教育－教材　Ⅳ.①F234.2

中国版本图书馆 CIP 数据核字（2020）第 083521 号

责任编辑：樊　闽　　　　　　　　责任校对：徐艳丽
封面设计：孙俪铭

中国财政经济出版社 出版

URL：http：//www.cfeph.cn
E-mail：cfeph@cfeph.cn

（版权所有　翻印必究）

社址：北京市海淀区阜成路甲 28 号　邮政编码：100142
营销中心电话：010-88191537
北京鑫海金澳胶印有限公司印刷　各地新华书店经销
787×1092 毫米　16 开　14.25 印张　346 000 字
2020 年 8 月第 1 版　2022 年 7 月北京第 2 次印刷
定价：38.00 元
ISBN 978-7-5095-9824-5
（图书出现印装问题，本社负责调换）
本社质量投诉电话：010-88190744
打击盗版举报热线：010-88191661　QQ：2242791300

编写说明

本书是财政部规划教材,由财政部教材编审委员会组织编写并审定,可作为各类高职院校财会类专业学习"成本会计"课程的教材,也可以作为财会人员后续教育的培训教材和成本会计的自学工具书。

"成本会计"课程是财会类专业的核心课程,是继"会计基础""财务会计"等课程之后开设的一门专业课程,是研究成本费用管理理论、方法、技能,进行成本核算、分析、预测、决策、计划、控制、考评的专业课程。

本教材以制造业企业成本核算为主线,同时兼顾其他行业成本核算,与企业成本核算岗位紧密联系。本书具有以下几个特点:

1. 强调理实一体,教、学、练结合,具有较强的实践性和可操作性。教材有翔实的理论内容,易学的案例和丰富的例题,使学生懂理论、识案例、会操作。

2. 保持先进性,使学生学以致用。本教材根据《企业产品成本核算制度(试行)》(财会【2013】17号)、《企业会计准则——基本准则》(2014年版)、《关于修订印发〈企业会计准则14号——收入〉的通知》(财会【2017】22号)等最新财会法规编写。

3. 与时俱进,践行"绿水青山就是金山银山"等理念。本教材打破了传统成本会计的结构,增加了环境成本、质量成本等成本会计创新内容,从环境成本的构成内容、金额计量、账务处理等方面进行描述,使读者深知环境成本对企业和社会的重要性,更好地保护环境;从质量成本的构成内容、金额计量、账务处理等方面进行描述,使读者深知质量成本是企业的生命线。

4. 内容全面。本教材包含了成本会计九项内容,即包括成本会计认知、生产经营费用的归集与分配、生产费用在完工产品与在产品之间的分配、产品成本核算方法概述、产品成本核算的基本方法、产品成本核算的辅助方法、创新成本、成本报表的编制与分析、其他行业成本核算等,注重对学生全方位能力的培养。

5. 编写团队师资力量雄厚。教材编写团队由7人构成,高级职称4人,且都是教学一线的骨干教师,多年从事高职院校本专科成本会计教学工作,较好地保证了教材的准确性、可教性和可学性。

本教材由云南财经职业学院尹湘萍担任主编，钱文和廖峻波担任副主编，云南财经职业学院杨发娇、赵剑锋、谢惟佳、高秋元参编，具体分工如下：尹湘萍负责拟定编写大纲以及项目一和全书总纂及修改，项目二、项目七由钱文编写，项目三由杨发娇编写，项目四、项目五由廖峻波编写，项目六由谢惟佳编写，项目八由高秋元编写，项目九由赵剑锋编写。

本书为用书学校任课老师提供了习题答案和配套资源，如有需要，请以电子邮件形式向中国财政经济出版社索取（请注明学校、全书名、版次、作者），Email：caijingjiaocai@163.com。配套资源亦可登录以下网址下载：http：//cjjc.cfeph.cn 或 http：//jiaocai.cfeph.cn。

编者在编写过程中参考了大量的教材和论著，在此谨向这些作者深表谢意。由于编者水平有限，加之编写时间仓促，书中错误和不足之处在所难免，恳请读者批评指正，以便再版时修改完善。

本书编写得到了云南财经职业学院和中国财政经济出版社的大力支持，深表感谢。

编　者

2020年5月

目　录

项目一　成本会计认知 ……………………………………………… 1
　　案例引入 …………………………………………………………… 1
　　思维导图 …………………………………………………………… 2
　　任务一　成本认知 ………………………………………………… 2
　　任务二　成本会计认知 …………………………………………… 6
　　任务三　产品成本核算的要求和程序 …………………………… 13

项目二　生产经营费用的归集与分配 ………………………………… 21
　　案例引入 …………………………………………………………… 21
　　思维导图 …………………………………………………………… 22
　　任务一　生产经营费用要素的概述 ……………………………… 23
　　任务二　材料、燃料、动力费用的归集与分配 ………………… 24
　　任务三　职工薪酬的归集与分配 ………………………………… 30
　　任务四　辅助生产费用的归集与分配 …………………………… 33
　　任务五　制造费用的归集与分配 ………………………………… 46
　　任务六　废品损失和停工损失的归集与分配 …………………… 50

项目三　生产费用在完工产品与在产品之间的分配 ………………… 55
　　案例引入 …………………………………………………………… 55
　　思维导图 …………………………………………………………… 56
　　任务一　核算在产品数量 ………………………………………… 56
　　任务二　生产费用在完工产品与在产品之间的分配 …………… 59
　　任务三　结转完工产品成本 ……………………………………… 69

项目四　产品成本核算方法概述 ……………………………………… 71
　　案例引入 …………………………………………………………… 71
　　思维导图 …………………………………………………………… 72
　　任务一　生产特点和管理要求对产品成本核算的影响 ………… 72
　　任务二　产品成本核算的基本方法和辅助方法 ………………… 74

项目五　产品成本核算的基本方法 ······ 77
　　案例引入 ······ 77
　　思维导图 ······ 78
　　任务一　品种法 ······ 78
　　任务二　分批法 ······ 90
　　任务三　分步法 ······ 100

项目六　产品成本核算的辅助方法 ······ 122
　　案例引入 ······ 122
　　思维导图 ······ 123
　　任务一　产品成本核算的分类法 ······ 124
　　任务二　产品成本核算的定额法 ······ 131
　　任务三　产品成本核算的标准成本法 ······ 142

项目七　创新成本 ······ 155
　　案例引入 ······ 155
　　思维导图 ······ 156
　　任务一　质量成本的归集与分配 ······ 157
　　任务二　环境成本的归集与分配 ······ 161

项目八　成本报表的编制与分析 ······ 166
　　案例引入 ······ 166
　　思维导图 ······ 167
　　任务一　成本报表概述 ······ 168
　　任务二　成本报表编制 ······ 170
　　任务三　成本报表分析 ······ 178

项目九　其他行业成本核算 ······ 189
　　任务一　商品流通企业成本核算 ······ 189
　　任务二　物流企业成本核算 ······ 202
　　任务三　房地产开发企业成本核算 ······ 212

主要参考文献 ······ 221

项目一
成本会计认知

学习目标

知识目标	技能目标
➢ 明确成本、费用、支出三者之间的关系以及生产费用与产品成本的关系 ➢ 了解成本会计的职能,明确成本会计的任务 ➢ 了解成本会计工作组织方式 ➢ 熟悉产品成本核算要求	➢ 能将企业的成本、费用、支出进行区分 ➢ 能根据企业的具体情况组织成本会计工作 ➢ 能根据企业的实际情况制定企业成本核算制度及其要求

案例引入

李某和陈某在大学时是舍友,大学毕业以后,由于对玩具比较感兴趣,两人相约合伙开办了一家玩具厂,专门生产玩具,销往省内外。根据需要,他们选定厂址后,购置了一批新型的生产设备,招聘了20多名技术工人和管理人员。在设厂之前,李某和陈某每天只记流水账,就能掌握每天费用的发生情况。但玩具厂正式成立后,每天因为产品生产会有各种成本费用的发生,只靠登记流水账,根本无法分清不同类别、不同型号的玩具成本分别是多少,很难控制每个月的成本费用,到底应如何计算产品成本?产品定价是多少?如何做好成本的核算工作?如何设置成本核算岗位?这些问题都让他们感到很迷茫。如何解决这些问题呢?

思维导图

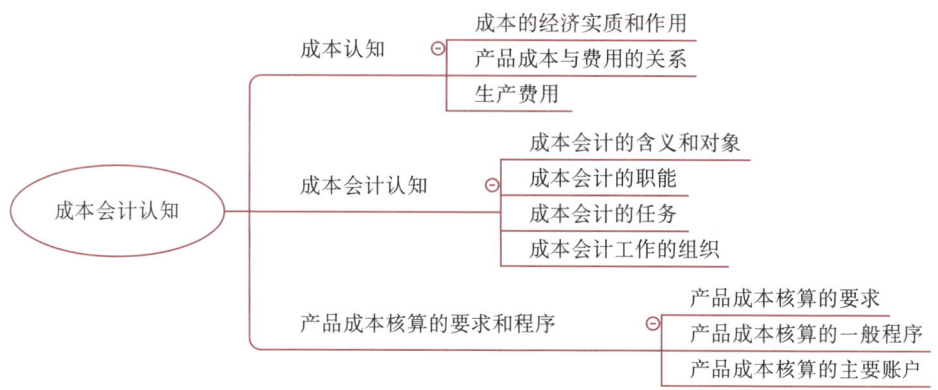

任务一 成本认知

一、成本的经济实质和作用

(一) 成本的经济实质

成本作为一个价值范畴，在社会主义市场经济中是客观存在的。加强成本管理，努力降低成本，无论对提高企业经济效益，还是对提高整个国民经济的宏观经济效益都具有极其重要的作用。而要做好成本管理工作首要任务是应充分认识成本的经济实质。

马克思曾指出了成本的经济实质。按照资本主义方式生产的每一个商品的价值用 W 来表示，价值公式为 $W=C+V+M$。如果我们从这个商品中减去剩余价值 M，那么在商品中剩下的只是在生产要素上耗费的资本价值 $C+V$ 的等价物或补偿价值。这部分价值，即补偿所消耗的生产资料价格和所使用的劳动力价格的部分，只是补偿资本家自身耗费的东西，所以对资本家来说，这就是商品的成本价格。马克思称之为商品"成本价格"的这部分价值，就是商品成本，也就是社会主义市场经济中商品的理论成本，即 $C+V$。

在实际工作中，成本是依据国家界定的成本开支范围确定的。例如，为了促使制造企业加强经济核算，节约生产耗费，减少生产损失，便于进行产品成本核算，对于一些不形成产品价值的损失性支出，如废品损失、部分停工损失等，也作为生产费用计入产品成本。可见，在实务中，产品成本的实际内容除了应主要反映理论成本的客观经济实质外，也应充分体现企业成本核算和管理的要求，把某些理论上不属于 $C+V$ 的内容列入成本。

(二) 成本的含义

成本有广义和狭义之分。广义的成本是指为取得一定资产或提供一定劳务而发生的各种耗费，主要包括存货的采购成本、产品的生产成本、股票和债券的投资成本、固定资产和无形资产的取得成本等。

狭义的成本是指产品的生产成本，也称为制造成本、生产成本，是指企业为生产一定种类、一定数量的产品而发生的各种耗费，包括直接材料、直接人工以及不能直接计入而按一定标准分配计入的各种间接费用等。

本教材主要针对狭义上的成本概念。

(三) 成本的作用

由于成本的实质是对所消耗的生产资料价格和劳动力价格的补偿，因此，成本作为衡量企业生产经营耗费的尺度，为制定产品价格和经营决策提供了依据，在经济管理中具有十分重要的作用。

1. 成本是企业补偿生产耗费的尺度

为了保证企业再生产的不断进行，必须对生产耗费进行补偿。生产经营过程中的耗费需要用企业的收入来补偿。企业在取得营业收入后，需要把相当于成本的部分划分出来，用以补偿生产经营过程中的资金耗费，这样，才能保证企业至少按照原有规模继续经营。若补偿份额小于成本，企业将会发生资金周转困难，企业规模将缩小，严重时甚至破产。

2. 成本是反映企业工作质量的综合指标

成本是一项综合性的经济指标，企业经营管理过程中的各项工作业绩，都可以直接或间接地通过成本反映出来。例如，原材料的节约与浪费、固定资产的使用效率、产品设计的合理性、生产效率的高低、产品质量的优劣、产品产量的多少以及供产销各环节的工作是否协调有序等都会直接或间接地影响成本。因此，成本是衡量企业经营管理水平的重要标志。企业可以通过对成本进行分析，考核各部门、各环节的工作质量，进而督促企业内部各部门加强经济核算，优化和改进管理，从而降低成本，提高企业的经济效益。

3. 成本是企业制定产品价格的重要因素

在商品经济中，产品价格是产品价值的货币表现。企业在制定产品价格时，应遵循价值规律的基本要求，使产品价格大体上符合其价值。但现阶段人们还不能直接计算产品的价值，只能计算产品成本，通过成本间接地、相对地掌握产品的价值。因此，成本就成了制定产品价格的重要因素。当然，产品的定价是一项复杂的工作，需要考虑的因素很多，如国家的价格政策及其他经济政策、产品在市场上的供求关系、市场上的竞争形式以及各种产品的比价关系等，因而产品成本只是制定产品价格的一个重要因素，但不是全部因素。

4. 成本是企业进行决策的重要依据

在生产经营过程中，企业管理者需要进行各种生产经营决策，而在决策过程中，管理者始终以追求经济效益的最大化为最终目的。成本是影响企业经济效益的一个非常重要的指标。在价格等因素一定的前提下，成本的高低直接影响着企业盈利的多少；而较低的成本，可以使企业在市场竞争中处于有利地位。只有及时提供准确的成本资料，才能为决策提供重要依据。

二、产品成本与费用的关系
（一）产品成本与费用的联系
费用是指企业在日常活动中发生的、会导致所有者权益减少的、与向所有者分配利润无关的经济利益的总流出。

费用是构成产品成本的基础；产品成本是为生产某种产品而发生的各种耗费，是对象化的费用。

（二）产品成本与费用的区别
费用的涵盖范围较宽，包括企业各个会计期间所有产品所发生的全部耗费。产品成本主要按产品进行归集，费用主要按会计期间进行归集。

三、生产费用
（一）生产费用的概念
生产费用是指企业在一定时期内生产产品和提供劳务过程中发生的各种耗费。

（二）生产费用的分类
1. 生产费用按经济用途分类

生产费用的经济用途是指生产产品或提供劳务过程中的实际用途。生产费用按经济用途分类，通常称为成本项目，也就是构成产品成本的各个项目。制造业的生产费用按经济用途可划分为以下成本项目：

（1）直接材料。直接材料是指构成产品实体的原材料以及有助于产品形成的主要材料和辅助材料。包括原材料、辅助材料、备品配件、外购半成品、包装物、低值易耗品等费用。

（2）燃料及动力。燃料及动力是指直接用于产品生产的外购和自制的燃料和动力。

（3）直接人工。直接人工是指直接从事产品生产工人的职工薪酬，包括工资、福利费、社会保险费、住房公积金等职工薪酬。

（4）制造费用。制造费用是指企业为生产产品和提供劳务发生的各项间接费用。如机物料消耗、车间管理人员工资、折旧费、季节性和修理期间停工损失等费用。

企业也可以根据生产特点和管理要求，单独增设"废品损失""停工损失"等项目。

2. 生产费用按经济内容分类

生产费用的经济内容是指产品在生产过程中具体消耗了多少物化劳动和活劳动，通常称之为费用要素。凡是为生产产品和提供劳务而开支的货币资金以及消耗的各种实物资产，均属于费用要素。制造业的生产费用按经济内容可划分为以下要素：

（1）外购材料。外购材料是指企业为生产产品和提供劳务而消耗的从外部购入的原料及主要材料、辅助材料、外购半成品、外购周转材料等。

（2）外购燃料。外购燃料是指企业为生产产品和提供劳务而消耗的从外部购入的固体、液体和气体燃料。

（3）外购动力。外购动力是指企业为生产产品和提供劳务而消耗的从外部购入的电力、蒸汽等各种动力。

（4）职工薪酬。职工薪酬是指企业为生产产品和提供劳务而发生的职工薪酬，包括工资、福利费、社会保险费、住房公积金等职工薪酬。

（5）折旧费。折旧费是指企业生产部门（车间、分厂）按规定计提的固定资产折旧费。

（6）其他支出。其他支出是指企业为生产产品和提供劳务而发生的不属于以上要素费用的其他支出，如车间的办公费、差旅费、水费、保险费等。

3. 生产费用按其计入产品成本的方式分类

生产费用按其计入产品成本的方式分类，可以分为直接计入费用和间接计入费用。

（1）直接计入费用。直接计入费用是指企业为生产某种产品（成本核算对象）而发生的费用。在计算产品成本时，该类费用可以根据费用发生的原始凭证直接计入该种产品（核算对象）的成本。如直接用于某种产品生产的原材料、生产工人的薪酬等。

（2）间接计入费用。间接计入费用是指企业为生产几种产品（成本核算对象）共同发生的费用。这类费用发生时无法根据原始凭证直接计入各该种产品成本，需要按照一定的方法进行分配以后再计入有关产品成本。

【例1-1】某企业2020年3月份发生如下开支：生产耗用材料200 000元，生产工人薪酬100 000元，行政管理部门人员薪酬50 000元，车间管理人员薪酬10 000元，车间水电费10 000元，税收滞纳金罚款3 000元。

请问：红星工厂3月份的产品成本是多少？

该企业3月份的产品成本 = 200 000 + 100 000 + 10 000 + 10 000
= 320 000（元）

【例1-2】某企业生产和销售甲、乙两种产品，2020年6月初，甲产品在产品成本为35 000元。6月份发生如下费用：生产耗用材料100 000元，其中甲产品消耗60 000元，乙产品消耗40 000元；生产工人薪酬60 000元，其中生产甲产品工人薪酬20 000元，生产乙产品工人薪酬40 000元；制造费用30 000元，其中甲产品负担10 000元，乙产品负担20 000元。月末甲产品在产品成本30 000元，乙产品无月初月末在产品。

请问：

该企业6月份生产费用是多少？完工甲、乙产品的生产成本各是多少？

该企业 6 月份生产费用 = 100 000 + 60 000 + 30 000 = 190 000（元）
该企业 6 月份完工甲产品成本 = 35 000 + 60 000 + 20 000 + 10 000 - 30 000
= 95 000（元）
该企业 6 月份完工乙产品成本 = 40 000 + 40 000 + 20 000 = 100 000（元）

> **课堂讨论**
>
> 如何区分"成本"和"费用"？
>
> 提示：
>
> 成本：按产品进行归集，以成本计算单或成本汇总表及产品入库单等作为计算依据。
>
> 费用：按会计期间进行归集，以取得的各种原始凭证为计算依据。

任务二　成本会计认知

一、成本会计的含义和对象

（一）成本会计的含义

成本会计是运用会计的基本原理和一般原则，采用一定的技术方法，对企业生产经营过程中各项资金耗费的发生，以及产品成本和劳务成本的形成，进行连续、系统、全面、综合的核算和监督的一种管理活动。

> **课堂讨论**
>
> 成本会计只涉及制造企业，这种说法是否正确？
>
> 提示：成本会计的主体应当是企业，各种类型的企业都应有成本会计。由于制造企业的生产活动是企业生产活动最典型的形式，因此，通常以制造企业为主体来设计成本会计学科体系。但是，成本会计的基本方法和原则也同样适用于施工企业、交通运输企业等其他各类企业。

（二）产品成本核算对象

1. 产品成本核算对象的概念

产品成本核算对象，是指确定归集和分配生产费用的具体对象，即生产费用承担的客体。成本核算对象的确定，是设立成本明细分类账户、归集和分配生产费用以及正确计算产品成本的前提。

2. 成本核算对象的确定

由于产品工艺、生产方式、成本管理等要求不同，产品项目不等同于成本核算对象。企业应当根据生产经营特点和管理要求来确定成本核算对象。一般情况下，对制造企业而言，大批大量单步骤生产产品或管理上不要求提供有关生产步骤成本信息的，以产品品种为成本核算对象；小批单件生产产品的，以每批或每件产品为成本核算对象；多步骤连续加工产品且管理上要求提供有关生产步骤成本信息的，以每种产品及各生产步骤为成本核算对象；产品规格繁多的，可将产品结构、耗用原材料和工艺过程基本相同的各种产品，适当合并作为核算对象。

企业内部管理有相关要求的，还可以按照现代企业多维度、多层次的管理要求，确定多元化的产品核算对象。多维度是指以产品的最小生产步骤或作业为基础，按照企业有关部门的生产流程及其相应的成本管理要求，利用现代信息技术，组合出产品维度、工序维度、车间班组维度、生产设备维度、客户订单维度、变动成本维度和固定成本维度等不同的成本核算对象。多层次是指根据企业成本管理需要，划分为企业管理部门、工厂、车间和班组等成本管理层次。

二、成本会计的职能

成本会计的职能是指成本会计所具有的功能，包括成本预测、成本决策、成本计划、成本控制、成本核算、成本分析和成本考核等具体内容。

（一）成本预测

成本预测是根据成本数据和其他有关资料，运用定量分析和定性分析的方法，对企业未来成本水平及其变动趋势做出科学估计。成本预测可就某种产品的成本进行预测，也可就企业的总成本进行预测。通过成本预测，可以避免企业生产经营管理过程中的随意性和盲目性，通过选择最佳方案，提高成本管理的科学性和预见性。

（二）成本决策

成本决策是指在成本预测的基础上，根据企业的具体情况对有关方案进行比较、分析和判断，在若干个成本方案中，选择最佳成本方案，确定最优目标成本的过程。做好成本决策对于企业正确制订成本计划，并在执行过程中完成计划，促进企业提高经济利益具有十分重要的意义。

（三）成本计划

成本计划是指在成本预测和成本决策的基础上，根据未来生产任务和降低成本的要求等，按照一定的方法所做出的、用以反映企业计划期生产费用和产品成本水平的一种计划。成本计划是企业进行成本控制、成本分析和成本考核的重要依据（见表1-2-1）。

表1-2-1　　　　　　　　　　　　制造费用预算表

预留编码：
编制部门　　　　　　　　　　　　　　　　编制日期
第　　张，共　　张　　　　　　　　　　　预算期间

序号	费用类型	费用项目	预算依据	上旬	中旬	下旬	全月合计
1	变动费用	燃料及动力					
2		劳动保护费					
3	固定费用	非计件人员工资					
4		非计件人员福利费					
5		折旧费					
6		修理费					
7		办公费					
		其中：电话费					
		低值易耗品					
		邮递费					
		交际应酬费					
		文具纸张等杂费					

（四）成本控制

成本控制是指企业按预先制定的成本标准或成本计划指标，对实际发生的费用进行审核，并将其限制在标准成本或计划内，同时揭示差异，消除不利因素，保证计划完成。通过成本控制可以保证成本目标的实现，促使企业不断降低成本（见表1-2-2）。

表1-2-2　　　　　　　　　　　　产品定额耗用表

部门：　　　　　　　　　　　　　　　　　　　　　　　　　　　　　　　编号：

产品名称	A产品	B产品	C产品
材料名称	定额耗用量（千克/件）	定额耗用量（千克/件）	定额耗用量（千克/件）
甲材料			
乙材料			
小计			

制表：　　　　　审核：　　　　　批准：　　　　　日期：

（五）成本核算

成本核算是指企业对实际发生的成本、费用，按照一定的标准和成本计算对象进行归集和分配，并采用适当的方法，计算出各种产品或劳务的总成本和单位成本，据此编制成本报表，为企业的成本管理提供成本信息。成本

核算既是对生产经营过程中发生的生产耗费进行如实反映的过程,也是进行反馈和控制的过程。通过成本核算,可以反映企业成本计划的执行情况,揭露生产经营中存在的问题,为制定产品价格提供依据,并为进行成本预测、编制下一期的成本计划提供可靠的资料,同时也为以后的成本分析和成本考核提供必要的依据(见表1-2-3)。

表1-2-3　　　　　　　　　　企业产品单位成本表

编制：　　　　　　　　　　　　　　　　　　　　　　年　　　日

产品名称		本月实际产量		本年计划产量	
规格		本年累积实际产量		上年同期实际产量	
计量单位		销售单价		上年同期销售单价	

成本项目	行次	历史先进水平　年	上年实际平均	本年计划	本月实际
		1	2	3	4
直接材料	1				
其中：原材料	2				
燃料及动力	3				

(六) 成本分析

成本分析是指企业利用成本核算和其他有关资料,与计划成本、上年同期实际成本、本企业历史先进水平,以及国内外同类产品先进成本进行比较,揭示差异,分析原因,制定措施,挖掘降低成本的潜力。通过成本分析,可以正确认识和掌握成本变动的规律,以便企业采取相应措施,改进管理,降低耗费,提高经济效益,并为编制成本计划和制定新的经营决策提供依据。

(七) 成本考核

成本考核是指企业对成本计划及其有关经济指标的实际完成情况所进行的考察和评价,以监督和促使企业加强成本管理责任制,履行经济责任,提高成本管理水平。成本考核一般与奖惩制度相结合,以调动各责任人努力完成目标成本的积极性。

成本会计的各项职能是相互联系、相互依存的。成本预测是成本决策的前提,成本决策既是成本预测的结果,又是制订成本计划的依据;成本计划是成本决策所确定的目标的具体化;成本控制是对成本计划的实施进行的监督,是实现成本决策既定目标的保证;成本核算是对成本计划是否完成的检验;成本分析是对计划完成与否的原因进行的检查;成本考核是实现承诺计划的重要手段。这一系列职能中,成本核算是基础,没有成本核算,其他各项职能都无法进行。

成本会计的职能及其关系如图1-2-1所示。

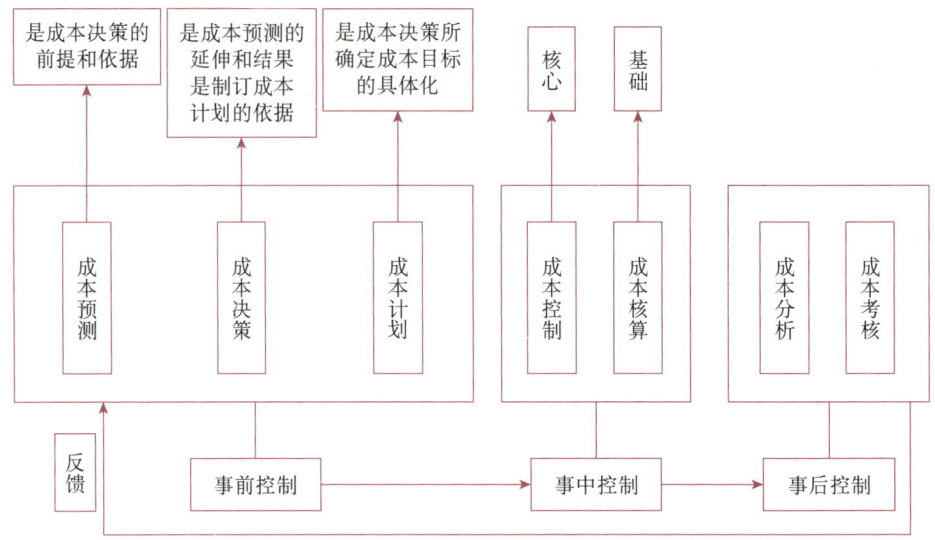

图 1-2-1 成本会计的职能及其关系

课堂讨论

某机械厂为新注册的企业,在首次财务工作会议上确定各会计岗位职责,管理上要求进行成本控制,成本效益与经济效益挂钩。请讨论确定该机械厂成本会计职责。

提示:该机械厂成本会计职责如下:

(1) 在财务负责人领导下,按照国家财经法规、公司财务制度和成本管理有关规定,负责拟定公司各成本核算实施细则,在上级批准后组织执行。

(2) 有关人员对公司重大项目、产品等进行成本核算,编制项目成本计划,提供有关的成本资料。

(3) 公司推行全面成本核算管理与控制,协助有关主管制定总体方案和实施办法,确定各类成本定额、标准,并协助各部门和下属企业的推广培训。

(4) 不断监督、调查各部门执行成本计划的情况,并就出现的问题及时上报。

(5) 学习、掌握先机的成本管理和成本核算方法及计算机操作方法,提出降低成本的控制措施和建议。

(6) 做好相关成本资料的整理、归档以及数据库的建立、查询、更新工作。

(7) 完成财务负责人临时交办的其他任务。

三、成本会计的任务

根据企业经营管理的要求以及适应成本会计对象和职能的特点,成本会计的任务主要有如下四个方面:

(一)正确计算产品成本,及时提供成本信息

成本数据正确可靠,才能满足管理的需要。如果成本资料不能反映产品成本的实际水平,不仅难以考核成本计划的完成情况和进行成本决策,而且还会影响利润的正确计量和存货的正确计价,歪曲企业的财务状况。及时编制各种成本报表,可以使企业的有关人员及时了解成本的变化情况,并作为制定售价、做出成本决策的重要参考资料。

(二)优化成本决策,确立目标成本

优化成本决策,需要在科学的成本预测基础上收集整理各种成本信息,在现实和可能的条件下,采取各种降低成本的措施,从若干可行方案中选择生产每件合格产品所消耗活劳动和物化劳动最少的方案,使成本最低化作为制定目标成本的基础。为了优化成本决策,需增强企业员工的成本意识,使之在处理每一项业务活动时都能自觉地考虑和重视降低产品成本的要求,把所费与所得进行比较,以提高企业的经济效益。

(三)加强成本控制,防止挤占成本

加强成本控制,首先是进行目标成本控制,主要依靠执行者自主管理,进行自我控制,以促其提高技术,厉行节约,注重效益。其次是遵守各项法律、法规的规定,控制各项费用支出、营业外支出等挤占成本。

(四)建立成本责任制度,加强成本责任考核

成本责任制是对企业各部门、各层次和执行人在成本方面的职责所做的规定,是提高职工降低成本的责任心,发挥其主动性、积极性和创造力的有效办法。建立成本责任制度,要把完成成本降低任务的责任落实到每个部门、层次和责任人,使职工的责、权、利相结合,职工的劳动所得同劳动成本相结合;各责任单位与个人要承担降低成本之责,执行成本计划之权,获得奖惩之利。实行成本责任制度时,成本会计要以责任者为核算对象,按责任的归属对所发生的可控成本进行记录、汇总、分配整理、计算、传递和报告,并报各责任单位或个人的实际可控成本与其目标成本相比较,揭示差异,寻找发生原因,据以确定奖惩并挖掘进一步降低成本的潜力。

四、成本会计工作的组织

成本会计工作的组织主要包括:设置成本会计机构、配备成本会计人员和制定成本会计制度等。

(一)设置成本会计机构

成本会计机构是指负责组织领导和从事成本会计工作的职能部门。企业在设置成本会计机构时应遵循"成本效益原则",即在保证成本会计工作质量的前提下,按照节约成本会计工作时间和费用的原则,对成本会计机构进行设置。一般而言,大中型企业应在财务部门中,单独设置成本会计机构,专门从事成本会计工作;小规模企业,由于经济业务不多,成本核算工作量较小,可在会计部门中指定专人负责成本会计工作。

企业可结合自身的经营规模、经济业务的复杂程度、成本管理要求等对成本会计工作进行组织。成本会计工作的组织方式主要有集中核算方式和分散核算方式。

1. 集中核算方式

集中核算方式是指企业成本会计中的成本核算和分析等方面的工作，主要由总部成本会计机构集中进行，而各生产单位或其他有关部门的成本会计机构或人员只负责原始记录和原始凭证的填制，并对原始记录和原始凭证进行初步的审核、整理和汇总，为总部成本会计机构开展成本核算和分析等工作提供资料。

集中核算方式的优点是有利于减少企业成本核算机构的层次和人员，及时提供有关成本信息，全面掌握情况。缺点是不便于生产部门对成本费用进行控制，不利于调动车间和生产工人降低成本的积极性。集中核算方式一般适用于规模小、成本核算和分析等工作较为简单的企业。

2. 分散核算方式

分散核算方式是指企业成本会计机构中的成本核算和分析等方面的工作，由各成本中心、其他有关部门和企业总部的成本会计机构或人员分别进行。在该种核算方式下，各成本中心和有关部门会计人员完成主要会计凭证的审核整理和汇总、各种费用的归集和分配、生产费用的核算和产品成本的计算等工作。总部成本会计机构根据各成本中心货物有关部门的成本资料进行企业成本的汇总核算，并对各成本中心和有关部门的成本会计机构和人员进行业务上的指导和监督。

分散核算的优点是有利于各成本中心和有关部门及时了解本中心或部门的成本费用信息，分析成本费用指标，进而控制费用，降低成本水平。缺点是会增加成本核算的层次和人员，增加人工成本。分散核算方式一般适用于规模大、成本核算和分析等工作比较复杂、各部门独立性比较强的企业。

（二）配备成本会计人员

成本会计人员是专门从事成本会计工作的专业技术人员。无论企业采用何种成本会计工作方式，合理配备思想品德优秀、业务技能精通的专门从事成本会计工作的人员，是做好会计工作的关键。就思想品德而言，成本会计人员应具备客观公正、廉洁自律、诚实守信、爱岗敬业和坚持准则的工作作风和敬业精神；就业务素质而言，成本会计人员不仅要熟悉会计法规、准则和制度，掌握能够适应成本会计工作的会计基础知识和实务操作技能，而且要具备一定的生产技术和经营管理方面的知识。

（三）制定成本会计制度

成本会计制度是组织和从事成本会计工作必须遵循的规范和依据，是做好成本会计工作的重要条件。国家关于成本会计的法规制度主要有《中华人民共和国会计法》《企业会计准则》《小企业会计准则》《企业产品成本核算制度（试行）》、会计监督制度、会计机构和会计人员制度、会计工作管理制度及内部控制制度等。企业作为会计个体，为了具体规范本企业的成本会计工作，还应根据国家的各种成本会计法规制度，结合本企业生产经营特点各管理的需要，制定适合本企业具体的成本会计制度、规程或办法，作为企业进行成本会计工作的直接依据。企业内部成本会计制度、规程或办法一般包括：成本基础工作制度；成本岗位责任制；成本开支范围的规定；成本定额、成本计划和费用预算的编制方法；成本预测、决策、分析和考核制度；成本报表制度等。

任务三　产品成本核算的要求和程序

一、产品成本核算的要求
（一）做好各项基础工作

成本会计的基础工作是企业具体开展成本会计工作的前提条件。企业应加强成本会计基础工作的开展，才能顺利开展各项成本会计工作，确保成本会计工作质量和预期目标的完成。成本会计的基础工作主要包括以下几个方面：

1. 建立和健全原始记录制度

原始记录是反映企业生产经营活动情况的书面凭证。企业原始记录主要包括以下几类：反映经营成果活动及其成果的原始记录，如生产通知书、产品入库单、废品报告单等；反映材料物资动态的原始记录，如领料单、退料单、材料盘点盘亏报告单等；反映劳动耗费的原始记录，如考勤记录、加班加点记录、工资结算单等。原始记录是企业进行各项成本核算、分析消耗定额、费用预算和成本计划等完成情况的直接依据。企业必须建立严格的原始凭证记录制度，明确企业各种原始记录的取得、登记、传递和保管等方面的工作程序和责任。

2. 建立和健全物资的计量和验收制度

做好物资的计量、验收、领发和盘点工作，是企业正确计算成本和进行成本控制的必要前提。企业一切物资的收发都要经过计量、验收并办理必要的凭证手续。为此，企业必须建立和健全物资的计量和验收制度，明确计量器具标准，质量检验的程序和机构，各项财产物资的收、发、领、退程序和手续要求等。

3. 建立和健全定额管理制度

定额是指企业在生产经营过程中，对人力、物力、财力的消耗及占用所制定的数量标准。科学先进的定额是企业编制成本计划的依据，也是评价企业业绩的基础，是进行成本控制和成本分析的客观尺度。与成本有关的定额包括工时定额、产量定额、原材料消耗定额、制造费用或管理费用限额、产品合格率、废品率、固定资产利用率等。企业制定的定额既要先进又要切合实际，并随着企业生产技术条件的变化和管理水平的提高而定期修订。

4. 建立和健全内部结算价格制度

内部结算价格是指企业内部各单位之间计价结算的价格。对于原材料、辅助材料、在产品、半成品和生产单位相互提供的劳务（如修理、运输、动力等），企业都要制定合理的内部结算价格。为此，建立和健全内部结算价格制度，以合理的内部结算价格作为企业内部结算和考核的依据，对于实行成本控制、评价、考核企业内部的工作业绩，明确各单位的经济责任都有非常重要的意义。

（二）正确划分各种费用的界限

为了正确计算产品成本，必须正确划分五个方面的费用界限：

1. 正确划分收益性支出和资本性支出的界限

收益性支出是指该项支出的效益仅限于某一会计年度，一般是指受益期不超过一年或一个营业周期的支出。若与企业产品生产密切相关的，如企业为生产经营而发生的材料、工资等计入产品成本；若与生产无因果关系的，计入期间费用。

资本性支出是指该项支出的效益涉及几个会计年度，一般是指受益期超过一年或一个营业周期的支出。如企业购建的固定资产、无形资产的支出，就应计入资产价值，然后按收益期分期计入产品成本或期间费用。

2. 正确划分生产费用、期间费用和营业外支出的界限

生产费用是指企业在一定时期内生产产品和提供劳务过程中发生的各种耗费，包括直接材料、直接人工和制造费用等。

期间费用是指企业日常活动发生的不能计入特定核算对象的成本，包括管理费用、销售费用和财务费用。

营业外支出是指企业发生的与其日常活动无直接关系的各项损失，包括非流动资产毁损报废损失、捐赠支出、盘亏损失、非常损失、罚款支出、债务重组损失等。

生产费用和期间费用是与企业的日常生产经营活动息息相关的，属于正常的生产经营支出。生产费用需直接或间接计入产品成本，而期间费用直接计入当期损益，不计入产品成本，营业外支出是非日常活动发生的计入当期损益的各项损失。

3. 正确划分本期成本费用与以后期间成本费用的界限

企业应根据权责发生制原则严格区分产品成本的归属期间。凡是应由本期产品成本负担的费用，不论款项是否支付，均应计入本期产品成本；凡是不属于本期产品成本应负担的费用，即使款项已经支付，也不应计入本期产品成本。对于本月发生的成本费用，应在本月入账，不得延至下月入账，也不应在月末提前结账，变相把本月成本、费用的一部分作为下月成本费用处理。

4. 正确划分各种产品成本费用的界限

企业已发生的各种成本费用除应区分归属期外，还应划分应由哪种产品

负担。划分的依据主要是受益原则，哪一种产品受益，就由哪一种产品负担。凡是能直接确定应由某种产品负担的成本费用，就应直接计入该种产品成本；凡是几种产品共同发生的成本费用，应采用适当的分配方法，合理地分配计入相关产品成本。

5. 正确划分本期完工产品与期末在产品成本的界限

通过以上成本费用界限的划分，确定了各种产品本月应负担的成本费用。月末，如果某种产品已全部完工，则该种产品明细账所归集的所有成本就是该种完工产品成本，用总成本除以产量，就是该种产品的单位成本；如果某种产品全部未完工，则产品明细账中归集的所有成本就是该种在产品成本；如果某种产品一部分完工，另一部分尚未完工，则产品明细账中所归集的成本应采用适当的方法在完工产品与在产品之间进行分配，分别计算出完工产品的成本和月末在产品成本。另外，上月末尚未完工的在产品转入本月继续加工，其上月末分配负担的成本即为本月初在产品成本。

月初在产品成本、本月生产成本、本月完工产品成本和月末在产品成本之间的关系如下：

月初在产品成本 + 本月生产成本 = 本月完工产品成本 + 月末在产品成本

能否正确划分上述五个方面的费用界限，是成本、费用核算正确与否的关键所在，是检查和评价成本管理工作的主要标准。成本、费用的核算过程，也是正确划分这几个费用界限的过程。企业应当遵循受益原则，即谁受益谁负担、何时受益何时负担、负担费用应与受益程度成正比。

（三）根据生产特点和管理要求选择适当的成本计算方法

产品成本的计算，关键是选择适当的产品成本计算方法。产品成本计算的方法应根据产品的生产特点、管理要求及工艺过程等予以确定，否则，产品成本就会失去真实性，无法进行成本分析和考核。目前，企业常用的产品成本计算方法有品种法、分批法、分步法、分类法、定额法、标准成本法等。

（四）遵守一致性原则

企业产品成本核算采用的会计政策和会计估计一经确定，不得随意变更。在成本核算中，各种会计处理方法要前后一致，使前后各项的成本资料相互可比。比如，企业应根据企业会计准则的规定正确确定固定资产的折旧方法、使用年限、预计净残值、无形资产的摊销方法、摊销期限等。各种方法一经确定，应保持相对稳定，不能随意变更。

（五）编制产品成本报表

企业一般应当按月编制产品成本报表，全面反映企业生产成本、成本计划执行情况、产品成本及其变动情况等。企业可以根据自身管理要求，确定成本报表的具体格式和列报方式。

二、产品成本核算的一般程序

产品成本核算的一般程序，是指对企业在生产经营过程中发生的各项生产费用和期间费用,按照成本核算的要求,逐步进行归集和分配,最后计算出各种产品的生产成本和各项期间费用的过程。成本核算的一般程序如下:

(1) 确定成本计算对象。企业应根据自身的生产特点和管理要求,选择合适的产品成本计算对象,并根据确定的成本计算对象开设产品成本明细账。成本计算对象有产品品种、产品批别、产品生产步骤。

(2) 确定成本项目。企业计算产品生产成本,一般应设置"直接材料""燃料及动力""直接人工""制造费用"等成本项目。

(3) 设置有关成本和费用明细账。如生产成本明细账、制造费用明细账、产成品和自制半成品明细账等。

(4) 收集确定各种产品的生产量、入库量、在产品盘存量以及材料、工时、动力消耗等,并对所有已发生生产费用进行审核。

(5) 归集所发生的全部生产费用,并按照确定的成本计算对象予以分配,按成本项目计算各种产品的在产品成本、产成品成本和单位成本。

(6) 结转产品销售成本(见表1-3-1)。

表1-3-1　　　　　　　　　　产品成本明细账

产品名称:××产品　　　　　　　产成品:××件　　　　　　　　　　单位:元

年		凭证		摘要	成本项目			合计
月	日	字	号		直接材料	直接人工	制造费用	
				期初余额				
				根据材料费用分配表				
				根据职工薪酬分配表				
				根据制造费用分配表				
				生产费用合计				
				结转完工产品成本				
				月末在产品成本				

课堂讨论

一家生产儿童三轮车的小厂,本月为生产产品发生了下列支出:

钢管:50 000元

油漆:1 000元

橡胶轮胎:10 000元

其他配件:2 000元

车间生产用电:2 000元

车间照明用电:1 000元

厂部用电：1 000元

工人工资：20 000元

设备租金：2 000元

生产设备折旧：2 000元

厂部管理人员工资：8 000元

请问：上述哪些计入产品成本，哪些计入期间费用？

三、产品成本核算的主要账户

为了进行产品成本核算，企业一般应设置一定的总账账户及必要的明细账户。总账账户一般应设置"生产成本""制造费用""废品损失""库存商品""管理费用""销售费用""财务费用""长期待摊费用"等。下面对成本核算的主要账户分别加以介绍：

（一）"生产成本"账户

该账户属于成本类账户，核算企业进行工业性生产发生的各项生产成本，包括生产各种产品（产成品、自制半成品等）、自制材料、自制工具、自制设备等。该账户借方核算所发生的各项生产费用，贷方核算完工转出的产品成本，期末借方余额表示尚未完工的各项在产品成本。

为了分别核算基本生产成本和辅助生产成本，还应在"生产成本"账户下分别设置"基本生产成本"和"辅助生产成本"两个二级账户。企业根据需要，也可以将"生产成本"账户分设为"基本生产成本"和"辅助生产成本"两个一级账户。

1. "基本生产成本"二级账户

基本生产是指为完成企业主要生产目的而进行的产品生产。为了归集基本生产所发生的各项生产费用，计算基本生产产品成本，应设置"基本生产成本"明细账。该账户借方核算企业为进行基本生产而发生的各项费用，贷方核算转出的完工入库的产品成本，期末借方余额表示基本生产的在产品成本，即基本生产在产品占用的资金。"基本生产成本"账户应按产品品种或产品批别、生产步骤等成本计算对象分设明细账，账内按产品成本项目分设专栏，登记该产品的各成本项目的月初在产品成本、本月发生成本、本月完工产品成本和月末在产品成本（见表1-3-2）。

表1-3-2　　　　　　　　　　基本生产成本明细账

车间名称：第一车间　　　　　产品名称：A产品　　　　　　　　　　单位：元

年		凭证		摘要	产量/件	成本项目			成本合计
月	日	字	号			直接材料	直接人工	制造费用	
3	1			月初在产品成本		15 000	7 000	8 000	30 000
3	31			本月生产费用		185 000	53 000	64 000	302 000

续表

年		凭证		摘 要	产量/件	成本项目			成本合计
月	日	字	号			直接材料	直接人工	制造费用	
3	31			本月费用累计		200 000	60 000	72 000	332 000
3	31			本月完工产品成本	3 000	162 000	54 000	63 000	279 000
3	31			月末在产品成本		38 000	6 000	9 000	53 000

2. "辅助生产成本"二级账户

辅助生产是指为基本生产服务而进行的产品生产和劳务供应。辅助生产所提供的产品和劳务，有时也对外销售，但这不是它的主要目的。为了归集辅助生产所发生的各种生产费用，计算辅助生产所提供的产品和劳务的成本，应设置"辅助生产成本"明细账。该账户借方核算为进行辅助生产而发生的各种费用，贷方核算完工入库产品的成本或分配转出的劳务成本，期末借方余额表示辅助生产在产品的成本，即辅助生产在产品占用的资金。"辅助生产成本"账户应按辅助生产车间和生产的产品、劳务分设明细账，账内按费用项目专栏进行明细登记。

(二) "制造费用"账户

该账户属于成本类账户，核算企业为生产产品（或提供劳务）而发生的，应计入产品成本但没有专设成本项目的各项间接生产费用。该账户借方核算企业实际发生的制造费用，贷方核算分配转出的制造费用，期末，将共同负担的制造费用按照一定的标准分配计入各成本核算对象，除季节性生产企业外，该账户月末应无余额。"制造费用"账户应按不同的生产车间、部门和费用项目分设明细账，账内按费用项目设立专栏进行明细登记（见表1-3-3）。

表1-3-3　　　　　　　　　　　制造费用明细账

生产车间：　　　　　　　　　　　　　　　　　　　　　　　　　　　金额单位：元

年		凭证		摘要	借方	贷方	余额	费用项目		
月	日	字	号							

(三) "废品损失"账户

该账户属于成本类账户，核算企业在生产过程中发生的和入库后发现的超定额的不可修复废品的生产成本，以及可修复废品的修复费用，扣除回收的废品残料价值和应收赔款以后的损失。该账户借方核算不可修复废品的生产成本和可修复废品的修复费用，贷方核算废品残料回收的价值、应收的赔款以及转出的废品净损失，该账户期末应无余额。"废品损失"账户应按车间、部门设置明细账，账内按产品品种分设专户，并按成本项目设置专栏或进行明细登记（见表1-3-4）。

表1-3-4　　　　　　　　　废品损失明细账

生产车间：××车间　　　　　　产品名称：××产品　　　　　　　　金额单位：元

年		凭证		摘要	产量（件）	借方				贷方	余额
月	日	字	号			直接材料	直接人工	制造费用	合计		

（四）"库存商品"账户

该账户属于资产类账户，核算企业库存产成品的增减变动情况。该账户借方核算已经完工验收入库的各种产品的实际成本，贷方核算已经出售的各种产品的实际成本，期末借方余额表示库存产成品的成本。"库存商品"账户应按产成品的品种、规格或类别设置明细账（见表1-3-5）。

表1-3-5　　　　　　　　　　库存商品明细账

产品类别：　　　　　　　　　产品规格：　　　　　　　　　产品编号：
产品名称：　　　　　　　　　计量单位：　　　　　　　　　存放地点：

年		凭证		摘要	收入			发出			结存		
月	日	字	号		数量	单价	金额	数量	单价	金额	数量	单价	金额

（五）"管理费用"账户

该账户属于损益类账户，核算企业为组织和管理生产经营活动发生的各种费用，包括企业在筹建期间内发生的开办费、董事会和行政管理部门在企业经营管理中发生的以及应由企业统一负担的公司经费（包括行政管理部门职工薪酬、物料消耗、低值易耗品摊销、办公费和差旅费等）、行政管理部门负担的工会经费、董事会费（包括董事会成员津贴、会议费和差旅费等）、聘请中介机构费、咨询费（含顾问费）、诉讼费、业务招待费、技术转让费、研究费用等。企业生产车间（部门）和行政管理部门发生的固定资产修理费用等后续支出，也作为管理费用。该账户借方核算企业发生的各项管理费用，贷方核算期末转入"本年利润"账户的管理费用，结转后，该账户期末应无余额。"管理费用"账户应按费用项目设置专栏或进行明细登记（见表1-3-6）。

表1-3-6　　　　　　　　　　　　　　管理费用明细账

年		凭证		摘要	借方						贷方
月	日	字	号		材料费	人工费	折旧费	修理费	……	合计	

（六）"销售费用"账户

该账户属于损益类账户，核算企业在产品销售商品和材料、提供服务过程中发生的各项费用，包括企业在销售商品过程中发生的保险费、包装费、展览费和广告费、商品维修费、预计产品质量保证损失、运输费、装卸费等以及为销售本企业产品而专设的销售机构的职工薪酬、业务费、折旧费等经营费用。企业发生的与专设机构相关的固定资产修理费用等后续支出也属于销售费用。该账户借方核算企业实际发生的各项产品销售费用，贷方核算期末转入"本年利润"账户的产品销售费用，结转后，该账户期末应无余额。"销售费用"账户应按费用项目设置专栏或进行明细登记。

（七）"财务费用"账户

该账户属于损益类账户，核算企业为筹集生产经营所需资金等而发生的筹资费用，包括利息支出（减利息收入）。汇兑损益以及相关的手续费、企业发生的现金折扣或收到的现金折扣等。该账户借方核算企业发生的各项财务费用，贷方核算期末转入"本年利润"账户的财务费用，结转后，该账户期末应无余额。"财务费用"账户应按费用项目设置专栏或进行明细登记。

（八）"长期待摊费用"账户

该账户属于资产类账户，核算企业已经发生但因由本期和以后各期负担的分摊期限在一年以上的各项费用，如以租赁方式租入的使用权资产发生的改良支出等。该账户借方核算企业发生的长期待摊费用，贷方核算摊销的长期待摊费用，期末借方余额表示企业尚未摊销完毕的长期待摊费用。"长期待摊费用"账户应按待摊费用项目进行明细核算。

项目二
生产经营费用的归集与分配

学习目标

知识目标	技能目标
➤ 掌握生产经营费用的含义 ➤ 掌握生产费用和经营费用的区别 ➤ 掌握生产费用和经营费用的分类 ➤ 掌握材料、燃料、动力费用的归集与分配 ➤ 掌握职工薪酬的归集与分配 ➤ 掌握辅助生产费用的归集 ➤ 理解辅助生产费用分配法中的直接分配法、交互分配法和计划成本分配法 ➤ 了解辅助生产费用分配法中的顺序分配法和代数分配法 ➤ 掌握制造费用的归集与分配 ➤ 掌握废品损失和停工损失的核算	➤ 能进行材料、燃料、动力费用的归集与分配 ➤ 能进行职工薪酬的归集与分配 ➤ 能进行辅助生产费用的归集与分配，能熟练使用辅助生产费用分配法中的直接分配法、交互分配法和计划成本分配法 ➤ 能进行制造费用的归集与分配 ➤ 能进行废品损失和停工损失的核算

案例引入

　　竹园工厂有三个基本生产车间、供水和供电两个辅助生产车间、企业行政管理部门和销售部门，生产甲、乙两种产品，工厂成本核算员按照谁受益、谁承担，受益多少、承担多少的原则对生产经营费用进行分配。其中，材料、燃料、动力费用的分配方法采用材料定额消耗量比例分配法、材料定额费用比例分配法、材料实际耗用量比例分配法等；职工薪酬费用的分配方法采用产品生产工时比例分配法、产品定额工时比例分配法等；辅助生产费用的分配方法采用直接分配法、交互分配法、计划成本分配法、顺序分配法和代数分配法等；制造费用的分配方法采用生产工人工时比例法、机器工时比例法、年度计划分配率法等；不可修复废品损失的分配方法采用实际成本法和定额成本法等。

厂长认为，成本核算员对生产经营费用的分配方法多种多样，比较合理，可以采用；但财务负责人认为，对生产经营费用的分配应该遵守《企业产品成本核算制度（试行）》（财会［2013］17号）等法规，在不同的条件下采用不同的方法进行分配。

如果你是成本核算员，你认为他们的说法对吗？

思维导图

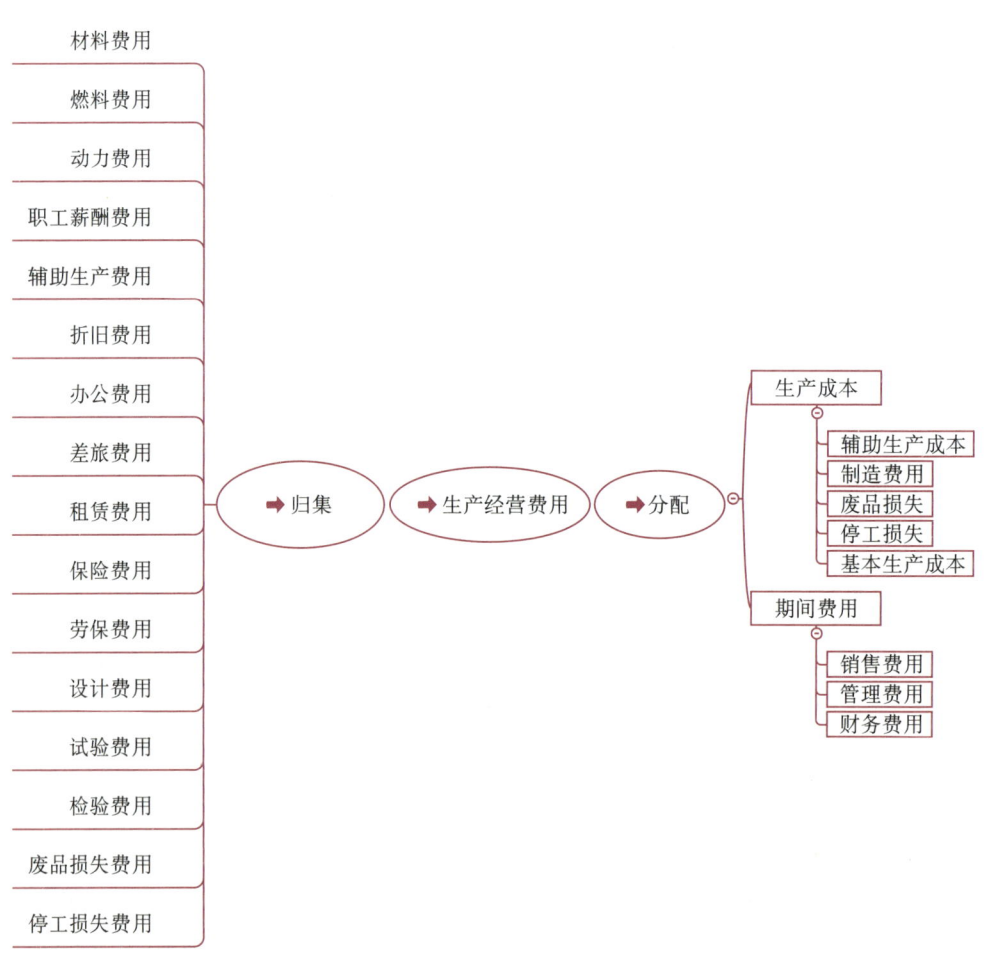

任务一　生产经营费用要素的概述

生产经营费用要素是制造业企业在生产经营过程中所发生的耗费，要按照受益原则，即谁受益、谁承担，受益多少、承担多少的原则进行分配。生产经营费用要素一般包括生产费用和经营费用，生产费用计入产品成本，经营费用计入当期损益。

生产费用在项目一已经详细说明，在此不再赘述，下面详细介绍经营费用。经营费用是企业在生产经营过程中发生的期间费用，直接抵减当期利润，其项目很多，主要包括以下内容。

一、经营费用要素的分类

经营费用要素的分类主要有以下两类。

（一）经营费用要素按照经济内容分类

（1）固定资产修理费。为保证固定资产正常运行而发生的修理支出。

（2）利息费用。主要是指利息支出和利息收入，它是企业为筹集生产经营资金而发生的利息净支出。

（3）税金及附加。主要是指消费税、城市维护建设税、教育费附加、资源税、环境保护税、土地增值税、房产税、城镇土地使用税、车船税、印花税、耕地占用税、契税、车辆购置税等，它是企业经营活动应该负担的税费。

经营费用要素按照经济内容分类反映了经营费用的具体内容，但不能反映其具体用途。

（二）经营费用要素按照经济用途分类

（1）销售费用。包括企业在销售商品过程中发生的保险费、包装费、展览费、广告费、商品维修费，产品质量保证损失、运输费、装卸费等，以及为销售本企业商品而专设的销售机构（含销售网点、售后服务网点等）的职工薪酬、业务费、折旧费、固定资产修理费等经营费用。这些费用是企业在销售商品和材料、提供劳务的过程中发生的各种耗费。

（2）管理费用。包括企业在筹建期间内发生的开办费、董事会和行政管理部门在企业的经营管理中发生的以及应由企业统一负担的公司经费（包括行政管理部门职工薪酬、物料消耗、低值易耗品摊销、办公费和差旅费等）、行政管理部门负担的工会经费、董事会费（包括董事会成员津贴、会议费和差旅费等）、聘请中介机构费、咨询费（含顾问费）、诉讼费、业务招待费、技术转让费、研究费用、企业生产车间（部门）和行政管理部门发生的固定资产修理费用等。这些费用是企业为组织和管理生产经营活动而发生的各种耗费。

(3) 财务费用。包括利息支出（减利息收入）、汇兑损益以及相关的手续费、企业发生的现金折扣或收到的现金折扣等。这些费用是企业为筹集生产经营所需资金等而发生的筹资费用。

经营费用要素按照经济用途分类反映了经营费用用途，但不能反映其具体项目的内容。

二、生产经营费用要素的归集与分配原则

生产经营费用包括生产费用和经营费用，生产费用计入产品成本，能分清某一成本核算对象负担的，直接计入其成本，不能分清某一成本核算对象负担的，采用一定的分配标准分配计入其成本；经营费用属于期间费用，包括销售费用、管理费用和财务费用，应该计入当期损益。生产经营费用要素的分配应该遵守下列原则。

（1）按受益的多少进行分配。
（2）按权责发生制要求，不跨期分配。
（3）分配收益大于分配成本。
（4）根据原始记录进行分配。
（5）生产经营费用要素的分配必须有利于成本管理。

三、生产经营费用要素分配的操作顺序

第一步：编制费用分配表或费用汇总分配表。
第二步：编制记账凭证。
第三步：登记成本明细账。
第四步：登记成本类总账，计算总成本和单位成本。

任务二　材料、燃料、动力费用的归集与分配

一、材料费用的归集与分配

制造业企业的材料包括原材料、主要材料、辅助材料、配品配件、外购半成品、包装物、低值易耗品等，材料费用的归集与分配就是将发生的材料费用进行汇总后再分配到各个受益对象的过程。

（一）材料费用的归集

材料费用的归集是将发生的材料费用按照具体用途和发生地点进行汇总，汇总时要强调基础性原则，即要以完整、准确的原始记录为基础进行汇总，这些原始记录主要包括领料单、限额领料单、领料登记簿、退料单等，如表2-2-1、表2-2-2所示。

表 2-2-1　　　　　　　　　　　　　　　领料单

领料部门：第一车间　　　　　　　　　2020 年 9 月 30 日　　　　　　　　　　　　字第 01 号

材料编号	材料名称	规格	单位	应领数量	实领数量	价格	
						单价	金额
001	甲材料		千克	10	10	15	150
用途	A 产品 B 产品	领料部门 || 发料部门				
		负责人	领料人	核准人	发料人		
			张三		李四		

表 2-2-2　　　　　　　　　　　　　　　退料单

2020 年 9 月 30 日

退料原因：剩余材料　　　　　　　　　退料单位：第一车间　　　　　　　　　　收料仓库：第一仓库

材料编号	材料名称、规格	计量单位	数量		计划价格（元）		备注
			应交	实交	单价	金额	
001	甲材料	千克	1	1	15	15	剩余材料

企业应该通过上述原始记录对材料费用从数量和金额两个方面进行归集汇总。

1. 从数量方面归集

从数量方面归集，一般采用实地盘存制和永续盘存制进行。

（1）实地盘存制。在实地盘存制下，平时材料入库登记入账，材料出库不入账，期末一般通过倒挤的方式来计算期末材料数量，账务简单，但不能随时反映材料的结存数量，不利于监督材料的使用情况。公式如下：

期初结存数量 + 本期收入数量 - 期末结存数量 = 材料发出数量

（2）永续盘存制。在永续盘存制下，平时材料的收入数、发出数、结存数均登记入账，随时反映材料的结存数量，有利于监督材料的使用情况，但是，账务处理工作量大。公式如下：

期初结存数量 + 本期收入数量 - 本期发生数量 = 期末结存数量

2. 从价值方面归集

从价值方面归集，可以采用实际成本、计划成本、定额成本等对原材料进行计价归集。

（1）采用实际成本计价。在采用实际成本计价核算方式下，企业可以采用个别计价法、先进先出法、月末一次加权平均法和移动加权平均法等。

个别计价法按实际购买的每一批次进行计价，计算准确，但在收发频繁的情况下，其发出成本分辨的工作量较大。

先进先出法是指存货在用于销售或耗用时以先购入的存货应该先发出作为存货实物流动假设为前提进行计价的方法。

月末一次加权平均法是以月初存货数量加上本月全部进货数量作为权数，去除月初存货成本加上本月全部进货成本，计算出存货的加权平均单位成本,以此为基础计算本月发出存货的成本和期末结存存货的成本的一种方法。

移动加权平均法是指以原有结存存货的成本加上每次进货的成本合计额,除以原有结存存货的数量加上每次进货数量的合计数,据以计算加权平均单位成本,作为在下次进货前计算各次发出存货成本依据的一种方法。

(2)采用计划成本计价。在采用计划成本计价核算方式下,发出材料的价值均按照计划成本计价,通过"材料成本差异"科目来核算材料实际成本与计划成本的差异。月末,计算本月发出材料应负担的成本差异并进行分摊,从而将发出材料的计划成本调整为实际成本。

材料消耗计划成本 = 材料实际消耗量 × 计划单价

$$\frac{材料成本}{差异率} = \frac{(月初结存材料成本差异 + 本月收入材料成本差异)}{(月初结存材料计划成本 + 本月收入材料计划成本)}$$

材料消耗应分摊的材料成本差异 = 材料消耗的计划成本 × 材料成本差异率

材料消耗实际成本 = 材料消耗的计划成本 + 材料消耗应分摊的成本差异

(3)采用定额成本计价(下面详述,此略)。

(二)材料费用的分配及其账务处理

材料费用的分配是成本核算人员通过编制材料费用分配表进行的,其发生的直接材料,对于能分清产品领用的、构成产品实体的,应根据领料单和退料单直接计入成本核算对象,借记"生产成本——基本生产成本——直接材料"科目;对于共同耗用,不能分清产品领用的材料,则不能直接计入成本核算对象,而应采用适当的分配标准分配计入各有关产品成本明细账的"直接材料"项目。分配标准可以根据材料消耗与产品的关系进行选择,主要有重量、体积、数量、金额等,其分配公式为:

材料费用分配率 = 材料消耗总额 ÷ 分配标准之和

某种产品应负担的材料费用 = 该产品耗用的原材料量 × 材料费用分配率

由于选择的分配标准不同,所以产生不同的材料费用分配方法,主要有材料定额消耗量比例分配法、材料定额费用比例分配法、材料实际耗用量比例分配法等。

1. 材料定额消耗量比例分配法

材料定额消耗量比例分配法是在材料定额消耗量比较准确、原材料品种较少的情况下,以产品材料定额消耗量为分配标准计算材料消耗量分配率分配材料费用的方法。这种方法能够通过定额较好地控制材料的发出数量,控制材料成本,但不能直接反映材料的金额,不利于材料的金额管理。其计算分配的顺序为:(1)计算某种产品材料定额消耗量;(2)计算材料消耗量分配率;(3)计算某种产品应分配的材料耗用数量;(4)计算某种产品应分配的材料费用。具体计算公式如下：

(1) 某种产品材料定额消耗量 = 该种产品实际产量 × 单位产品材料消耗定额

(2) 材料消耗量分配率 = $\dfrac{材料实际总消耗量}{各种产品材料定额消耗量之和}$

(3) 某种产品应分配的材料实际耗用量 = 该种产品的材料定额消耗量 × 材料消耗量分配率

(4) 某种产品应分配的材料费用 = 某种产品应分配的材料实际耗用量 × 材料单价

【例 2-1】湾塘工厂 2020 年 9 月生产甲、乙两种产品，9 月共同耗用材料 30 000 千克，每千克 5 元，共计 150 000 元。本月生产甲产品 600 件，甲产品单位材料消耗定额 15 千克；生产乙产品 400 件，乙产品单位材料消耗定额 8 千克。

要求：采用材料定额消耗量比例分配法计算甲、乙产品应分配的材料费用。

原材料费用分配计算如下：

(1) 甲产品材料定额消耗量 = 600 × 15 = 9 000（千克）
  乙产品材料定额消耗量 = 400 × 8 = 3 200（千克）

(2) 材料消耗量分配率 = 30 000 ÷（9 000 + 3 200）= 2.46

(3) 甲产品应分配材料数量 = 9 000 × 2.46 = 22 140（千克）
  乙产品应分配材料数量 = 30 000 − 22 140 = 7 860（千克）

(4) 甲产品应分配材料费用 = 22 140 × 5 = 110 700（元）
  乙产品应分配材料费用 = 7 860 × 5 = 39 300（元）

(5) 甲、乙产品材料费用合计 = 110 700 + 39 300 = 150 000（元）

2. 材料定额费用比例分配法

材料定额费用比例分配法是指在材料消耗定额较为准确、原材料品种较多的情况下，以原材料定额费用为分配标准进行原材料费用分配的方法。这种方法能够通过定额较好地控制材料的发出金额，控制材料成本，但不利于材料数量管理。其计算分配的顺序为：(1) 计算产品原材料定额费用；(2) 计算原材料费用分配率；(3) 计算产品应分配的原材料实际费用。具体计算公式如下：

(1) 受益产品原材料定额费用 = 受益产品实际产量 × 单位产品定额费用

(2) 原材料费用分配率 = 原材料实际费用总额 ÷ 原材料定额费用之和

(3) 受益产品应分配的实际原材料费用 = 受益产品原材料定额费用 × 原材料费用分配率

【例 2-2】花园工厂生产甲、乙两种产品，共同领用某材料，共计 30 000 元。本月生产甲产品 120 件，乙产品 100 件。甲产品单位产品材料消耗定额 60 元；乙产品单位产品材料消耗定额 70 元。

要求：采用材料定额费用比例分配法计算甲、乙产品应分配的材料费用。

原材料费用分配计算如下：

（1）甲产品材料定额费用 = 120 × 60 = 7 200（元）

乙产品材料定额费用 = 100 × 70 = 7 000（元）

（2）材料费用分配率 = 30 000 ÷ (7 200 + 7 000) = 2.11

（3）甲产品应分配材料费用 = 7 200 × 2.11 = 15 192（元）

乙产品应分配材料费用 = 30 000 - 15 192 = 14 808（元）

材料费用的分配是通过编制"材料费用分配表"进行的。材料费用分配表应根据领料单、退料单和相关资料编制，同时，领料单中的数额应该以扣除退料单的数额反映。

【例2-3】根据例2-1等资料，编制"材料费用分配表"，如表2-2-3所示。

表2-2-3　　　　　　　　　　　材料费用分配表

湾塘工厂　　　　　　　　　　　2020年9月30日　　　　　　　　　　　　单位：元

应借科目		成本项目	直接计入	分配计入（分配率2.46）	材料费用合计
生产成本——基本生产成本	甲产品	直接材料	200 000	110 700	310 700
	乙产品	直接材料	70 000	39 300	109 300
	小计		270 000	150 000	420 000
生产成本——辅助生产成本	机修车间	直接材料	10 000		10 000
	运输车间				
	小计		10 000		10 000
制造费用	基本车间	机物料	7 000		7 000
	机修车间	机物料	3 000		3 000
	运输车间	机物料	1 000		1 000
	小计		11 000		11 000
管理费用			1 000		1 000
销售费用			2 000		2 000
合计			294 000	150 000	444 000

根据表2-2-3编制会计分录如下：

借：生产成本——基本生产成本——甲产品　　310 700

　　　　　　　　　　　　　　　——乙产品　　109 300

　　　　——辅助生产成本——机修车间　　10 000

　　制造费用——基本车间　　7 000

　　　　　　——机修车间　　3 000

　　　　　　——运输车间　　1 000

　　管理费用　　1 000

销售费用　　　　　　　　　　　　　　　　2 000
　　　贷：原材料　　　　　　　　　　　　　　　　444 000

二、燃料和动力费用的归集与分配
（一）燃料和动力费用的归集

燃料和动力费用主要是指从企业外购或企业自制的燃料和电力、蒸汽等动力费用。企业自制燃料、电力、蒸汽的部门一般是企业的辅助生产车间。

企业燃料和动力费用应该按发生地点和具体用途进行归集，为后面燃料和动力费用的分配提供准确的数量和金额。燃料和动力费用的归集主要包括以下几项基础工作：

（1）做好燃料和动力费用原始记录中的数量汇总工作。燃料和动力费用的原始记录一般是指原始凭证，诸如从销售方取得的普通发票、增值税专用发票、内部仪表仪器记录簿等。燃料和动力费用原始记录中的数量汇总工作就是将从销售方取得的普通发票、增值税专用发票、内部仪表仪器记录簿的数量分别进行汇总等。

（2）做好燃料和动力费用原始记录的金额汇总工作。燃料和动力费用原始记录的金额汇总工作是费用的计价问题，即将从销售方取得的普通发票、增值税专用发票、内部仪表仪器记录簿的金额分别进行汇总等。

（二）燃料和动力费用的分配及其账务处理

自制或外购的燃料和动力等费用，对于直接用于产品生产的燃料和动力费用，能分清相关产品的，直接计入相关产品的"生产成本——基本生产成本"所属明细科目"直接燃料和动力"成本项目；如果用于辅助生产的燃料和动力费用，计入"生产成本——辅助生产成本"所属明细科目"直接燃料和动力"成本项目。如果企业没有单独设置"直接燃料和动力"成本项目，直接用于产品生产和辅助生产的燃料和动力费用，则分别计入"生产成本——基本生产成本"和"生产成本——辅助生产成本"所属明细科目"直接材料"等。

自制或外购的燃料和动力等费用，对于几种产品共同耗用的，不能分清相关产品的燃料和动力费用，要采取适当的分配方法分配计入相关产品的"生产成本——基本生产成本"和"生产成本——辅助生产成本"所属明细科目。分配标准的选择根据燃料、动力消耗和产品重量体积的关系来确定，一般选择重量、体积等作为分配标准，其计算公式如下：

燃料、动力费用分配率＝燃料、动力消耗总额÷分配标准（重量、体积等）

受益产品应负担的燃料、动力费用＝该产品的重量、体积等×燃料、动力费用分配率

燃料和动力费用分配的账务处理类似于原材料，在此不再详述，只是外购动力要注意，其付款期限一般在下期，而成本费用的核算期在本期，本期

成本核算时应先通过"应付账款"账户核算，下期付款时再将该账户冲销。

任务三 职工薪酬的归集与分配

企业为获得职工提供的服务或解除劳动关系而给予的各种形式的报酬或补偿叫作职工薪酬，主要包括短期薪酬（职工工资、奖金、津贴和补贴、职工福利费、医疗保险费、住房公积金、工会经费和职工教育经费、短期带薪缺勤、短期利润分享计划、其他短期薪酬）、离职后福利、辞退福利和其他长期职工福利（长期带薪缺勤、其他残疾福利、长期利润分享计划等）。它是企业发生的各种直接和间接人工费用的总和。

一、职工薪酬的归集
（一）职工薪酬归集的原始记录
职工薪酬计算所需的原始记录是正确计算工资、进行职工薪酬归集的依据，企业必须建立健全工资计算的原始记录。这些原始记录主要有：

1. 工资卡

工资卡又称职工工资目录，它应按每一职工设置，主要记录职工工资级别和工资标准、工龄及享受的津贴等内容。

2. 考勤记录

考勤记录是登记和反映每一职工出勤情况的原始记录，它是计算职工计时工资的基本依据，同时也是企业进行劳动管理的重要依据。

3. 产量记录

产量记录是登记和反映每个工人或集体（如班组）在出勤时间内完成的产品数量、质量和生产产品所用工时数量的原始记录。产量记录是企业计算计件工资的原始记录。

计时工资和计件工资以外的各种资金、津贴、补贴等，按照国家和企业的有关规定计算。

（二）职工薪酬的计算
职工薪酬的计算一般包括计时工资的计算和计件工资的计算。

1. 计时工资的计算

计时工资是根据考勤记录中的出勤日数或缺勤日数，按照工资标准计算的，它又分成日薪制和月薪制两种。

（1）日薪制。日薪制是根据出勤天数，按照工资标准，同时考虑缺勤应发比例计算的职工薪酬。其计算公式如下：

应发缺勤工资 = 缺勤天数 × 日工资率 × 缺勤应发比例

应发标准工资 = 出勤天数 × 日工资率 + 应发缺勤工资

（2）月薪制。月薪制是指只要本月全勤，而不论本月天数多少，即可得到月标准工资。其计算公式如下：

日工资率 = 月标准工资 ÷ 月工作天数

缺勤应扣工资 = 缺勤天数 × 日工资率 × 缺勤扣款比例

应付计时工资 = 月标准工资 − 缺勤应扣工资

在计算日工资率时，月工作天数有两种算法，一种是按30天计算，另一种是按20.83天〔（365天−104天双休日−11天法定节假日）÷12〕计算。

按30天计算日工资率的企业，双休日、节假日要算工资，发生在双休日、节假日的事假、病假要扣工资；按20.83天计算日工资率的企业，双休日、节假日不算工资，发生在双休日、节假日的事假、病假不扣工资。

【例2−4】假设花园工厂某工人的月工资标准为3 000元。2020年6月，该工人病假2日，事假1日，周末休假8日，出勤19日。根据该工人的工龄，其病假工资按工资标准的80%计算。该工人的病假和事假期间没有节假日。

要求：按20.83天计算该工人6月的应付工资。

日工资率 = 3 000 ÷ 20.83 = 144.02（元/天）

病假缺勤应扣工资 = 2 × 144.02 × (1 − 80%) = 57.61（元）

事假缺勤应扣工资 = 1 × 144.02 = 144.02（元）

应付工资 = 3 000 − 57.61 − 144.02 = 2 798.37（元）

2. 计件工资的计算

计件工资是按照产品数量、质量和单位产品的工资标准计算出来的劳动报酬，可以分为个人计件工资和集体计件工资两种。

（1）个人计件工资。根据工人的产量记录和计件单价计算出来的工资。其中，产量记录包括不是因工人主观原因造成的废品数量。其计算公式如下：

应付计件工资 = Σ 产品数量 × 计件单价

（2）集体计件工资。集体计件工资是指个人不能完成应由集体完成生产产品的计件工资，集体计件工资一般按个人的工资标准和工作日数（时数）在集体内部进行分配。其计算公式如下：

集体计件工资总额 = 集体计件产品数量 × 计件单价

集体计件工资分配率 = 集体计件工资总额 ÷ 分配标准总数

集体计件工资的个人分配额 = 个人分配标准数量 × 集体计件工资分配率

二、职工薪酬的分配及其账务处理

职工薪酬的分配就是按用途和地点将企业发生的工资费用计入产品成本和期间费用的过程。直接进行产品生产工人的工资，属于直接费用，直接计入"生产成本——基本生产成本"科目下的成本项目"直接人工"；不能直接进行产品生产的工人工资，属于间接费用，按分配标准如实际工时、定额工时、产品产量、产品产值等比例分配计入"生产成本——基本生产成本"

科目下的成本项目"直接人工"。一般情况下,计件工资属于直接计入费用,计时工资属于间接计入费用,分配计入费用的计算公式如下:

职工薪酬费用分配率 = 所有产品生产工人薪酬总额 ÷ 分配标准之和

某种产品应分配的生产职工薪酬 = 该种产品分配标准 × 职工薪酬费用分配率

在实际工作中,职工薪酬的分配方法很多,主要有产品生产工时比例分配法、产品定额工时比例分配法等。产品生产工时比例分配法,真实反映产品生产所耗用的时间成本,较为实用;但如果产品实际生产工时较难取得,定额标准比较准确,也可以采用产品定额工时比例分配法。

【例2-5】 构皮工厂基本生产车间采用计时工资制度生产甲、乙两种产品,2020年9月30日共发生生产工人工资20 000元,甲、乙产品生产工时分别为300小时、200小时。

要求:按产品生产工时比例分配法分配职工薪酬费用。

职工薪酬费用分配率 = 20 000 ÷ (300 + 200) = 40 (元/小时)

甲产品应分配的生产职工薪酬费用 = 300 × 40 = 12 000 (元)

乙产品应分配的生产职工薪酬费用 = 200 × 40 = 8 000 (元)

【例2-6】 根据例2-5等资料,编制"职工薪酬费用分配表",如表2-3-1所示。

表2-3-1　　　　　　　　　　　职工薪酬费用分配表

单位名称:构皮工厂　　　　　　　日期:2020年9月30日　　　　　　　　　　单位:元

应借科目		成本项目	直接计入	分配计入 (分配率40)	材料费用合计
生产成本—— 基本生产成本	甲产品	直接人工	0	12 000	12 000
	乙产品	直接人工	0	8 000	8 000
	小计		0	20 000	20 000
生产成本—— 辅助生产成本	机修车间	直接人工	6 000		6 000
	运输车间	直接人工	4 000		4 000
	小计		10 000		10 000
制造费用	基本车间	直接人工	8 000		8 000
	机修车间	直接人工	2 000		2 000
	运输车间	直接人工	1 000		1 000
	小计		11 000		11 000
管理费用	企业管理部门	直接人工	2 000		2 000
销售费用	销售部门	直接人工	1 000		1 000
合计			24 000	20 000	44 000

根据表2-3-1编制会计分录如下:

借:生产成本——基本生产成本——甲产品　　　　　　　12 000

　　　　　　　　　　　　　　——乙产品　　　　　　　　8 000

——辅助生产成本——机修车间		6 000
——运输车间		4 000
制造费用——生产车间		8 000
——机修车间		2 000
——运输车间		1 000
销售费用		2 000
管理费用		1 000
贷：应付职工薪酬		44 000

任务四　辅助生产费用的归集与分配

辅助生产是指为基本生产车间、企业行政管理部门等单位服务而进行产品生产和劳务供应的部门。其中有的只生产一种产品和劳务，如供电、供水、供气、通风、运输等辅助生产；有的则生产多种产品和提供多种劳务，如从事工具、模具、修理用备件的制造，以及机器设备的修理等辅助生产。辅助生产提供的产品和劳务，主要是为本企业服务，但有时也对外销售。

一、辅助生产费用的归集

辅助生产费用的归集是在产品成本发生时，通过"生产成本——辅助生产成本"总账和明细账（一般按车间、产品和劳务设立）进行的。辅助生产费用发生时计入"生产成本——辅助生产成本"科目及其明细账。辅助生产车间发生的制造费用计入"制造费用——辅助生产车间"，期末，分配计入"生产成本——辅助生产成本"；但是，如果辅助生产车间只为基本生产车间提供劳务，规模小，制造费用少，则其制造费用直接计入"生产成本——辅助生产成本"，而不需要再设置"制造费用"明细账。

【例2-7】 竹园工厂2020年9月供水和供电两个辅助车间为第一、第二、第三个基本车间、企业行政管理部门和销售部门提供水电。工厂生产甲、乙两种产品，具体资料如表2-4-1和表2-4-2所示。

表2-4-1　　　　　　　　　　辅助生产成本明细账

2020年9月

总账科目：生产成本　　　　明细科目：辅助生产成本——供水车间　　　　单位：元

日期（略）	凭证号（略）	摘要	（借）方金额						
			原材料	周转材料	工资费用	水费	电费	折旧费	合计
		原材料领用	8 200						8 200
		工具领用		2 000					2 000

续表

日期（略）	凭证号（略）	摘要	（借）方金额					
			原材料	周转材料	工资费用	水费	电费	折旧费	合计
		人工费分配			7 100				7 100
		水费分配				800			800
		电费分配					1 000		1 000
		折旧费计提						2 000	2 000
		合计	8 200	2 000	7 100	800	1 000	2 000	21 100

表 2-4-2　　　　　　　　　　辅助生产成本明细账

2020 年 9 月

总账科目：生产成本　　　　　明细科目：辅助生产成本——供电车间　　　　　单位：元

日期（略）	凭证号（略）	摘要	（借）方金额					
			原材料	周转材料	工资费用	水费	电费	折旧费	合计
		原材料领用	4 000						4 000
		工具领用		1 000					1 000
		人工费分配			6 000				6 000
		水费分配				200			200
		电费分配					2 800		2 800
		折旧费计提						1 000	1 000
		合计	4 000	1 000	6 000	200	2 800	1 000	15 000

二、辅助生产费用的分配及其账务处理

辅助生产费用的分配就是将归集的辅助生产费用通过辅助生产费用分配表计入各受益对象的过程。其分配方法很多，一般有直接分配法、交互分配法、计划成本分配法、顺序分配法和代数分配法等。

（一）直接分配法

直接分配法是将归集起来的辅助生产费用在辅助车间之外进行分配，辅助生产车间之间相互发生的辅助生产费用视为没有发生，不在辅助生产车间之间进行分配。其分配过程较为简单，但结果不够准确，适用于辅助生产车间之间相互提供产品和劳务较少的情况。

$$费用分配率 = \frac{某辅助车间待分配辅助生产费用}{该辅助车间提供给辅助生产部门以外的劳务（产品）总量}$$

$$辅助生产部门以外某受益对象应负担的费用 = 该受益对象接受的劳务（产品）供应总量 \times 费用分配率$$

【例 2-8】承例 2-7，竹园工厂 2020 年 9 月供水车间供水 3 785 吨，其中向供电车间提供 15 吨；供电车间供电 9 800 度，其中向供水车间提供 150 度，其他劳务数量如表 2-4-3 所示。基本车间甲、乙产品的电费按工时定额进行分配，第一车间甲、乙产品工时定额分别为 2 000 小时、1 000 小时；

第二车间甲、乙产品工时定额分别为 4 000 小时、1 000 小时；第三车间甲、乙产品工时定额分别为 3 000 小时、2 000 小时。

表 2-4-3　　　　　　　　　辅助生产车间提供的劳务数量　　　　　　　单位：吨、度

部门			供水车间	供电车间
基本生产车间	第一车间	生产		7 500
		车间	600	60
	第二车间	生产		300
		车间	1 500	80
	第三车间	生产		150
		车间	1 300	60
辅助生产车间	供水车间	生产		150
	供电车间	生产	15	
企业行政管理部门			250	1 000
销售部门			120	500
合　　计			3 785	9 800

要求：采用直接分配法分配辅助生产费用。

根据上述资料解析步骤如下：

（1）计算费用分配率。

供水车间费用分配率 = 21 100 ÷ (3 785 - 15) = 5.5968（元/吨）

供电车间费用分配率 = 15 000 ÷ (9 800 - 150) = 1.5544（元/度）

（2）辅助生产部门以外某受益对象应负担的费用。

第一车间承担的水费 = 600 × 5.5968 = 3 358.08（元）

第二车间承担的水费 = 1 500 × 5.5968 = 8 395.20（元）

第三车间承担的水费 = 1 300 × 5.5968 = 7 275.84（元）

企业行政管理部门承担的水费 = 250 × 5.5968 = 1 399.20（元）

销售部门承担的水费 = 21 100 - 3 358.08 - 8 395.20 - 7 275.84 - 1 399.20
　　　　　　　　 = 671.68（元）

第一车间产品承担的电费 = 7 500 × 1.5544 = 11 658（元）

第一车间承担的电费 = 60 × 1.5544 = 93.26（元）

第二车间产品承担的电费 = 300 × 1.5544 = 466.32（元）

第二车间承担的电费 = 80 × 1.5544 = 124.35（元）

第三车间产品承担的电费 = 150 × 1.5544 = 233.16（元）

第三车间承担的电费 = 60 × 1.5544 = 93.26（元）

企业行政管理部门承担的电费 = 1 000 × 1.5544 = 1 554.40（元）

销售部门承担的电费 = 15 000 - 11 658 - 93.26 - 466.32 - 124.35 -
　　　　　　　　　233.16 - 93.26 - 1 554.4 = 777.25（元）

按工时定额分配三个基本生产车间甲、乙产品应负担的电费。

第一车间电费分配率 = 11 658 ÷ (2 000 + 1 000) = 3.8860（元/度）

第一车间甲产品承担的电费 = 2 000 × 3.8860 = 7 772（元）

第一车间乙产品承担的电费 = 1 000 × 3.8860 = 3 886（元）

第二车间电费分配率 = 466.32 ÷ (4 000 + 1 000) = 0.0933（元/度）

第二车间甲产品承担的电费 = 4 000 × 0.0933 = 373.20（元）

第二车间乙产品承担的电费 = 466.32 − 373.2 = 93.12（元）

第三车间电费分配率 = 233.16 ÷ (3 000 + 2 000) = 0.0466（元/度）

第三车间甲产品承担的电费 = 3 000 × 0.0466 = 139.80（元）

第三车间乙产品承担的电费 = 233.16 − 139.80 = 93.36（元）

编制"辅助生产费用分配表"，如表 2-4-4 所示。

表 2-4-4　　　　　　　　　　辅助生产费用分配表

（直接分配法）

竹园工厂　　　　　　　　　　2020 年 9 月 30 日　　　　　　　数量单位：吨、度　　金额单位：元

项目			待分配辅助生产费用	劳务量	分配率	剩余金额	合计
直接分配	供水车间		21 100	3 785 − 15	5.5968		
	供电车间		15 000	9 800 − 150	1.5544		
第一车间	甲乙产品			7 500	1.5544	11 658.00	11 658.00
	制造费用	供水		600	5.5968	3 358.08	3 451.34
		供电		60	1.5544	93.26	
	合计					15 109.34	15 109.34
第二车间	甲乙产品			300	1.5544	466.32	466.32
	制造费用	供水		1 500	5.5968	8 395.20	8 519.55
		供电		80	1.5544	124.35	
	合计					8 985.87	8 985.87
第三车间	甲乙产品			150	1.5544	233.16	233.16
	制造费用	供水		1 300	5.5968	7 275.84	7 369.10
		供电		60	1.5544	93.26	
	合计					7 602.26	7 602.26
企业行政管理部门	供水			250	5.5968	1 399.20	2 953.60
	供电			1 000	1.5544	1 554.40	
销售部门	供水			120		671.68	1 448.93
	供电			500		777.25	
合计						36 100.00	36 100.00

注：本表中销售部门的水电费是倒挤出来的。

编制辅助生产"动力费用分配表",如表2-4-5所示。

表2-4-5　　　　　　　　　　　　　动力费用分配表

竹园工厂　　　　　　　　　　　　2020年9月30日　　　　　　　　　　　　金额单位:元

项目		定额工时	分配率	动力费用分配额
第一车间	甲产品	2 000		7 772.00
	乙产品	1 000		3 886.00
	合计	3 000	3.8860	11 658.00
第二车间	甲产品	4 000		373.20
	乙产品	1 000		93.12
	合计	5 000	0.0933	466.32
第三车间	甲产品	3 000		139.80
	乙产品	2 000		93.36
	合计	5 000	0.0466	233.16
总计		13 000		12 357.48

(3) 根据上面计算,编制会计分录,进行账务处理。

根据"辅助生产费用分配表",对辅助产品成本费用结果进行账务处理。

借:生产成本——基本生产成本——第一车间(甲产品)
　　　　　　　　　　　　　　　　　　7 772.00
　　　　　　　　　　　　——第一车间(乙产品)
　　　　　　　　　　　　　　　　　　3 886.00
　　制造费用——第一车间　　　　　　3 451.34
　　生产成本——基本生产成本——第二车间(甲产品)
　　　　　　　　　　　　　　　　　　373.20
　　　　　　　　　　　　——第二车间(乙产品)　93.12
　　制造费用——第二车间　　　　　　8 519.55
　　生产成本——基本生产成本——第三车间(甲产品)
　　　　　　　　　　　　　　　　　　139.80
　　　　　　　　　　　　——第三车间(乙产品)　93.36
　　制造费用——第三车间　　　　　　7 369.10
　　管理费用　　　　　　　　　　　　2 953.60
　　销售费用　　　　　　　　　　　　1 448.93
　　贷:生产成本——辅助生产成本——供水车间　21 100.00
　　　　　　　　　　　　——供电车间　15 000.00

(二) 交互分配法

交互分配法是将归集起来的辅助生产费用先在辅助车间之间进行分配,再将分剩余额在辅助生产车间之外进行分配。交互分配法其分配结果较为准确,但是辅助生产费用的分配过程较为复杂且分配工作量较大,该方法适用于辅助生产车间之间相互提供产品和劳务较多的情况。

两次分配是交互分配法的原理，其具体过程如下：

第一次分配，先根据各辅助生产部门相互提供的劳务量和交互分配前的分配率进行第一次交互分配，即将辅助生产明细账上的合计数根据各辅助生产车间、部门相互提供的劳务或产品数量计算分配率，在辅助生产车间之间进行交互分配。其计算公式如下：

$$对内费用分配率（交互分配率）= \frac{辅助生产费用总额}{劳务或产品供应总量}$$

$$某辅助车间部门转入的辅助生产费用 = 该辅助车间部门转入的劳务或产品量 \times 交互分配率$$

$$某辅助车间部门转出的辅助生产费用 = 该辅助车间部门转出的劳务或产品量 \times 交互分配率$$

第二次分配，将各辅助生产车间交互分配后的实际费用（即交互分配前的费用加上交互分配转入的费用，减去交互分配转出的费用），再按提供的劳务量或产品量向辅助生产部门以外各受益单位进行分配。其计算公式如下：

$$对外费用分配率 = \frac{对外分配辅助生产费用总额（交互分配前的费用 + 交互转入的费用 - 交互转出的费用）}{对外劳务或产品供应总量}$$

$$某受益单位应承担的辅助生产费用 = 该单位受益的劳务或产品量 \times 对外费用分配率$$

【例 2-9】承例 2-7 和例 2-8 的资料。

要求：采用交互分配法分配其辅助生产费用。

根据例 2-8 资料，用交互分配法的分配过程如下：

(1) 进行第一次分配——交互分配：

供水车间交互分配率 = 21 100 ÷ 3 785 = 5.5746（元/吨）

供电车间交互分配率 = 15 000 ÷ 9 800 = 1.5306（元/度）

供水车间分出水费 = 15 × 5.5746 = 83.62（元）

供水车间分入电费 = 150 × 1.5306 = 229.59（元）

供电车间分出电费 = 150 × 1.5306 = 229.59（元）

供电车间分入水费 = 15 × 5.5746 = 83.62（元）

(2) 进行第二次分配——对外分配：

供水车间对外待分配费用 = 21 100 + 229.59 - 83.62 = 21 245.97（元）

供电车间对外待分配费用 = 15 000 + 83.62 - 229.59 = 14 854.03（元）

供水车间对外分配率 = 21 245.971 ÷ (3 785 - 15) = 5.6355（元/吨）

供电车间对外分配率 = 14 854.029 ÷ (9 800 - 150) = 1.5393（元/度）

根据上列计算，编制交互分配法下的"辅助生产费用分配表"，如表 2-4-6 所示。

表 2-4-6　　　　　　　　　　　　　辅助生产费用分配表

（交互分配法）　　　　　　　　　　　　　　　　数量单位：吨、度

竹园工厂　　　　　　　　　　　　　2020 年 9 月 30 日　　　　　　　　　　　　　金额单位：元

项目			待分配辅助生产费用	劳务量	分配率	交互分配剩余金额	合计
交互分配	供水车间		21 100	3 785	5.5746	+229.59 -83.62	21 245.97
	供电车间		15 000	9 800	1.5306	+83.62 -229.59	14 854.03
对外分配	供水车间		21 245.97	(3 785 -15)	5.6355		21 245.97
	供电车间		14 854.03	(9 800 -150)	1.5393		14 854.03
第一车间	甲乙产品			7 500	1.5393	11 544.75	11 544.75
	制造费用	供水		600	5.6355	3 381.30	3 473.66
		供电		60	1.5393	92.36	
	合计					15 018.41	15 018.41
第二车间	甲乙产品			300	1.5393	461.79	461.79
	制造费用	供水		1 500	5.6355	8 453.25	8 576.39
		供电		80	1.5393	123.14	
	合计					9 038.18	9 038.18
第三车间	甲乙产品			150	1.5393	230.90	230.90
	制造费用	供水		1 300	5.6355	7 326.15	7 418.51
		供电		60	1.5393	92.36	
	合计					7 649.41	7 649.41
企业行政管理部门	供水			250	5.6355	1 408.88	2 948.18
	供电			1 000	1.5393	1 539.30	
销售部门	供水			120	5.6355	676.26	1 445.82
	供电			500		769.56	
合计						36 100	36 100

注：本表中销售部门的电费为倒挤金额。

编制"动力费用分配表"，如表 2-4-7 所示。

表 2-4-7　　　　　　　　　　　　　动力费用分配表

竹园工厂　　　　　　　　　　　　　2020 年 9 月 30 日　　　　　　　　　　　　　金额单位：元

项目		定额工时	分配率	动力费用分配额
第一车间	甲产品	2 000		7 696.60
	乙产品	1 000		3 848.15
	合计	3 000	3.8483	11 544.75
第二车间	甲产品	4 000		369.60
	乙产品	1 000		92.19
	合计	5 000	0.0924	461.79
第三车间	甲产品	3 000		138.60
	乙产品	2 000		92.30
	合计	5 000	0.0462	230.90
总计		13 000		12 237.44

注：本表中分配率为四舍五入得出，乙产品的电费为倒挤金额。

(3) 根据上面计算,编制会计分录,进行账务处理。

根据辅助生产费用分配表,对辅助产品成本费用结果进行账务处理。

第一次交互分配的账务处理如下:

借:生产成本——辅助生产成本——供水车间　　229.59
　　　　　　　　　　　　　　——供电车间　　 83.62
　　贷:生产成本——辅助生产成本——供水车间　　 83.62
　　　　　　　　　　　　　　——供电车间　　229.59

第二次对外分配的账务处理如下:

借:生产成本——基本生产成本——第一车间(甲产品)
　　　　　　　　　　　　　　　　　　　　　7 696.60
　　　　　　　　　　　　　——第一车间(乙产品)
　　　　　　　　　　　　　　　　　　　　　3 848.15
　　制造费用——第一车间　　　　　　　　　3 473.66
　　生产成本——基本生产成本——第二车间(甲产品)
　　　　　　　　　　　　　　　　　　　　　 369.60
　　　　　　　　　　　　　——第二车间(乙产品) 92.19
　　制造费用——第二车间　　　　　　　　　8 576.39
　　生产成本——基本生产成本——第三车间(甲产品) 138.60
　　　　　　　　　　　　　——第三车间(乙产品) 92.30
　　制造费用——第三车间　　　　　　　　　7 418.51
　　管理费用　　　　　　　　　　　　　　　2 948.18
　　销售费用　　　　　　　　　　　　　　　1 445.82
　　贷:生产成本——辅助生产成本——供水车间　21 245.97
　　　　　　　　　　　　　　——供电车间　14 854.03

(三) 计划成本分配法

通过劳务或产品的计划单位成本和各受益单位的受益数量分配辅助生产费用的方法叫作计划成本分配法。辅助生产部门实际发生的费用(包括交互分配转入的费用)与按计划成本分配转出费用的差额,即成本差异,分配给辅助生产以外的受益单位,但为了简化核算工作,将成本差异全部计入管理费用。该种方法一般在计划水平较高、劳务或产品的计划单位成本较准的情况下使用,有利于控制成本,否则分配结果的准确性较差。

计划成本分配法的计算步骤如下:

1. 按计划单位成本和受益数量分配辅助生产费用

$$\text{某受益对象应分配的辅助生产费用} = \text{该受益对象的受益数量} \times \text{计划单位成本}$$

2. 计算成本差异

$$\text{成本差异} = \text{各辅助生产部门发生的费用} + \text{按计划成本分配转入的费用} - \text{按计划成本分配金额}$$

【例 2-10】 承例 2-7 和例 2-8 资料，供水车间辅助生产成本 21 100 元，供电车间辅助生产成本 15 000 元，假设供水车间的计划成本分配率为 5.5，供电车间的计划成本分配率为 1.5。

要求：采用计划成本分配法分配辅助生产费用。

根据例 2-7 和例 2-8 资料，用计划成本分配法的分配过程如下：

（1）分配辅助生产车间计划成本。

分配供水车间计划成本：

供电车间承担的水费 = 15 × 5.50 = 82.50（元）

一车间承担的水费 = 600 × 5.50 = 3 300（元）

二车间承担的水费 = 1 500 × 5.5 = 8 250（元）

三车间承担的水费 = 1 300 × 5.5 = 7 150（元）

企业行政管理部门承担的水费 = 250 × 5.5 = 1 375（元）

销售部门承担的水费 = 120 × 5.5 = 660（元）

供水车间计划成本合计 = 20 817.50（元）

分配供电车间计划成本：

供水车间承担的电费 = 150 × 1.5 = 225（元）

第一车间产品承担的电费 = 7 500 × 1.5 = 11 250（元）

第一车间承担的电费 = 60 × 1.5 = 90（元）

第二车间产品承担的电费 = 300 × 1.5 = 450（元）

第二车间承担的电费 = 80 × 1.5 = 120（元）

第三车间产品承担的电费 = 150 × 1.5 = 225（元）

第三车间承担的电费 = 60 × 1.5 = 90（元）

企业行政管理部门承担的电费 = 1 000 × 1.5 = 1 500（元）

销售部门承担的电费 = 500 × 1.5 = 750（元）

供电车间计划成本合计 = 14 700（元）

（2）计算辅助生产车间成本差异。

供水车间成本差异 = 21 100 + 225 - 20 817.50 = 507.50（元）

供电车间成本差异 = 15 000 + 82.50 - 14 700 = 382.50（元）

（3）根据上述计算，编制"辅助生产车间费用分配表"，如表 2-4-8 所示。

表 2-4-8　　　　　　　　　辅助生产车间费用分配表

（计划分配法）　　　　　　　　　　　　数量单位：吨、度

竹园工厂　　　　　　　　　　2020 年 9 月 30 日　　　　　　　　　金额单位：元

项目		待分配辅助生产费用	劳务量	计划单位成本	合计
辅助车间	供水车间	21 100	3 785		36 100
	供电车间	15 000	9 800		
	供水车间（用电）		150	1.5	225
	供电车间（用水）		15	5.5	82.50

续表

项目			待分配辅助生产费用	劳务量	计划单位成本	合计
第一车间	甲乙产品			7 500	1.5	11 250
	制造费用	供水		600	5.5	3 390
		供电		60	1.5	
	合计					14 640
第二车间	甲乙产品			300	1.5	450
	制造费用	供水		1 500	5.5	8 370
		供电		80	1.5	
	合计					8 820
第三车间	甲乙产品			150	1.5	225
	制造费用	供水		1 300	5.5	7 240
		供电		60	1.5	
	合计					7 465
企业行政管理部门		供水		250	5.5	1 375
		供电		1 000	1.5	1 500
		合计				2 875
销售部门		供水		120	5.5	660
		供电		500	1.5	750
		合计				1 410
按计划成本分配金额		供水				20 817.50
		供电				14 700
		合计				35 517.50
辅助生产实际成本		供水				21 100 + 225
		供电				15 000 + 82.50
		合计				36 407.50
辅助生产成本差异		供水				507.50
		供电				382.50
		合计				890.00

编制"动力费用分配表",如表2-4-9所示。

表2-4-9　　　　　　　　　　动力费用分配表

竹园工厂　　　　　　　　　　2020年9月30日　　　　　　　　　　金额单位:元

项目		定额工时	分配率	动力费用分配额
第一车间	甲产品	2 000		7 500
	乙产品	1 000		3 750
	合计	3 000	3.7500	11 250

续表

项目		定额工时	分配率	动力费用分配额
第二车间	甲产品	4 000		360
	乙产品	1 000		90
	合计	5 000	0.0900	450
第三车间	甲产品	3 000		135
	乙产品	2 000		90
	合计	5 000	0.0450	225
总计		13 000		11 925

（4）根据上面计算，编制会计分录，进行账务处理。

根据"辅助生产车间费用分配表"，对辅助产品成本费用结果进行账务处理。

①按计划成本分配的账务处理如下：

借：生产成本——辅助生产成本——供水车间　　225.00
　　　　　　　　　　　　　　——供电车间　　 82.50
　　　　——基本生产成本——第一车间（甲产品）
　　　　　　　　　　　　　　　　　　　　　7 500.00
　　　　　　　　　　　　——第一车间（乙产品）
　　　　　　　　　　　　　　　　　　　　　3 750.00
　　制造费用——第一车间　　　　　　　　　3 390.00
　　生产成本——基本生产成本——第二车间（甲产品）
　　　　　　　　　　　　　　　　　　　　　　360.00
　　　　　　　　　　　　——第二车间（乙产品）　90.00
　　制造费用——第二车间　　　　　　　　　8 370.00
　　生产成本——基本生产成本——第三车间（甲产品）
　　　　　　　　　　　　　　　　　　　　　　135.00
　　　　　　　　　　　　——第三车间（乙产品）　90.00
　　制造费用——第三车间　　　　　　　　　7 240.00
　　管理费用　　　　　　　　　　　　　　　2 875.00
　　销售费用　　　　　　　　　　　　　　　1 410.00
　　贷：生产成本——辅助生产成本——供水车间　20 817.50
　　　　　　　　　　　　　　——供电车间　14 700.00

②辅助生产成本差异按规定计入"管理费用"科目的"其他"项目：

借：管理费用——其他　　　　　　　　　　　890.00
　　贷：生产成本——辅助生产成本——供水车间　507.50
　　　　　　　　　　　　　　——供电车间　382.50

（四）代数分配法

代数分配法是运用数学方法，建立多元一次方程组，求出劳务或产品的单位成本,乘以各受益部门劳务或产品的耗用量来分配辅助生产费用的一种方法。其优点是分配结果准确,缺点是计算工作量大,适用于在会计电算化条件下使用。

【例 2-11】 承例 2-7 和例 2-8 资料,供水车间辅助生产成本 21 100 元,供电车间辅助生产成本 15 000 元。

要求:采用代数分配法分配辅助生产费用。

根据例 2-7 和例 2-8 资料,用代数分配法的分配过程如下:

(1) 设供水车间的单位成本为 x,供电车间的单位成本为 y,则方程组为:

$$\begin{cases} 3\ 785x = 21\ 100 + 150y \\ 9\ 800y = 15\ 000 + 15x \end{cases}$$

所以 x = 5.6356,y = 1.5383

(2) 分配辅助生产成本费用:

分配供水车间费用:

供电车间负担的水费 = 15 × 5.6356 = 84.53(元)

一车间负担的水费 = 600 × 5.6356 = 3 381.36(元)

二车间负担的水费 = 1 500 × 5.6356 = 8 453.40(元)

三车间负担的水费 = 1 300 × 5.6356 = 7 326.28(元)

企业行政管理部门负担的水费 = 250 × 5.6356 = 1 408.90(元)

销售部门负担的水费 = 21 100 + 230.75 - 84.53 - 3 381.36 - 8 453.40 - 7 326.28 - 1 408.90 = 676.28(元)

分配供电车间费用:

供水车间承担的电费 = 150 × 1.5383 = 230.75(元)

第一车间产品承担的电费 = 7 500 × 1.5383 = 11 537.25(元)

第一车间承担的电费 = 60 × 1.5383 = 92.30(元)

第二车间产品承担的电费 = 300 × 1.5383 = 461.49(元)

第二车间承担的电费 = 80 × 1.5383 = 123.06(元)

第三车间产品承担的电费 = 150 × 1.5383 = 230.75(元)

第三车间承担的电费 = 60 × 1.5383 = 92.30(元)

企业行政管理部门承担的电费 = 1 000 × 1.5383 = 1 538.30(元)

销售部门承担的电费 = 15 000 + 84.53 - 230.75 - 11 537.25 - 92.30 - 461.49 - 123.06 - 230.75 - 92.30 - 1 538.30 = 778.33(元)

甲、乙产品电费分配如例 2-8,不再赘述。

(3) 分配辅助生产成本费用的账务处理。

分配辅助生产成本费用的账务处理同上,不再赘述。

(五)顺序分配法

顺序分配法是指按照受益少的辅助车间部门排在前面,先行分配,受益多的辅助车间部门排在后面,再行分配的顺序对各辅助车间部门的费用进行分配的一种方法。该方法一般在辅助车间部门较多且各部门的劳务或产品耗用数量相差较大的情况下使用。

其分配步骤如下:

第一步:确定辅助车间部门的分配顺序。

第二步:按顺序分配辅助生产费用。前者分配给后者,而后者不分配给前者,后者的分配金额等于其直接费用加上前者分配来的费用之和。

【例2-12】承例2-7和例2-8资料,供水车间辅助生产成本21 100元,供电车间辅助生产成本15 000元,供水车间用电150度,供电车间用水15吨。

要求:采用顺序分配法分配辅助生产费用。

根据例2-7和例2-8资料,用顺序分配法的分配过程如下:

(1) 确定辅助生产车间分配顺序。

根据上述交互分配法的计算可知,供水车间用电受益229.59元,供电车间用水受益83.62元,按照受益金额多少的排列顺序,供电车间第一次分配,供水车间第二次分配。

(2) 根据上述确定的分配顺序分配辅助生产成本费用。

供电车间成本费用分配:

供电车间分配率 = 15 000 ÷ 9 800 = 1.5306 (元/度)

供水车间应承担的电费 = 150 × 1.5306 = 229.59 (元)

第一车间产品承担的电费 = 7 500 × 1.5306 = 11 479.50 (元)

第一车间承担的电费 = 60 × 1.5306 = 91.84 (元)

第二车间产品承担的电费 = 300 × 1.5306 = 459.18 (元)

第二车间承担的电费 = 80 × 1.5306 = 122.45 (元)

第三车间产品承担的电费 = 150 × 1.5306 = 229.59 (元)

第三车间承担的电费 = 60 × 1.5306 = 91.84 (元)

企业行政管理部门承担的电费 = 1 000 × 1.5306 = 1 530.60 (元)

销售部门承担的电费 = 15 000 - 229.59 - 11 479.50 - 91.84 - 459.18 -
 122.45 - 229.59 - 91.84 - 1 530.60
= 765.41 (元)

甲、乙产品电费分配如例2-8,不再赘述。

供水车间成本费用分配:

供水车间实际成本费用 = 21 100 + 229.59 = 21 329.59 (元)

供水车间对外提供劳务量 = 3 785 - 15 = 3 770 (吨)

供水车间分配率 = 21 329.59 ÷ 3 770 = 5.6577 (元/吨)

第一车间承担的水费 = 600 × 5.6577 = 3 394.62 (元)

第二车间承担的水费 = 1 500 × 5.6577 = 8 486.55 (元)

第三车间承担的水费 = 1 300 × 5.6577 = 7 355.01 (元)

企业行政管理部门承担的水费 = 250 × 5.6577 = 1 414.43 (元)

销售部门承担的水费 = 21 329.59 − 3 394.62 − 8 486.55 − 7 355.01 − 1 414.43
= 678.98（元）

（3）分配辅助生产成本费用的账务处理。

分配辅助生产成本费用的账务处理同上，不再赘述。

任务五　制造费用的归集与分配

制造费用是在生产车间发生的各项间接费用，是指工业企业为生产产品（或提供劳务）而发生的、应计入产品成本但没有专设成本项目的各项生产费用。主要包括物料消耗，车间管理人员的薪酬，车间管理用房屋和设备的折旧费、租赁费和保险费，车间管理用具摊销，车间管理用的照明费、水费、取暖费、劳动保护费、设计制图费、试验检验费、差旅费、办公费以及季节性及修理期间停工损失等。

一、制造费用的归集

制造费用的归集是通过"制造费用"科目的借方反映产品成本费用发生的过程，"制造费用"科目应当根据有关付款凭证、转账凭证和各种成本分配表登记；此外，还应按不同的车间设立明细账，账内按照成本项目设立专栏，分别反映各车间各项制造费用的发生情况和分配转出情况。其借方反映基本生产车间和辅助生产车间发生的直接用于生产，但没有专设成本项目以及用于组织和管理生产活动的各种材料成本、生产车间管理人员的工资、福利费等内容。月末，应按照一定的方法将归集的制造费用从"制造费用"科目贷方分配转入有关成本核算对象。

【例 2 - 13】朋普工厂有第一车间、第二车间、第三车间共三个基本生产车间，生产甲、乙两种产品，根据 2020 年 9 月有关付款凭证、转账凭证和各种成本分配表登记"制造费用明细账"归集制造费用，如表 2-5-1 至表 2-5-3 所示。

表 2-5-1　　　　　　　　　　制造费用明细账

单位：元

总账科目：制造费用　　　　　　　2020 年 9 月　　　　　　　明细科目：第一车间

日期	凭证号	摘要	周转材料	工资费用	电费	折旧费	辅助生产成本	合计
略	略	领用工具	350					
		分配人工费用		2 451				
		分配电费			535.72			
		计提折旧费				8 820		
		辅助生产成本转入					2 991.56	
		制造费用合计						15 148.28
		分配制造费用						−15 148.28

表 2-5-2　　　　　　　　　　　　制造费用明细账

单位：元

总账科目：制造费用　　　　　　　　2020 年 9 月　　　　　　　　明细科目：第二车间

日期	凭证号	摘要	周转材料	工资费用	电费	折旧费	辅助生产成本	合计
略	略	领用工具	247					
		分配人工费用		2 280				
		分配电费			392.86			
		计提折旧费				20 950		
		辅助生产成本转入					6 597.34	
		制造费用合计						30 467.20
		分配制造费用						-30 467.20

表 2-5-3　　　　　　　　　　　　制造费用明细账

单位：元

总账科目：制造费用　　　　　　　　2020 年 9 月　　　　　　　　明细科目：第三车间

日期	凭证号	摘要	周转材料	工资费用	电费	折旧费	辅助生产成本	合计
略	略	领用工具	495					
		分配人工费用		1 758.45				
		分配电费			285.72			
		计提折旧费				13 500		
		辅助生产成本转入					5 582.71	
		制造费用合计						21 621.88
		分配制造费用						-21 621.88

二、制造费用的分配及其账务处理

制造费用分配的原则是："按受益产品计入，一种产品直接计入，多种产品分配计入"。即只生产一种产品的情况下，其归集的制造费用应直接计入该种产品的成本；在生产多种产品的情况下，则制造费用应采用适当的分配方法分配计入各种产品的成本。

制造费用的分配过程一般分为两步。

第一步：计算制造费用分配率。

制造费用分配率 = 制造费用总额 ÷ ∑分配标准

分配标准一般包括产品生产工时总数、生产工人定额工时总数、生产工人工资总和、机械工时总数、产品计划产量的定额工时总数等。

第二步：计算制造费用分配额。

制造费用分配额 = 分配标准 × 制造费用分配率

制造费用分配的方法很多，但通常采用的有生产工人工时比例法、机器工时比例法、年度计划分配率法等。

(一)生产工时比例法

以各种产品所耗生产工人工时为分配标准进行制造费用分配的方法叫作生产工人工时比例法。

制造费用分配率 = 制造费用总额 ÷ $\sum$ 各产品生产工时

某种产品制造费用分配额 = 该种产品生产工时 × 制造费用分配率

【例 2-14】承例 2-13,2020 年 9 月末归集的第一车间、第二车间和第三车间的制造费用分别是 15 148.28 元、30 467.20 元和 21 621.88 元。每个车间甲、乙产品的生产时间为：第一车间 1 750 小时和 750 小时，第二车间 3 000 小时和 750 小时，第三车间 2 250 小时和 1 500 小时。

要求：采用生产工时比例法分配甲、乙产品承担的制造费用。

解：

第一车间制造费用分配率 = 15 148.28 ÷ (1 750 + 750) = 6.0593（元/小时）

甲产品承担的制造费用 = 1 750 × 6.0593 = 10 603.78（元）

乙产品承担的制造费用 = 15 148.28 - 10 603.78 = 4 544.50（元）

第二车间制造费用分配率 = 30 467.20 ÷ (3 000 + 750) = 8.1246（元/小时）

甲产品承担的制造费用 = 3 000 × 8.1246 = 24 373.80（元）

乙产品承担的制造费用 = 30 467.20 - 24 373.80 = 6 093.40（元）

第三车间制造费用分配率 = 21 621.88 ÷ (2 250 + 1 500)
= 5.7658（元/小时）

甲产品承担的制造费用 = 2 250 × 5.7658 = 12 973.05（元）

乙产品承担的制造费用 = 21 621.88 - 12 973.05 = 8 648.83（元）

根据上述计算编制"制造费用分配表"，如表 2-5-4 所示。

表 2-5-4　　　　　　　　　　制造费用分配表

2020 年 9 月　　　　　　　　　　　　金额单位：元

车间、产品		生产工时	分配率	分配后金额
第一车间	甲产品	1 750		10 603.78
	乙产品	750		4 544.50
	合计	2 500	6.0593	15 148.28
第二车间	甲产品	3 000		24 373.80
	乙产品	750		6 093.40
	合计	3 750	8.1246	30 467.20
第三车间	甲产品	2 250		12 973.05
	乙产品	1 500		8 648.83
	合计	3 750	5.7658	21 621.88

根据表 2-5-4 编制制造费用会计分录如下：

借：生产成本——基本生产成本——第一车间（甲产品）
　　　　　　　　　　　　　　　　　　　　　　　10 603.78

——第一车间（乙产品）
　　　　　　　　　　　　　　　　　4 544.50
　　贷：制造费用——第一车间　　　15 148.28
借：生产成本——基本生产成本——第二车间（甲产品）
　　　　　　　　　　　　　　　　　24 373.80
　　——第二车间（乙产品）
　　　　　　　　　　　　　　　　　6 093.40
　　贷：制造费用——第二车间　　　30 467.20
借：生产成本——基本生产成本——第三车间（甲产品）
　　　　　　　　　　　　　　　　　12 973.05
　　——第三车间（乙产品）
　　　　　　　　　　　　　　　　　8 648.83
　　贷：制造费用——第三车间　　　21 621.88

（二）机器工时比例法

以各种产品生产时所耗机器工时为分配标准进行制造费用分配的方法叫作机器工时比例法。

制造费用分配率 = 制造费用总额 ÷ ∑各产品机器工时

某种产品制造费用分配额 = 该种产品机器工时 × 制造费用分配率

制造费用机器工时比例法的分配原理同制造费用生产工时比例法分配的原理，不再重述。

（三）年度计划分配率分配法

以企业正常经营条件下的年度制造费用预算数和预计产量的定额标准数为依据计算分配率，并用该分配率对制造费用进行分配的方法叫作年度计划分配率分配法。其具体分配步骤为：

第一步：计算年度计划分配率。

$$制造费用计划分配率 = \frac{制造费用年度计划总额}{\sum 各产品年度计划定额工时}$$

第二步：按计划分配率分配制造费用。

某种产品制造费用分配额 = 该种产品的实际定额工时 × 计划分配率

第三步：结转成本差异。

【例2-15】灵泉工厂第一车间生产甲乙产品，2020年计划发生制造费用90 000元，甲乙产品的计划产量分别为10 000件和2 500件，单位工时定额分别为2.5小时和5小时，9月份的实际产量分别为1 000件和200件。

要求：采用年度计划分配率分配法分配制造费用。

解：根据上述资料，采用年度计划分配率分配法分配制造费用的过程如下：

（1）计算该车间制造费用年度计划分配率。

第一车间制造费用分配率 = 90 000 ÷ (10 000 × 2.5 + 2 500 × 5)

　　　　　　　　　　　 = 2.40（元/小时）

(2) 计算年度计划制造费用差异分配率。

甲产品 9 月份应承担计划制造费用 = 1 000 × 2.4 = 2 400（元）

乙产品 9 月份应承担计划制造费用 = 200 × 2.4 = 480（元）

(3) 该车间本月按计划分配率分配转出的制造费用。

转出制造费用 = 2 400 + 480 = 2 880（元）

制造费用年度计划分配率法的优点是分配手续简便，在计划工作水平较高的情况下，有利于及时计算成本、分析成本、控制成本，使单位产品制造费用较为均衡，否则，计算分析结果的准确性较差。一般适用于季节性生产车间、企业。

任务六　废品损失和停工损失的归集与分配

一、废品损失的归集与分配

废品损失主要包括在生产过程中发现的不合格在产品、入库时发现的不合格半成品或不合格完工产品而造成的损失。它是生产损失的一个部分，其价值包括不可修复废品的生产成本、可修复废品的修复费用以及扣除回收的废品残料价值和应收赔款以后的损失。

下列情况不属于废品损失：（1）经质量检验部门鉴定不需要返修、可以降价出售的不合格品；（2）产品入库后由于保管不善等原因而损失变质的产品；（3）实行"三包"（包退、包修、包换）企业在产品出售后发现的废品等。

废品损失从技术方面和经济方面来看，可以分为可修复废品和不可修复废品两种。可修复废品是指在修复时技术可行，并且经济合理的废品；不可修复废品是指在修复时技术不可行，或者经济不合理的废品。

废品损失可以单独核算也可以合并核算，如果单独核算，设置"废品损失"总账及其明细账，"废品损失"账户的借方反映不可修复废品的生产成本和可修复废品的修复费用；贷方反映回收的残料价值、赔款和转出的废品损失，月末，无余额；如果合并核算，则在"生产成本——基本生产成本"科目中进行账务处理。辅助生产车间的废品损失一般进行合并核算。

（一）不可修复废品的归集与分配

不可修复废品生产成本计算方法包括按废品所耗实际费用计算的实际成本法和按废品所耗定额费用计算的定额成本法两种。

1. 实际成本法

实际成本法是以产品所耗实际费用为标准，将全部产品成本费用在合格品与废品之间进行分配，计算废品实际成本的一种方法。该方法的优点是计

算结果较为真实,缺点是会计核算量较大,需要计算机技术介入。其通用公式为:

$$\text{废品直接材料费用(直接人工费用、制造费用)分配额} = \frac{\text{某产品直接材料费用(直接人工费用、制造费用)总额}}{\text{总产量}} \times \text{废品数量或约当产量}$$

其中,总产量=合格品产量+废品数量或约当产量

【例2-16】新哨工厂基本车间生产甲产品,材料于生产开始时一次投入,产品完工程度为50%。2020年9月甲产品生产250件,生产成本69 800元,其中,直接材料50 000元,直接人工12 375元,制造费用7 425元,生产中发现5件不可修复废品,回收废品残料250元。

要求:采用按废品所耗实际费用计算的实际成本法计算废品损失,并进行相应的账务处理。

根据上述资料,用实际成本法计算不可修复废品损失,如表2-6-1所示。

表2-6-1　　　　　　　　不可修复废品损失计算表
(实际成本计算法)

生产车间:新哨工厂基本生产车间
产品名称:甲产品　　　　　　　　　2020年9月　　　　　　　　　金额单位:元

项目	产量(件)	直接材料	约当产量(件)	直接人工	制造费用	成本合计
产品成本费用	250	50 000	247.5	12 375	7 425	69 800
分配率		200 (50 000÷250)		50 (12 375÷247.5)	30 (7 425÷247.5)	
废品成本	5	1 000 (5×200)	2.5	125 (2.5×50)	75 (2.5×30)	1 200
残料收回		250				250
废品损失		750		125	75	950

根据表2-6-1,编制会计分录。
(1) 借:废品损失——甲产品　　　　　　　　　　1 200
　　　贷:生产成本——基本生产成本(甲产品)　　　　1 200
(2) 借:原材料　　　　　　　　　　　　　　　　250
　　　贷:废品损失——甲产品　　　　　　　　　　　250
(3) 借:生产成本——基本生产成本(甲产品)　　　　950
　　　贷:废品损失——甲产品　　　　　　　　　　　950

2. 定额成本法

定额成本法是以产品所耗定额成本为标准,将全部产品成本费用在合格品与废品之间进行分配,计算废品定额成本的一种方法。该方法的优点是在定额成本管理水平较高的情况下,便于计算、分析、控制成本,否则,成本计算结果不够准确。

【例2-17】虹溪工厂基本车间2020年9月生产乙产品,单位直接材料费

用定额160元，单位生产工时定额4.5元，单位生产工时直接人工费用11元，单位生产工时制造费用6元。验收入库时发现不可修复废品15件，回收废品残料500元，废品的生产成本按所耗定额费用计算。

要求：用定额成本法计算废品损失并进行相应的账务处理。

根据上述资料，用定额成本计算法计算不可修复废品损失，如表2-6-2所示。

表2-6-2 不可修复废品损失计算表

（定额成本计算法）

生产车间：虹溪工厂基本生产车间

产品名称：乙产品　　　　　　　2020年9月　　　　　　　　　　　金额单位：元

项目	直接材料	直接人工	制造费用	成本合计
单位定额费用	160	49.50（4.50×11）	27（4.50×6）	236.50
废品定额成本	2 400（160×15）	742.50（49.50×15）	405（27.00×15）	3 547.50
残料收回	500			500.00
废品损失	1 900	742.50	405	3 047.50

根据表2-6-2，编制会计分录。

借：废品损失——乙产品　　　　　　　　　　　　3 547.50
　　贷：生产成本——基本生产成本（乙产品）　　　　3 547.50
借：原材料　　　　　　　　　　　　　　　　　　500.00
　　贷：废品损失——乙产品　　　　　　　　　　　　500.00
借：生产成本——基本生产成本（乙产品）　　　　3 047.50
　　贷：废品损失——乙产品　　　　　　　　　　　　3 047.50

（二）可修复废品的归集与分配

可修复废品发生的返修费用，反映在各种费用分配表中，可以通过"废品损失"的借方和贷方进行归集和分配，其回收的残料和应收的赔款以及可修复损失成本在"废品损失"的贷方核算。其会计分录如下：

(1) 返修发生时：

借：废品损失——×××产品
　　贷：原材料
　　　　应付职工薪酬
　　　　银行存款
　　　　制造费用
　　　　周转材料

(2) 残料和应收赔款回收时：

借：其他应收款——赔款人
　　原材料——残料回收
　　贷：废品损失——×××产品

（3）对净损失进行转销时：

借：基本生产成本——×××产品
　　贷：废品损失——×××产品

废品损失也可以通过"生产成本——基本生产成本"账户进行核算。

二、停工损失的归集与分配

停工损失主要包括停工期间发生的原材料费用、人工费用和制造费用等，但不包括应由过失个人、单位或保险公司负担的赔款以及不满1个工作日的停工损失部分。它是指生产车间或车间内某个班组在停工期间发生的各项生产费用。

按停工是否正常划分，企业的停工可以分为正常停工（如季节性停工、正常生产周期内的修理期间的停工、计划内减产停工等）和非正常停工（如原材料或工具等短缺停工、设备故障停工、电力中断停工、自然灾害停工等）。

停工损失可以单独核算，也可以合并核算，季节性停工、修理期间的正常停工费用应计入产品成本，非正常停工费用应计入当期损益。

（一）单独核算停工损失

在单独核算停工损失的企业中，停工损失的归集与分配是通过"停工损失"总账和明细账进行的，该科目借方对停工损失汇总归集，反映停工损失的费用，该科目的贷方反映由过失个人、单位或保险公司赔偿金额以及自然灾害造成的损失，期末，将停工损失的净损失转入"生产成本——基本生产成本"后，该科目无余额。其会计分录如下：

（1）停工损失发生时：

借：停工损失——×××车间
　　贷：原材料
　　　　应付职工薪酬
　　　　银行存款
　　　　制造费用
　　　　周转材料

（2）应收的由个人、单位或保险公司赔偿金额以及自然灾害造成的损失时：

借：其他应收款——个人、单位或保险公司
　　营业外支出——非正常损失
　　贷：停工损失——×××车间

（3）结转停工净损失成本时：

借：生产成本——基本生产成本——×××产品
　　贷：停工损失——×××产品

（二）合并核算停工损失

如辅助生产车间等部门，不单独设置"停工损失"科目，其停工损失分别计入"制造费用"等账户中，其会计分录如下：

借：制造费用
　　其他应收款——个人、单位或保险公司
　　营业外支出——自然灾害
　　贷：原材料
　　　　应付职工薪酬
　　　　银行存款
　　　　制造费用
　　　　周转材料

项目三
生产费用在完工产品与在产品之间的分配

学习目标

知识目标	技能目标
➢ 熟悉在产品的含义，确定在产品的数量，掌握在产品清查的会计处理 ➢ 掌握产品生产费用在完工产品和月末在产品之间的各种分配方法及计算程序	➢ 能确定在产品数量的日常核算 ➢ 能根据生产企业各种产品生产条件及生产特点，选择合理简便的分配方法，将生产费用在完工产品与月末在产品之间进行分配

案例引入

竹园工厂生产的甲产品，本月完工产品产量500个，在产品数量100个；单位完工产品消耗定额为：材料200千克/个，50小时/个；单位在产品材料定额200千克，工时定额20小时。月初在产品成本和本期发生生产成本合计如下：直接材料2 400 000元，直接人工405 000元，制造费用270 000元。竹园工厂是一个定额基础较好，各项消耗定额比较准确、稳定，各月末在产品数量变化较大的生产企业。请问：竹园工厂本月生产费用合计在完工产品与在产品之间分配应采用哪种分配方法，采用该分配方法的好处？如何进行分配？

思维导图

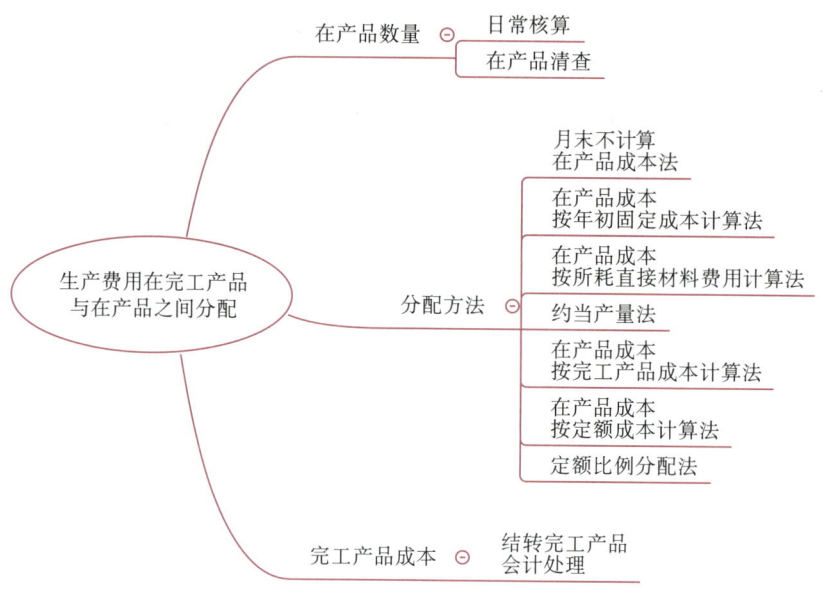

任务一　核算在产品数量

在产品是指没有完成全部生产过程，不能作为商品销售的企业未完工产品。在产品有广义和狭义之分，广义在产品是从企业整体角度来说，是指正处于企业各个生产车间加工中的在制品（含返修中的废品）、已经完成一个或几个生产步骤，还需继续加工的自制半成品（含等待返修的废品）、已加工完毕尚未验收入库的产成品等，已验收入库准备对外销售的自制半成品，属于商品产品，不应列入在产品范围；狭义在产品就某一车间或某一生产步骤而言，是指某车间或某一生产步骤正在加工中的在制品（含返修中的废品），该车间或生产步骤已完工的自制半成品不应包括在内。本项目所讲述的生产费用在完工产品与在产品之间的分配，是成本核算程序中的最后一个环节，其实质是指生产费用在完工产品与狭义在产品之间的分配。

为了准确将生产费用在完工产品与在产品之间分配，必须正确对在产品数量进行核算。在产品数量的核算，应具备完善的账面核算资料和实际盘点资料，做好在产品收发结存日常核算工作和在产品清查工作，才可以在掌握账面在产品数量动态的同时查清在产品实际结存数量。

一、在产品收发结存的日常核算

一般情况下，企业应根据在产品实际盘存数量计算在产品成本，如果在产品品种多、数量大，每月组织实地盘点确有困难的，也可以根据在产品账面核算资料的期末结存量来计算在产品成本。车间在产品收发结存的日常核算，可通过"在产品收发结存账"（即在产品台账）进行，该账按不同车间、不同产品品种的在产品名称（零部件名称）设置，提供车间各种在产品收发结存动态数量的核算资料。根据领料凭证、在产品内部转移凭证、产品检验凭证和产品交库凭证，及时登记在产品收发结存账（即在产品台账），最后由车间核算人员审核汇总而成。在产品收发结存账如表3-1-1所示。

表3-1-1　　　　　　　　　　　在产品收发结存账

车间名称：一车间　　　　　　　零部件名称：7786　　　　　　　　　　单位：件

2020年		摘要	收入		完工				结存		未完工
			凭证号	数量	凭证号	合格品	废品	短缺	凭证号	完工	
8	31	结存									50
9	1			300		300	10	—		300	40
9	2			280		300		2		300	18
…	…	…									
9	30	合计		6 150		6 000	20	10		6 000	170

二、在产品清查的核算

企业应定期或不定期地对在产品进行清查，做到账实相符，保证在产品的安全完整。清查结束后，根据实际盘点数和账面资料编制在产品账存实存表，列明在产品账存数、实存数、盘盈、盘亏数，盈或亏的原因以及处理意见等，发生报废和毁损的在产品还需登记残值。成本核算会计人员应对在产品账存实存表进行审核，报有关部门审批，并对出现盘盈或盘亏的在产品进行相应的会计处理。

在产品发生盘盈时，可按计划成本或定额成本记入"生产成本——基本生产成本"账户的借方和"待处理财产损溢"账户的贷方，增加在产品的账面价值；批准处理核销时，则记入"待处理财产损溢"账户的借方和"制造费用"账户的贷方，冲减制造费用。

在产品发生盘亏和毁损时，可按计划成本或定额成本记入"待处理财产损溢"账户的借方和"生产成本——基本生产成本"账户的贷方，冲减在产品的账面价值，对于毁损在产品的残值，记入"原材料""银行存款"等账户的借方，同时记入"待处理财产损溢"账户的贷方；批准处理核销时，应根据不同处理意见分别将盘亏损失或毁损净损失从"待处理财产损溢"账户的贷方转入有关账户：准予计入产品成本的损失或由于车间管理不善造成的损失，转入"制造费用"账户的借方；自然灾害造成的非常损失能收到保险公司或过失人赔偿部分，记入"其他应收款"账户的借方，其余损失则记入

"营业外支出"账户的借方。为了能正确归集和分配制造费用,对在产品盘盈、盘亏的处理,应该在制造费用结账之前进行。

【例3-1】竹园工厂2020年9月基本生产车间在产品清查结果如下:甲产品的在产品盘盈20件,费用定额200元;乙产品的在产品盘亏50件,费用定额60元,其中应由过失人赔款1 000元,其余损失由于车间管理不善造成;丙产品的在产品毁损600件,费用定额40元,其中自然灾害损失7 000元,残料入库价值2 000元,其余损失由于车间管理不善造成。以上事项均已批准转账。

- 在产品盘盈的核算

(1) 盘盈时:

借:生产成本——基本生产成本——甲产品　　　　　4 000
　　贷:待处理财产损溢　　　　　　　　　　　　　　4 000

(2) 批准后:

借:待处理财产损溢　　　　　　　　　　　　　　　4 000
　　贷:制造费用　　　　　　　　　　　　　　　　　4 000

- 在产品盘亏的核算

(1) 盘亏时:

借:待处理财产损溢　　　　　　　　　　　　　　　3 000
　　贷:生产成本——基本生产成本——乙产品　　　　3 000

(2) 批准后:

借:其他应收款　　　　　　　　　　　　　　　　　1 000
　　制造费用　　　　　　　　　　　　　　　　　　2 000
　　贷:待处理财产损溢　　　　　　　　　　　　　　3 000

- 在产品毁损的核算

(1) 毁损转账:

借:待处理财产损溢　　　　　　　　　　　　　　　24 000
　　贷:生产成本——基本生产成本——丙产品　　　　24 000

(2) 残料入库:

借:原材料　　　　　　　　　　　　　　　　　　　2 000
　　贷:待处理财产损溢　　　　　　　　　　　　　　2 000

(3) 批准后转账:

借:营业外支出　　　　　　　　　　　　　　　　　7 000
　　制造费用　　　　　　　　　　　　　　　　　　15 000
　　贷:待处理财产损溢　　　　　　　　　　　　　　22 000

库存半成品、辅助生产车间在产品数量确定和清查的核算,与基本生产车间的在产品基本相同。只是它们清查的结果分别在"自制半成品"和"生产成本——辅助生产成本"账户中核算。

课堂讨论

1. 生产费用在完工产品与月末在产品之间的分配，如何理解在产品的含义？
2. 生产费用在完工产品和月末在产品之间的分配，怎样正确确定在产品数量？

任务二　生产费用在完工产品与在产品之间的分配

完工产品，是指完成全部生产过程、已验收入库、能作为商品销售的产品。

生产费用在完工产品与在产品之间的分配：首先，将本月发生的生产费用在不同产品之间归集，即本月应计入各种产品成本的生产费用，按成本项目归集在"生产成本——基本生产成本"总账及其所属明细账的借方；其次，将各产品的月初在产品成本加上本月发生的生产费用，即各产品的本月生产费用合计，采用适当分配方法，在完工产品和在产品之间进行分配，以计算本月完工产品成本和在产品成本。

应当注意的是，各产品的本月生产费用合计，由企业生产产品的三种生产情况来确定：

（1）本月产品全部完工，本月生产费用合计就是该种产品的完工产品成本；

（2）本月产品全部未完工，本月生产费用合计就是该种产品的月末在产品成本；

（3）本月既有完工产品又有在产品，则需要采用适当的分配方法将生产费用合计在完工产品和在产品之间进行纵向分配。

月初在产品成本、本月生产费用、本月完工产品成本和月末在产品成本四者之间的关系，可用公式表示如下：

$$月初在产品成本 + 本月生产费用 = 本月完工产品成本 + 月末在产品成本$$

公式左边两项是已知数，构成各产品本月生产费用合计，在完工产品与月末在产品之间采用一定方法进行分配。通常可采取两种方式：

1. 倒挤法

先计算月末在产品成本，再倒挤完工产品成本，计算公式如下：

$$本月完工产品成本 = 月初在产品成本 + 本月生产费用 - 月末在产品成本$$

2. 分配法

按照一定的分配标准，同时计算完工产品成本与在产品成本。

无论采取哪种方式，都必须取得在产品收、发和结存的数量资料，准确确定月末在产品数量，这是能正确计算完工产品成本的基础。一般情况下，生产费用在完工产品和在产品成本的分配应该按成本项目分别进行，以保证正确计算完工产品成本，但如果部分成本项目的分配对完工产品成本计算准确性影响不大，月末在产品也可以按简化办法计算成本。

由于在产品具有品种规格多、流动性大、完工程度不同等特点，如何合理、简便地划分完工产品成本和月末在产品成本，就成为完工产品成本计算工作中一个重要而复杂的问题。除简单的单步骤生产企业外，对于产品结构复杂、零部件种类和加工工序较多的多步骤生产企业，这个问题尤为重要。

生产费用在完工产品和在产品的分配过程中，企业应考虑月末在产品数量的多少、各月末在产品数量变化的大小、各项生产费用在成本中的比重、定额管理基础工作的好坏（定额是否准确、稳定）等情况，来选择确定企业恰当可行的分配方法。《企业产品成本核算制度（试行）》规定，制造业可以选择原材料消耗量、约当产量、定额比例法、原材料扣除法、完工百分比法等方法，恰当地确定完工产品和在产品的实际成本，并将完工入库产品的成本结转至库存商品科目，在产品数量、金额不重要或在产品期初、期末数量变动不大的，可以不计算在产品成本。由此，生产费用在完工产品和在产品之间通常可采用的分配方法有：月末不计算在产品成本法、在产品成本按年初固定成本计算法、在产品按所耗直接材料费用计算法、约当产量比例法、在产品按完工产品成本计算法、在产品按定额成本计算法、定额比例法等。

一、月末不计算在产品成本法

月末不计算在产品成本法，简称"不计在产品成本法"，是指月末在产品不计算成本，本期分配归集的生产费用全部由完工产品承担的一种方法。

【例3-2】竹园工厂2020年9月生产甲产品，由于甲产品生产周期较短且价值低，月末在产品数量少，采用不计在产品成本法。本月甲产品成本计算单所记的产品成本总额为100 000元，其中直接材料70 000元，直接人工20 000元，制造费用10 000元。本月完工入库甲产品5 000件，在产品5件。

要求：根据9月发生的产品成本资料，计算甲产品完工产品总成本和单位成本。

解：根据上述资料解析步骤如下：

（1）9月完工产品总成本 = 70 000 + 20 000 + 10 000 = 100 000（元）

（2）9月完工产品单位成本 = 100 000 ÷ 5 000 = 20（元/件）

这种方法适用于月末在产品数量很少且价值很低，各月在产品数量比较稳定，计不计算在产品成本对准确确定完工产品成本影响都不大。为简化核算工作，可不计算在产品成本的生产企业，比如供水、发电、采掘等企业。这种情况下，各产品成本计算单中分配归集的生产费用就是本月该种产品的完工总成本，除以产量就是该种产品的单位成本。

二、在产品成本按年初固定成本计算法

在产品成本按年初固定成本计算法，是指年内各月在产品成本都按年初在产品成本计算，固定不变，每年年末只需计算确定12月末的在产品成本，形成次年年初在产品成本，次年1—11月，不论在产品数量是否有变化，都以形成的年初在产品成本为固定数的一种方法。

这种方法适用于月末在产品数量很少或者在产品数量虽大，但各月比较稳定，月初、月末在产品成本差额对于完工产品成本影响不大的生产企业，为简化核算，同时又能反映在产品占用资金情况，年度内各月在产品成本可以按年初在产品成本固定数确定，比如利用固定容器装置进行生产的炼铁、化工等企业，该类企业具有生产比较稳定、各月末在产品数量变化不大的特点。这种情况下，各月月末在产品成本不变，月初与月末在产品成本相等，各产品成本计算单中归集的本月发生的生产费用就是本月该种完工产品的总成本。

采用在产品成本按年初数固定计算的方法，在年终，必须根据实际盘点数量，运用其他方法重新调整、计算年末在产品成本，作为下一年度各月固定计价的在产品成本，以免在产品成本与实际成本差距过大，影响成本计算的正确性。

三、在产品成本按所耗直接材料费用计算法

在产品成本按所耗直接材料费用计算法，是指各产品所归集的生产费用，只对直接材料费用这个成本项目在完工产品和在产品之间分配，月末在产品就以所分配的直接材料费用作为在产品成本；对生产费用中的其余成本项目（直接人工、制造费用）发生的加工费用，不在完工产品和在产品之间分配，而全部作为完工产品成本的一种方法，在产品应负担的直接材料费用可采用约当产量法、定额比例法等方法分配计算。

【例3-3】竹园工厂2020年9月生产甲产品，原材料在生产开始时一次投入。月初在产品成本（即月初在产品原材料费用）为6 000元，本月耗用直接材料14 000元，直接人工4 000元，制造费用5 000元。本月完工产品80件，月末在产品20件。

要求：按在产品只负担原材料费用计算完工产品和月末在产品成本。

解：根据上述资料解析步骤如下：

（1）直接材料分配率 $= \dfrac{6\,000 + 14\,000}{80 + 20} = 200$（元/件）

（2）月末在产品成本 $= 20 \times 200 = 4\,000$（元）

（3）完工产品应负担的直接材料费用 $= 80 \times 200 = 16\,000$（元）

（4）完工产品总成本 $= 16\,000 + 4\,000 + 5\,000 = 25\,000$（元）

这种方法适用于月末在产品数量较大，各月在产品数量变化也较大，直接材料费用在产品生产成本中所占比重较大且原材料在生产开始时一次投入

的生产企业。为简化核算工作，在产品成本可以只计算应负担的直接材料费用，不分配计算加工费用，加工费用全部由完工产品负担，比如纺织、造纸、酿酒等企业。采用该方法的企业，只需要将产品成本计算单中的累计生产费用，扣除在产品应负担的直接材料费用即是完工产品成本。

四、约当产量法

约当产量法，也称折合产量法，是指先将月末在产品实际数量按其完工程度（包括投料程度和加工程度）折合为约当完工产品产量，即月末在产品约当产量，然后把产品成本计算单中本月生产费用合计，按不同的成本项目在完工产品产量与月末在产品约当产量之间分配，从而确定完工产品成本和月末在产品成本的一种方法。生产过程中各种产品投料方式的不同以及各项加工费用发生时间的不一致，要求不同的成本项目需分别计算确定月末在产品约当产量：直接材料成本项目的约当产量应按投料程度计算；燃料和动力、直接人工、制造费用等其他成本项目的约当产量应按加工程度计算。

约当产量法计算公式如下：

$$在产品约当产量 = 月末在产品数量 \times 完工程度（投料程度或加工程度）$$

$$费用分配率 = \frac{月初在产品成本 + 本月生产费用}{完工产品产量 + 在产品约当产量}$$

$$完工产品成本 = 完工产品产量 \times 费用分配率$$

$$在产品成本 = 在产品约当产量 \times 费用分配率$$

或：在产品成本 = 月初在产品成本 + 本月生产费用 − 完工产品成本

从约当产量法计算公式可以看出，完工产品成本和在产品成本划分的关键是在产品约当产量计算，而在产品约当产量计算的关键在于合理确定在产品的投料程度和加工程度。

（一）在产品投料程度的确定

1. 原材料一次性投入时

如果原材料在生产开始时一次性投入，则在产品投料程度可确定为100%。无论在产品的完工程度如何，在产品约当产量就是在产品数量，直接材料费用分配可直接按完工产品产量和在产品数量计算分配。

2. 原材料逐步、均匀投入时

如果原材料随产品生产加工过程逐步、均匀地分次投入，即在产品投料程度与生产加工进度基本保持一致，在产品投料程度可按加工程度确定。特别注意的是如果投料、加工都均衡发生，在产品在加工过程均衡分布，为简化核算，在产品投料程度和加工程度还可按50%计算。

3. 原材料在每道工序开始时一次投入

如果原材料分工序且在每道工序开始时一次投入，则每道工序在产品投料程度的确定会有所不同，需要分别工序计算各工序在产品的投料程度。其计算公式如下：

$$某工序在产品投料程度 = \frac{本工序在产品累计材料消耗定额}{完工产品材料消耗定额} \times 100\%$$

【例 3-4】竹园工厂 2020 年 9 月生产的甲产品,其加工需经过三道工序完成,原材料分三次在每道工序开始时一次投入,该产品材料消耗定额为 500 千克,其中第一工序投入 280 千克,第二工序投入 160 千克,第三工序投入 60 千克。三道工序在产品盘存数量分别为 100 件、50 件和 50 件。则各工序在产品投料程度和约当产量的计算如表 3-2-1 所示。

表 3-2-1　　　　　　　　月末在产品约当产量计算表　　　　　　　　单位:千克,件

工序	材料消耗定额	在产品数量	在产品投料程度	在产品约当产量
1	280	100	56%	56
2	160	50	88%	44
3	60	50	100%	50
合计	500	200		150

假如本月直接材料费用累计为 20 000 元,本月完工产品 350 件。

要求:计算完工产品应负担的直接材料费用和在产品应负担的直接材料费用。

解:根据上述资料解析步骤如下:

$$直接材料单位成本 = \frac{20\ 000}{350 + 150} = 40(元/件)$$

完工产品应负担的直接材料费用 = 350 × 40 = 14 000(元)

在产品应负担的直接材料费用 = 150 × 40 = 6 000(元)

(二)在产品加工程度的确定

在产品的加工程度一般可以通过技术测定或用以下方法测定。

1. 在产品加工进度较均匀且各工序在产品数量均衡分布时,在产品的加工程度可以按 50% 确定计算

在这种情况下,虽然第一工序在产品加工刚刚开始,但最后一个工序在产品已接近完工,后面工序在产品多加工的程度可以抵补前面工序少加工的程度,两者平均按 50% 确定加工程度,相对比较合理。

【例 3-5】竹园工厂 2020 年 9 月生产甲产品,原材料于生产开始时一次性投入,本月完工入库产品 400 件,在产品数量为 100 件,在产品加工进度较均匀且各工序在产品数量均衡,其完工程度可确定为 50%。则完工产品成本和在产品成本的分配如表 3-2-2 所示。

表 3-2-2　　　　　　　　　　　产品成本计算单
产品名称:甲产品　　　　　　　　　2020 年 9 月　　　　　　　　　金额单位:元

摘要	直接材料	燃料和动力	直接人工	制造费用	合计
月初在产品成本	4 000	500	400	300	5 200
本月生产费用	16 000	4 000	5 000	3 300	28 300

续表

摘　要	直接材料	燃料和动力	直接人工	制造费用	合计
生产费用累计	20 000	4 500	5 400	3 600	33 500
单位成本（分配率）	40	10	12	8	70
本月完工产品成本	16 000	4 000	4 800	3 200	28 000
月末在产品成本	4 000	500	600	400	5 500

解：根据上述资料解析步骤如下：

（1）直接材料费用项目下在产品约当产量 = 100 × 100% = 100（件）

直接材料费用单位成本 = $\dfrac{20\ 000}{400+100}$ = 40（元/件）

完工产品负担的直接材料费用 = 400 × 40 = 16 000（元）

在产品负担的直接材料费用 = 100 × 40 = 4 000（元）

（2）其他费用项目在产品约当产量 = 100 × 50% = 50（件）

燃料和动力单位成本 = $\dfrac{4\ 500}{400+50}$ = 10（元/件）

完工产品负担的燃料和动力费用 = 400 × 10 = 4 000（元）

在产品负担的燃料和动力费用 = 50 × 10 = 500（元）

直接人工单位成本 = $\dfrac{5\ 400}{400+50}$ = 12（元/件）

完工产品负担的直接人工费用 = 400 × 12 = 4 800（元）

在产品负担的直接人工费用 = 50 × 12 = 600（元）

制造费用单位成本 = $\dfrac{3\ 600}{400+50}$ = 8（元/件）

完工产品负担的制造费用 = 400 × 8 = 3 200（元）

在产品负担的制造费用 = 50 × 8 = 400（元）

2. 在产品加工进度不均匀或者各工序月末在产品数量分布不均衡时，月末在产品的加工程度就不能按50%确定计算

应该分别按不同工序确定各工序在产品的加工程度，其计算公式如下：

$$某工序在产品完工程度 = \dfrac{前面各工序累计工时定额 + 本工序工时定额 \times 50\%}{完工产品工时定额} \times 100\%$$

【例3-6】竹园工厂2020年9月生产甲产品，要经过三道工序加工完成，单位产品工时定额为80小时，其中第一工序工时定额为16小时；第二工序工时定额为40小时；第三工序工时定额为24小时。

要求：计算各工序在产品完工程度。

解：根据上述资料解析步骤如下：

第一工序在产品完工程度 = $\dfrac{16 \times 50\%}{80} \times 100\%$ = 10%

第二工序在产品完工程度 $= \dfrac{16+40\times 50\%}{80}\times 100\% = 45\%$

第三工序在产品完工程度 $= \dfrac{16+40+24\times 50\%}{80}\times 100\% = 85\%$

【例3-7】承例3-6，假如该种产品本月完工500件，三道工序在产品数量分别为50件、60件和80件，该产品应负担的制造费用总额为9 000元。

要求：计算在产品的约当产量；计算完工产品和在产品应负担的制造费用。

解：根据上述资料解析步骤如下：

（1）计算各工序月末在产品的约当产量：

第一工序在产品的约当产量 = 50×10% = 5（件）

第二工序在产品的约当产量 = 60×45% = 27（件）

第三工序在产品的约当产量 = 80×85% = 68（件）

　　　　　　　合计：　　　　100（件）

（2）计算制造费用单位成本 $= \dfrac{9\,000}{500+100} = 15$（元/件）

（3）完工产品应负担的制造费用 = 500×15 = 7 500（元）

（4）在产品应负担的制造费用 = 100×15 = 1 500（元）

约当产量法适用于月末在产品数量较多、各月末在产品数量变化较大，而且产品成本中直接材料费用、直接人工费用及制造费用比重都相差不大的生产企业。

五、在产品成本按完工产品成本计算法

在产品成本按完工产品成本计算法，是指趋于完工在产品的成本按照完工产品成本来确定的一种方法。如果在产品生产加工状态已趋于完工，发生生产费用已接近完工产品所耗，为简化核算工作，将其视同完工产品来承担本月发生的生产费用，即产品成本计算单中的累计生产费用，按照完工产品产量与在产品数量比例进行分配。这种方法属于约当产量法的特殊情况，是投料程度和加工程度均视同100%时的约当产量法。

这种方法适用于企业在产品已经接近完工，或者产品已经加工完毕，但尚未验收入库情况下在产品成本的计算。

六、在产品成本按定额成本计算法

在产品成本按定额成本计算法，是指在定额资料较准确的前提下，为简化核算工作，在产品成本可按定额成本计算的一种方法。产品成本计算单中累计生产费用扣除已确定的在产品定额成本，即为完工产品成本。这种方法下，在产品的实际成本与定额成本的差异全部由完工产品成本负担。其计算公式如下：

完工产品成本 = 累计生产费用 – 在产品定额成本

【例 3–8】竹园工厂 2020 年 9 月生产甲产品,本月完工入库 110 件,在产品 10 件,生产工时 50 小时,单件材料定额成本 30 元,计划每小时燃料和动力费用 1 元/小时,直接人工费用 2 元/小时,制造费用 1 元/小时。

要求:计算本月在产品定额成本和本月完工产品成本。

解:根据上述资料解析步骤如下:

(1) 在产品材料定额成本 = 30 × 10 = 300(元)
(2) 在产品燃料和动力定额成本 = 1 × 50 = 50(元)
(3) 在产品直接人工定额成本 = 2 × 50 = 100(元)
(4) 在产品制造费用定额成本 = 1 × 50 = 50(元)
(5) 在产品定额成本 = 300 + 50 + 100 + 50 = 500(元)

完工产品成本的计算如表 3–2–3 所示。

表 3–2–3   产品成本计算单

产品名称:甲产品   2020 年 9 月   金额单位:元

摘　要	直接材料	燃料和动力	直接人工	制造费用	合计
月初在产品成本	700	100	200	100	1 100
本月生产费用	2 900	1 000	2 000	1 000	6 900
生产费用累计	3 600	1 100	2 200	1 100	8 000
月末在产品定额成本	300	50	100	50	500
本月完工产品成本	3 300	1 050	2 100	1 050	7 500

这种方法适用于各月在产品数量变动不大,定额管理基础较好,定额资料又较准确,月初、月末在产品应负担的差异基本上可以互相抵销或在产品的实际成本与定额成本出现的差异对完工产品的实际成本影响不大的生产企业。

七、定额比例分配法

定额比例分配法,是指产品成本计算单中累计生产费用,按照完工产品和在产品的定额耗用量或定额成本的比例,计算完工产品成本和在产品成本的一种方法。

直接材料费用项目可按原材料定额耗用量或原材料定额成本比例分配;燃料和动力、直接人工、制造费用等其他费用项目,则按工时定额耗用量比例分配。这种方法适用于定额管理基础较好,各项消耗定额比较准确、稳定,各月末在产品数量变化较大的生产企业。采用该分配方法,分配结果较合理,便于将实际成本与定额成本进行比较,更好地考核和分析定额执行情况。

定额比例分配法的计算程序如下:

(一) 分配标准的确定

按费用项目分别确定完工产品与在产品的定额耗用量或定额成本:

1. 直接材料费用项目

(1) 确定完工产品与在产品的定额耗用量。

$$完工产品原材料定额耗用量 = 单位产品原材料消耗定额 \times 完工产品产量$$

$$在产品原材料定额耗用量 = \sum \left(某工序单位在产品原材料消耗定额 \times 该工序在产品数量 \right)$$

(2) 确定完工产品与在产品的定额成本。

$$完工产品原材料定额成本 = \sum \left(单位产品某原材料消耗定额 \times 该原材料计划单价 \right) \times 完工产品产量$$

$$在产品原材料定额成本 = \sum \left(某工序单位在产品某原材料消耗定额 \times 该原材料计划单价 \times 该工序在产品数量 \right)$$

2. 其他费用项目

$$完工产品工时定额耗用量 = 单位产品工时消耗定额 \times 完工产品产量$$

$$在产品工时定额耗用量 = \sum \left(某工序单位在产品工时消耗定额 \times 该工序在产品数量 \right)$$

如果月末在产品的种类和生产工序繁多，核算工作量较大，为简化计算，在产品原材料耗用量或工时定额耗用量可以不根据月末在产品数量进行计算，而采用倒挤法，其计算公式如下：

$$在产品定额耗用量 = 月初在产品定额耗用量 + 本月投入产品定额耗用量 - 本月完工产品定额耗用量$$

在倒挤法公式中，月初在产品定额耗用量的确定，可根据上月成本计算单获取；本月完工产品定额耗用量的确定，可按前述方法计算取得；本月投入产品定额耗用量的确定，原材料定额耗用量可根据限额领料单所列资料计算取得，工时定额耗用量根据有关定额工时的原始记录计算取得。采用倒挤法应定期对在产品进行盘点，确保成本计算依据的资料真实完整，保证倒挤法中在产品数量的准确，以确保在产品定额耗用量的准确性。

(二) 费用分配率的确定

$$各费用项目下的费用分配率 = \frac{月初在产品成本 + 本月生产费用}{完工产品定额成本（或定额耗用量）+ 在产品定额成本（或定额耗用量）}$$

(三) 完工产品和在产品成本的确定

$$在产品成本 = 费用分配率 \times 在产品定额成本（或定额耗用量）$$

$$完工产品成本 = 费用分配率 \times 完工产品定额成本（或定额耗用量）$$

或：完工产品成本 = 累计生产费用 - 在产品成本

【例3-9】 竹园工厂2020年9月生产的甲产品，由A、B两种零件组成，需耗用01、02两种材料，材料于生产开始时一次投入，A、B两种零件各经过两道工序加工，产品及零件定额资料如表3-2-4、表3-2-5所示。

表3-2-4　　　　　　　　　　　产品及零件材料成本定额

项目		01材料 （2元/千克）	02材料 （4元/千克）	小计	产品需 零件个数	产品材料 成本定额
A零件	数量	4	1	12.00	2	24.00
	成本	8.00	4.00			
B零件	数量	6	2	20.00	4	80.00
	成本	12.00	8.00			
合计						104.00

表3-2-5　　　　　　　　　　　产品及零件工时定额

零件名称	第一工序 （小时）	第二工序 （小时）	合计	产品需 零件个数	产品工 时定额
A零件	4	8	12	2	24
B零件	2	4	6	4	24
合计	6	12			48

本月完工产品入库2 000件，月末在产品数量如表3-2-6所示。

表3-2-6　　　　　　　　　　　在产品盘点表　　　　　　　　　　　单位：件

零件名称	第一工序	第二工序
A零件	20	30
B零件	10	20

注：假设各工序在产品的加工程度均为100%。

该产品本月累计生产费用为1 048 882元，其中：直接材料846 400元，直接人工144 630元，制造费用57 852元。

要求：按定额比例法分配计算完工产品和在产品成本。

解：根据上述资料解析步骤如下：

（1）计算完工产品和在产品的定额资料如表3-2-7所示。

表3-2-7　　　　　　　　　　　定额资料计算表

名称		单位	数量		材料定额成本		工时定额耗用量	
			第一工序	第二工序	单位定额	总定额	单位定额	总定额
在产品	A零件	件	20	30	24	1 200	320	
	B零件	件	10	20	80	2 400	100	
	小计					3 600		420
完工产品		件	2 000		104	208 000	48	96 000
合计						211 600		96 420

在表 3-2-7 中，在产品工时定额耗用量计算步骤如下：

A 零件工时定额耗用量 = $4 \times 20 + 8 \times 30 = 320$（小时）

B 零件工时定额耗用量 = $2 \times 10 + 4 \times 20 = 100$（小时）

（2）确定各费用项目的费用分配率。

$$直接材料费用分配率 = \frac{846\ 400}{208\ 000 + 3\ 600} = 4$$

$$直接人工费用分配率 = \frac{144\ 630}{96\ 000 + 420} = 1.5$$

$$制造费用分配率 = \frac{57\ 852}{96\ 000 + 420} = 0.6$$

（3）计算完工产品成本和月末在产品成本如表 3-2-8 所示。

表 3-2-8　　　　　　　　　产品成本计算单

产品名称：甲产品　　　　　　　2020 年 9 月　　　　　　　　金额单位：元

摘要		直接材料	直接人工	制造费用	合计
生产费用累计		846 400	144 630	57 852	1 048 882
单位成本（分配率）		4	1.5	0.6	
本月完工产品成本	定额	208 000	96 000 工时	96 000 工时	
	实际	832 000	144 000	57 600	1 033 600
月末在产品成本	定额	3 600	420 工时	420 工时	
	实际	14 400	630	252	15 282

这种方法适用于定额管理基础较好，各项消耗定额比较准确、稳定，各月末在产品数量变化较大的生产企业。采用该分配方法，分配结果较合理，便于实际成本与定额成本的比较，更好地考核和分析定额执行情况。

> **课堂讨论**
>
> 1. 生产费用合计在完工产品与月末在产品之间分配的方法有哪些？各方法的适用范围是什么？
>
> 2. 在产品按完工产品成本计算法和约当产量法，投料程度和加工程度分别如何确定？

任务三　结转完工产品成本

生产企业根据自身生产特点、经营情况和管理层意图选择以上各种方法，将成本计算单中累计生产费用划分为完工产品成本与月末在产品成本两个部分。工业企业完工产品，包括产成品、自制材料、工具和模具等，完工并验收入库的产品成本应从"生产成本——基本生产成本"账户的贷方，转入有关账户的借方：其中完工入库产成品的成本，应转入"库存商品"账户的借方；完工入库的自制材料、工具、模具等的成本，应分别转入"原材料""周转材料——低值易耗品"账户的借方。结转后，"生产成本——基本生产成本"账户出现的借方余额，就是基本生产车间月末在产品成本。

【例3-10】竹园工厂2020年9月末，根据甲产品和乙产品明细账，汇总编制"产成品成本汇总表"，如表3-3-1所示。

表3-3-1　　　　　　　　　　　产成品成本汇总表
2020年9月　　　　　　　　　　　　　　　　　　　　　　　单位：元

产品名称	直接材料	直接燃料及动力	直接人工	制造费用	合计
甲产品	14 400	2 880	3 360	3 840	24 480
乙产品	29 600	3 020	4 560	5 800	42 980
合计	44 000	5 900	7 920	9 640	67 460

要求：根据产成品成本汇总表编制9月末结转完工产品成本的会计分录。

解：根据上述资料解析步骤如下：

```
借：库存商品——甲产品                    24 480
           ——乙产品                    42 980
    贷：生产成本——基本生产成本——甲产品    24 480
                               ——乙产品    42 980
```

> **课堂讨论**
> 1. 分析讨论并归纳总结成本核算程序的各个环节下的会计处理。
> 2. 分析讨论成本核算程序各环节如何进行成本内部控制？

项目四
产品成本核算方法概述

学习目标

知识目标	技能目标
➢ 掌握生产特点和管理要求对产品成本核算的影响	➢ 会使用产品成本核算的具体方法

案例引入

华生电脑有限公司是一家制造电脑的大型制造业企业,主要生产各种笔记本电脑、台式电脑以及各种电脑芯片和电脑显示屏,这些产品生产周期不同,生产步骤不同,所使用的原材料不同,在产品的核算要求也各不相同,有的产品按订单生产,有的产品又是大量大批生产,公司同时还设有供电、供水两个辅助生产车间。

要求:根据华生电脑有限公司的实际情况,分析该公司应采用哪些产品成本核算方法进行产品成本的核算。

思维导图

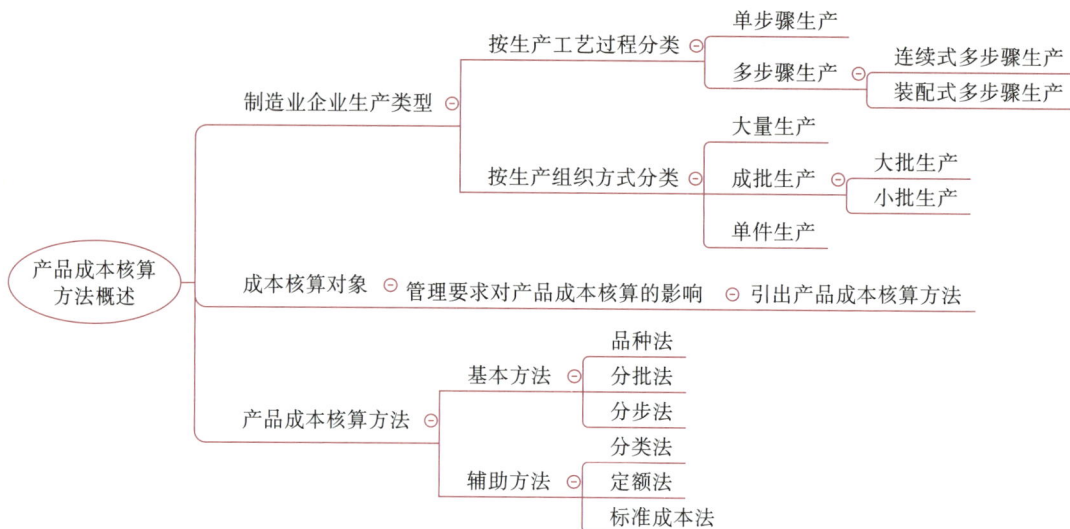

任务一 生产特点和管理要求对产品成本核算的影响

一、制造业企业生产类型
（一）按生产工艺过程的特点分类

制造业企业的生产，按照生产工艺过程的特点，可以分为单步骤生产和多步骤生产两种类型。

1. 单步骤生产

单步骤生产，也称简单生产，是指生产工艺过程不能间断，或不能分散在不同地点进行的生产。如发电、采掘、化肥生产等。

2. 多步骤生产

多步骤生产，又称复杂生产，是指产品的生产工艺过程由若干个可以间断的、分散在不同地点、分别在不同时间进行的生产步骤所组成的生产。按其产品加工方式的不同，又可以分为连续式多步骤生产和装配式多步骤生产。

连续式多步骤生产，是指原材料投入生产后到产品完工，要依次经过各生产步骤的连续加工的生产，前一步骤完工的半成品为后一加工步骤加工的对象，如冶金、纺织、造纸等生产。

装配式生产，是指各个生产步骤可以在不同地点和不同时间同时进行，先将原材料平行加工成零件、部件，然后将零件、部件装配成产成品，如机械、汽车、仪表等生产。

（二）按生产组织的特点分类

按照生产组织的特点，制造业企业可以分为大量生产、成批生产和单件生产三种类型。

1. 大量生产

大量生产是指不断地大量重复相同品种的产品的生产，如食品、发电、采掘、造纸等的生产。

2. 成批生产

成批生产是指按照预先规定的产品批别和数量进行的生产，如服装加工、机械制造等的生产。成批生产按照生产批量的大小，又分为大批生产和小批生产。大批生产由于产品批量较大，往往在几个月内不断地重复生产一种或几种产品，因而性质上接近于大量生产。小批生产，由于产品批量较小，一批产品一般可以同时完工，因而性质上接近于单件生产。

3. 单件生产

单件生产是指按照购买单位订单的要求生产个别的、性质特殊的产品而进行的生产，如飞机、船舶、重型机械设备等的生产。

二、成本核算对象

成本核算对象，是指计算产品成本过程中，确定归集与分配生产费用的承担客体，即费用的承受者。制造业企业的产品成本核算对象，应当根据生产类型，结合成本管理的要求来确定。

成批生产或单件生产，成本核算对象为每批产品；大量大批单步骤生产，成本核算对象就是每种产品；大量大批多步骤生产，成本核算对象就是各加工步骤的半成品及最终的完工产品，如果管理上不要求计算自制半成品的成本，成本核算对象则为每种产品。

三、管理要求对产品成本核算的影响

产品生产特点客观上决定着成本核算对象，即核算什么的成本，但成本核算对象的确定还要考虑管理上的要求，因为成本核算是为成本管理服务并提供资料的。

管理要求对成本核算方法的影响主要有：

（1）单步骤生产或管理上不要求分步骤计算自制半成品成本的多步骤生产，以品种或批别为成本核算对象，采用品种法或分批法。

（2）管理上要求计算自制半成品成本的多步骤生产，以生产步骤为成本核算对象，采用分步法。

（3）在产品品种、规格繁多的企业，管理上要求尽快提供成本资料，简化成本核算工作，可以采用分类法核算产品成本。

（4）在定额管理基础较好的企业，为加强定额管理工作，可采用定额法核算产品成本。

> **课堂讨论**
>
> **佳美服装加工厂成本核算对象的确定**
>
> 佳美服装加工厂主要对外承接服装加工业务,通过签订合同方式完成销售;同时,常年加工 4 种医用防护服,通过市场销往全国各地。加工过程为下料裁剪车间——缝纫车间——熨烫整理车间,之后产成品入库;佳美服装加工厂设有一个机修辅助车间。
>
> 佳美服装加工厂对外承接服装加工部分,以签订合同的批别为成本核算对象,采用分批法核算产品成本。常年加工医用防护服部分,以防护服的品种或防护服的生产步骤为成本核算对象,采用品种法或分步法核算产品成本。

任务二 产品成本核算的基本方法和辅助方法

一、产品成本核算的基本方法

产品成本核算方法,是指将一定会计期间发生的生产费用归集到产品成本核算对象上,据以确定各个产品总成本与单位成本的方法。产品成本核算的基本方法有三种,即品种法、分批法和分步法。

(一) 品种法

品种法是以产品品种作为成本核算对象的一种成本计算方法。品种法是产品成本核算方法中的最基本的方法。

品种法是以产品品种作为成本核算对象;成本计算期与会计报告期一致,即按月定期计算。

品种法适合于大量大批、单步骤生产的企业,如采掘、发电等企业。对于大量大批多步骤生产的企业,成本管理上不要求按照各生产步骤计算自制半成品成本的,也可以采用品种法计算产品成本,如水泥、造纸等企业。

(二) 分批法

分批法是以产品批别作为成本核算对象的一种成本核算方法。

分批法以产品的批别(订单或生产通知单等)为成本核算对象;产品成本计算期不固定,即成本计算期与生产周期相同,而与会计报告期不一致;一般不需要计算期末在产品成本。

分批法适合于单件、小批量生产的企业。如船舶制造、重型机械制造、服装加工、印刷等企业。

(三) 分步法

分步法是按照产品的生产步骤归集生产费用、计算各步骤半成品成本和最终完工产品成本的一种成本核算方法。

分步法以各个加工步骤的各种自制半成品和最终完工产品作为成本核算对象；成本计算期与会计报告期一致，按月定期进行；月末一般有完工产品和在产品。

分步法适用于大量大批多步骤生产的企业，且管理上要求按照生产阶段、步骤、车间计算自制半成品的成本。如冶金、纺织、机械制造、汽车制造等企业。

> **课堂讨论**
>
> **佳美服装加工厂成本核算方法的选择**
>
> 佳美服装加工厂对外承接服装加工部分，以签订合同的批别为成本核算对象，采用分批法核算产品成本；常年加工医用防护服部分，以防护服的品种或4种防护服的生产步骤为成本核算对象，采用品种法或分步法核算产品成本。

二、产品成本核算的辅助方法

（一）分类法

分类法是为了适应一些企业产品品种规格繁多，成本核算工作量繁重的情况而设计的一种简化的成本核算方法。分类法以产品类别为成本核算对象，将生产费用先按产品的类别进行归集，计算各类产品成本，然后再按照一定的分配标准在类内各种产品之间分配，来计算各种产品的成本。

主要适用于产品的品种规格多，但每类产品的结构、所用原材料、生产工艺过程都基本相同的企业，如糖果、食品等生产企业。

（二）定额法

定额法是在定额管理基础较好的企业，为了加强生产费用和产品成本的定额管理，加强成本控制而采用的成本计算方法。定额法以产品的定额成本为基础，加上或减去脱离定额差异以及定额变动差异来计算产品的实际成本。

它适用于管理制度比较健全、定额管理基础工作较好的企业。

（三）标准成本法

标准成本法是一种成本控制的方法，也可以认为是一种特殊的成本核算方法。该方法只计算产品的标准成本，不计算产品的实际成本，实际成本脱离标准成本的差异直接计入当期损益。

分类法、定额法和标准成本法与企业生产类型的特点没有直接联系，不涉及成本核算对象，它们的应用或是为了简化成本核算，或是为了加强成本管理，只要具备条件，任何生产类型的企业都可运用。因此，从核算产品实际成本的角度来看，它们并非必不可少，故称之为辅助方法。产品成本核算的辅助方法，一般应与基本方法结合起来使用，而不能单独使用。

> **课堂讨论**
>
> **佳美服装加工厂成本核算方法的确定**
>
> 佳美服装加工厂对外承接服装加工部分，以签订合同的批别为成本计算对象，采用分批法核算产品成本，以服装加工期为成本计算期，月末一般不存在完工产品与在产品分配问题，待产品完工时结转成本并交货；常年加工医用防护服部分，可以以防护服的品种或防护服的生产步骤为成本计算对象，但自制半成品没有独立的经济意义，企业管理上不要求计算自制半成品的成本，所以，以防护服的品种为成本计算对象，采用品种法核算产品成本，以会计期（月份）为成本计算期，月末一般存在完工产品与在产品分配问题，将计算出的完工产品结转。

三、选择适当的成本核算方法

不同的制造业企业在产品生产过程中，存在不同的生产组织方式，不同的生产工艺特点，不同的成本管理要求，因而可以采用不同的产品成本核算方法。只有根据企业生产的特点和成本管理的不同要求，选择不同的成本核算方法，才能正确地计算产品成本。

另外，制造业企业的产品成本核算方法一经确定，不得随意变更。

> **课堂讨论**
>
> **佳美服装加工厂的成本核算方法为什么选择品种法？**
>
> 企业成本核算方法的选择要考虑两个因素，即产品的生产特点和成本管理的要求。
>
> 根据加工4种医用防护服的生产特点，可以以防护服的品种或4种防护服的生产步骤为成本计算对象，采用品种法或分步法核算，但根据企业管理要求，防护服在生产过程中自制半成品不具有独立的经济意义，所以不需要计算自制半成品的成本，这种情况下，企业没有必要再以4种防护服的生产步骤为成本核算对象，而直接以防护服的品种为成本核算对象就可满足要求。所以，综合以上两个因素，企业采用品种法核算产品成本。

项目五
产品成本核算的基本方法

学习目标

知识目标	技能目标
➢ 掌握品种法的概念、特点和适用范围	➢ 能使用品种法进行产品成本核算
➢ 掌握分批法的概念、特点和适用范围	➢ 能使用分批法进行产品成本核算
➢ 掌握分步法的概念、特点和适用范围	➢ 能运用逐步综合结转分步法核算产品成本并进行成本还原
➢ 了解逐步结转分步法和平行结转分步法的区别	➢ 能运用平行结转分步法核算产品成本

案例引入

华夏汽车有限公司是一家生产各种汽车的大型制造业企业，主要生产各种型号的重型卡车、小轿车以及各种汽车发动机和汽车零配件，这些汽车的制造主要按各生产步骤进行，各步骤生产的汽车发动机和汽车零配件也对外出售，因此需要计算各步骤自制半成品的成本，公司同时设有供水、供电两个辅助生产车间。

要求：分析华夏汽车有限公司的产品成本核算应采用哪些方法？

思维导图

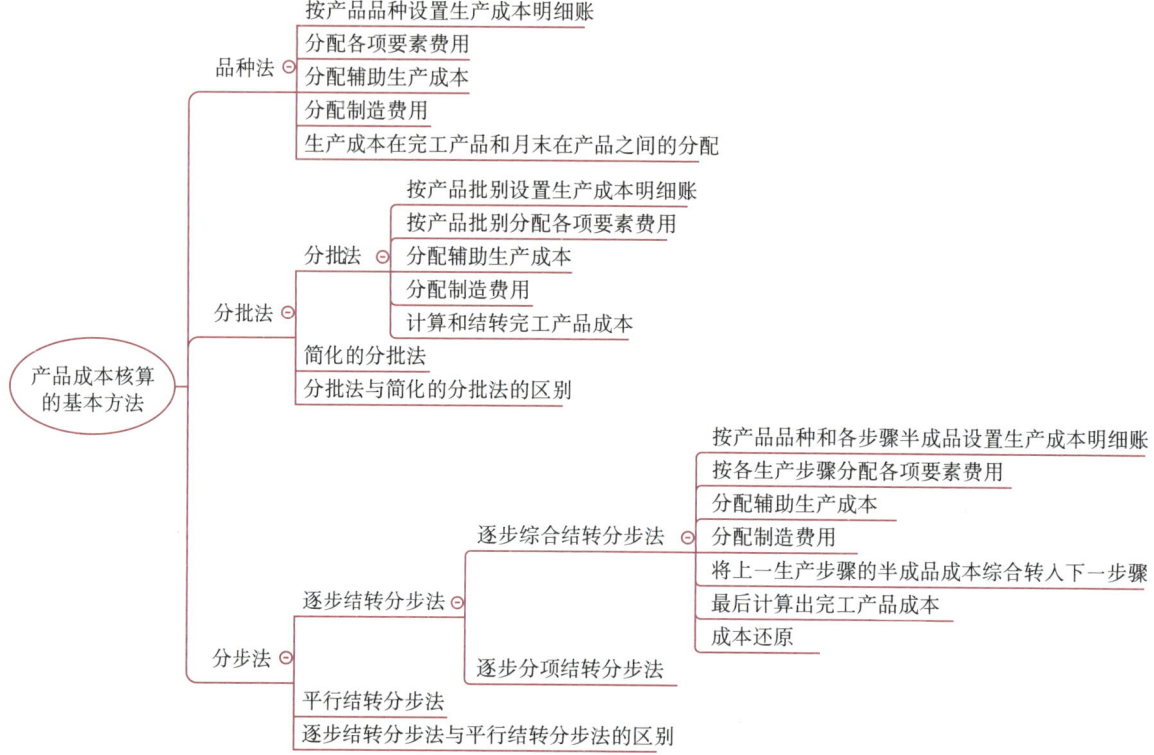

任务一 品种法

品种法,是以产品品种为成本核算对象,并按产品品种设置产品成本明细账,按产品品种归集生产费用、计算产品成本的一种成本核算方法。它是产品成本核算的最基本方法,体现了成本核算的基本原理。

一、品种法的适用范围

产品成本核算的品种法,亦称简单法,是以产品品种为对象归集生产费用、计算产品成本的一种方法。品种法广泛适用于大量、大批单步骤生产的企业,如发电业、供水业、采掘业等。在这种类型的生产中,产品的生产工艺过程不可能或者不需要划分为几个生产步骤,因而也就不可能或者不需要按照生产步骤核算产品成本。在大量、大批的多步骤生产中,如果企业或车间的规模较小,或者车间是封闭式的(即从原材料投入到产品产出的全过程,都是在一个车间内进行的),或者生产是按流水线组织的,管理上不要求按照生产步骤核算自制半成品成本,也可以采用品种法核算产品成本,如水泥厂、砖瓦厂、糖果厂、织布厂和造纸厂等。企业的辅助生产车间，如供水车间、供电车间、供汽车间等，也可以采用品种法核算其产品（劳务）的成本。

二、品种法的特点

（一）以产品品种为成本核算对象，设置生产成本明细账（产品成本计算单）

在采用品种法核算产品成本时，成本核算对象就是产品品种。如果只生产一种产品，核算产品成本时，只需要为这种产品开设一本产品成本明细账，账内按成本项目设立专栏或专行。在这种情况下，所发生的全部生产费用都是直接计入费用，可以直接计入该产品成本明细账的有关成本项目，而不需要在各成本计算对象之间分配费用。如果是生产多种产品，产品成本明细账就要按照产品品种分别设置，发生的生产费用中，能分得清是哪种产品耗用的，可以直接计入各该产品成本明细账的有关成本项目，分不清的则要采用适当的分配方法，在各成本核算对象之间进行分配，然后分别计入各产品成本明细账的有关成本项目。

（二）成本核算按月定期进行

在大量、大批的单步骤生产中，由于是不断地重复生产一种或几种产品，不能在产品制造完工时立即计算成本，因而成本核算一般是定期于每月月末进行。在多步骤生产企业中，如采用品种法计算成本，成本计算一般也都是定期于每月月末进行。即如果采用品种法核算产品成本，成本计算期与会计报告期一致，与产品生产周期不一致。

（三）有期末在产品时需要在完工产品和月末在产品之间分配费用

1. 在单步骤生产的企业中，月末计算成本时，一般不存在尚未完工的在产品，或者在产品数量很小，因而可以不计算在产品成本。在这种情况下，产品成本明细账中按成本项目归集的生产费用，就是该产品的总成本，除以该产品的产量，即可求得该产品的平均单位成本。

2. 在一些规模较小，而且管理上又不要求按照生产步骤核算自制半成品成本的大量、大批多步骤生产的企业中，月末一般都有在产品，而且数量较多，这就需要将产品成本明细账中归集的生产费用，选择适当的分配方法，在完工产品与月末在产品之间进行分配，以便计算完工产品成本和月末在产品成本。

三、应用品种法核算产品成本

品种法一般适用于大量大批单步骤生产，或者虽然是多步骤生产，但是成本管理上不要求按生产步骤核算自制半成品成本的企业。这种方法要分别按照产品品种归集生产费用，在期末有在产品时，应采用适当方法将各种产品归集起来的生产费用在完工产品和月末在产品之间进行分配，以计算确定完工产品的总成本和单位成本。

(一) 品种法的成本核算程序

品种法是产品成本计算方法中的最基本方法,因而品种法的核算程序,体现着产品成本核算的一般程序。在品种法下,产品生产成本核算的程序如下:

1. 按产品品种设置和登记生产成本明细账

如果一个企业只生产一种产品,则只需要设置一个生产成本明细账;如果企业生产多种产品,则应为不同的产品分别设置生产成本明细账。

2. 归集和分配本月发生的各项生产费用

如直接材料可根据"领料单""限额领料单"等凭证,并按照其用途编制"发料凭证汇总表";生产工人工资可根据考勤记录或产量记录编制"工资结算汇总表";其他生产费用也应根据具体的费用项目编制有关汇总计算表,如固定资产折旧汇总计算表等,归集和分配各项生产费用。

3. 分配辅助生产成本

月末,根据辅助生产成本明细账归集的本月辅助生产成本总额,按照企业确定的辅助生产成本分配方法,编制各辅助生产单位的"辅助生产成本分配表",分配辅助生产成本。

4. 分配基本生产车间制造费用

月末,根据各基本生产车间制造费用明细账归集的制造费用,按照企业确定的制造费用分配方法,分别编制各基本生产车间的"制造费用分配表",分配制造费用。

5. 计算本月完工产品实际总成本和单位成本

如果企业月末没有在产品,或虽然有在产品,但在产品的数量较少或较均匀,则可将生产成本明细账所归集的生产费用全部计入本月完工产品的成本,并根据本月完工产品的产量计算出各种产品的单位成本;如果企业有月末在产品,而且月末在产品的数量比较大,各月不均衡,那么,就必须将生产成本明细账所归集的生产费用按照一定的方法在本月完工产品与月末在产品之间进行分配。对于计入本期完工产品的成本,应编制成本计算表,分别计算本月完工产品的总成本和单位成本。

(二) 品种法优缺点

按照产品品种计算产品成本,是产品成本计算最基本的要求。因为不论何种组织方式的制造企业,不论何种生产类型的产品,也不论成本管理要求如何,最终都必须按照产品品种计算出产品成本。品种法成本计算程序简单,适用性强。但如果企业生产的产品品种繁多,就会增加成本核算的工作量。

由于品种法的成本计算程序体现产品成本计算的一般程序,所以,列举一套完整的例子,将成本计算中各种费用分配表和明细账联系起来,不仅便于从中系统、全面、具体地掌握品种法的特点,而且有利于深入理解产品成本计算的基本原理。

【例 5-1】品种法综合举例:分配材料费用。

某企业有两个基本生产车间，一车间生产甲、乙两种产品，二车间生产丙产品；另设有供水、供电两个辅助生产车间，企业管理部门，以及专设销售机构。2020 年 8 月末该企业根据领料单及有关资料编制"发料凭证汇总表"如表 5-1-1 所示。

表 5-1-1   发料凭证汇总表

2020 年 8 月   单位：元

领用单位及用途	原料及主要材料	辅助材料	燃料	合计
一车间——甲产品	31 600		10 000	41 600
——乙产品	2 000		1 200	3 200
甲、乙产品共同耗用	64 000			64 000
二车间——丙产品	50 150		20 000	70 150
一车间一般耗用	9 400			9 400
二车间一般耗用	4 800			4 800
供水车间耗用	15 000	1 050		16 050
供电车间耗用	3 630			3 630
企业管理部门耗用		14 940		14 940
合　　计	180 580	15 990	31 200	227 770

其中，甲、乙两种产品共同耗用的 A 材料费用为 64 000 元，采用定额消耗量为分配标准进行分配，甲产品定额消耗量为 14 900 千克，乙产品定额消耗量为 1 100 千克。

步骤一：计算分配率。

分配率 = 64 000 ÷ (14 900 + 1 100) = 4（元/千克）

步骤二：计算甲、乙产品应负担的材料费用。

甲产品 = 14 900 × 4 = 59 600（元）

乙产品 = 1 100 × 4 = 4 400（元）

步骤三：编制会计分录。

借：生产成本——基本生产成本——甲产品（直接材料）
　　　　　　　　　　　　　　　　　　　　　　　101 200
　　　　　　　　——乙产品（直接材料）　7 600
　　　　　　　　——丙产品（直接材料）
　　　　　　　　　　　　　　　　　　　　　　　70 150
　　　　　　——辅助生产成本（供水车间）　16 050
　　　　　　——辅助生产成本（供电车间）　3 630
　　制造费用——一车间　9 400
　　　　　　——二车间　4 800
　　管理费用　14 940
　贷：原材料　　　　　　　　　　　　　　227 770

【例 5-2】 品种法综合举例：分配工资费用。

承例 5-1，2020 年 8 月末该企业根据各部门工资结算表编制"工资结算汇总表"，如表 5-1-2 所示。

表 5-1-2　　　　　　　　　　　工资结算汇总表

2020 年 8 月　　　　　　　　　　　　　　　　　　　　　　　单位：元

应借科目		工　资		
总账及二级科目	明细科目	直接生产人员工资	管理人员工资	合　计
生产成本——基本生产成本	甲产品	72 000		72 000
	乙产品	8 000		8 000
	丙产品	34 000		34 000
生产成本——辅助生产成本	供水车间	5 500		5 500
	供电车间	2 300		2 300
制造费用	一车间		6 200	6 200
	二车间		4 000	4 000
	供水车间		3 800	3 800
	供电车间		3 200	3 200
管理费用			13 500	13 500
销售费用			2 500	2 500
合　计		121 800	33 200	155 000

生产甲产品和乙产品生产工人应付职工薪酬计 80 000 元，按生产工时比例分配，甲产品生产工时 10 800 小时，乙产品生产工时 1 200 小时。

步骤一：计算分配率。

分配率 = 80 000 ÷ (10 800 + 1 200) = 6.67（元/小时）

步骤二：计算甲、乙产品应负担的工资费用。

甲产品 = 10 800 × 6.67 = 72 000（元）

乙产品 = 80 000 - 72 000 = 8 000（元）

步骤三：编制会计分录。

借：生产成本——基本生产成本——甲产品（直接人工）72 000
　　　　　　　　　　　　　　　——乙产品（直接人工）8 000
　　　　　　　　　　　　　　　——丙产品（直接人工）34 000
　　　　　　　——辅助生产成本（供水车间）5 500
　　　　　　　——辅助生产成本（供电车间）2 300
　　制造费用——一车间　　　　　　　　　　　6 200
　　　　　　——二车间　　　　　　　　　　　4 000
　　　　　　——供水车间　　　　　　　　　　3 800
　　　　　　——供电车间　　　　　　　　　　3 200
　　管理费用　　　　　　　　　　　　　　　13 500

销售费用　　　　　　　　　　　　　　　　　　　2 500
　　贷：应付职工薪酬　　　　　　　　　　　　　　　　155 000

【例5-3】品种法综合举例：分配固定资产折旧费用。

承例5-2，该企业2020年8月末编制"固定资产折旧费用汇总计算表"，如表5-1-3所示。

表5-1-3　　　　　　　　　固定资产折旧费用汇总计算表

2020年8月　　　　　　　　　　　　　　单位：元

项目	基本生产车间		辅助生产车间		企业管理部门	专设销售机构	合计
	一车间	二车间	供水	供电			
折旧费	23 750	12 660	3 700	2 600	14 000	2 000	58 710

步骤一：编制会计分录。

借：制造费用——一车间　　　　　　　　　　　　23 750
　　　　　　——二车间　　　　　　　　　　　　12 660
　　　　　　——供水车间　　　　　　　　　　　　3 700
　　　　　　——供电车间　　　　　　　　　　　　2 600
　　管理费用　　　　　　　　　　　　　　　　　14 000
　　销售费用　　　　　　　　　　　　　　　　　　2 000
　　贷：累计折旧　　　　　　　　　　　　　　　　58 710

【例5-4】品种法综合举例：归集和分配辅助生产成本。

承例5-3，该企业2020年8月末编制供水、供电车间"制造费用明细账"，如表5-1-4、表5-1-5所示。

表5-1-4　　　　　　　　　　　　制造费用明细账

车间名称：供水车间　　　　　　　　　　　　　　　　　　　　　　　　单位：元

2020年		摘　要	职工薪酬	折旧费	合计
月	日				
8	31	工资表	3 800		3 800
	31	折旧表		3 700	3 700
	31	本月合计	3 800	3 700	7 500

表5-1-5　　　　　　　　　　　　制造费用明细账

车间名称：供电车间　　　　　　　　　　　　　　　　　　　　　　　　单位：元

2020年		摘　要	职工薪酬	折旧费	合计
月	日				
8	31	工资表	3 200		3 200
	31	折旧表		2 600	2 600
	31	本月合计	3 200	2 600	5 800

步骤一：2020 年 8 月末，该企业将"制造费用——供水（供电）车间"明细账余额转入"生产成本——辅助生产成本——供水（供电）车间"。

借：生产成本——辅助生产成本（供水车间）　　　　7 500
　　　　　　——辅助生产成本（供电车间）　　　　5 800
　　贷：制造费用——供水车间　　　　　　　　　　7 500
　　　　　　　　——供电车间　　　　　　　　　　5 800

2020 年 8 月末，该企业编制供水、供电车间"辅助生产成本明细账"，如表 5-1-6、表 5-1-7 所示。

表 5-1-6　　　　　　　　　　　辅助生产成本明细账
车间名称：供水车间　　　　　　　　　　　　　　　　　　　　　　　　　单位：元

2020 年		摘　要	职工薪酬	折旧费	制造费用	合　计
月	日					
8	31	材料表	16 050			16 050
	31	工资表		5 500		5 500
	31	结转制造费用			7 500	7 500
12	28	合　　计	16 050	5 500	7 500	29 050

表 5-1-7　　　　　　　　　　　辅助生产成本明细账
车间名称：供电车间　　　　　　　　　　　　　　　　　　　　　　　　　单位：元

2020 年		摘　要	职工薪酬	折旧费	制造费用	合　计
月	日					
8	31	材料表	3 630			3 630
	31	工资表		2 300		2 300
	31	结转制造费用			5 800	5 800
	31	合　　计	3 630	2 300	5 800	11 730

2020 年 8 月，该企业供水车间共对外供水 6 000 吨，其中，一车间耗用 2 500 吨，二车间耗用 1 500 吨，供电车间耗用 1 000 吨，企业管理部门耗用 750 吨，专设销售机构耗用 250 吨；供电车间共对外供电 27 000 度，其中，生产甲产品耗用 9 000 度，生产乙产品耗用 1 500 度，生产丙产品耗用 6 500 度，一车间耗用 4 000 度，二车间耗用 3 000 度，供水车间耗用 2 000 度，企业管理部门耗用 1 000 度。该企业采用直接分配法分配辅助生产成本。

步骤二：计算供水车间辅助生产费用分配率。

供水车间费用分配率 = 29 050 ÷（6 000 - 1 000）= 5.81（元/吨）

步骤三：分配供水车间辅助生产费用。

一车间 = 2 500 × 5.81 = 14 525（元）

二车间 = 1 500 × 5.81 = 8 715（元）

管理费用 = 750 × 5.81 = 4 357.5（元）

销售费用 = 250 × 5.81 = 1 452.5（元）

步骤四：计算供电车间辅助生产费用分配率。

供电车间费用分配率 = 11 730/(27 000 - 2 000) = 0.4692（元/度）

步骤五：分配供电车间辅助生产费用。

甲产品 = 9 000 × 0.4692 = 4 222.8（元）

乙产品 = 1 500 × 0.4692 = 703.8（元）

丙产品 = 6 500 × 0.4692 = 3 049.8（元）

一车间 = 4 000 × 0.4692 = 1 876.8（元）

二车间 = 3 000 × 0.4692 = 1 407.6（元）

管理费用 = 1 000 × 0.4692 = 469.2（元）

步骤六：编制"辅助生产费用分配表"，如表5-1-8所示。

表5-1-8 　　　　　　　　　　　辅助生产费用分配表　　　　　　　　　　　　单位：元

项目			供水车间	供电车间	合　计
待分配辅助生产费用			29 050	11 730	40 780
供应劳务数量			5 000	25 000	
费用分配率（单位成本）			5.81	0.4692	
基本生产成本	甲产品	耗用数量		9 000	
		分配金额		4 222.80	4 222.80
	乙产品	耗用数量		1 500	
		分配金额		703.80	703.80
	丙产品	耗用数量		6 500	
		分配金额		3 049.80	3 049.80
制造费用	一车间	耗用数量	2 500	4 000	
		分配金额	14 525	1 876.80	16 401.80
	二车间	耗用数量	1 500	3 000	
		分配金额	8 715	1 407.60	10 122.60
管理费用		耗用数量	750	1 000	
		分配金额	4 357.50	469.20	4 826.70
销售费用		耗用数量	250		
		分配金额	1 452.50		1 452.50
合　　计			29 050.00	11 730.00	40 780.00

步骤七：编制会计分录。

借：生产成本——基本生产成本（甲产品）　　　　4 222.80

　　　　——基本生产成本（乙产品）　　　　　 703.80

　　　　——基本生产成本（丙产品）　　　　 3 049.80

　　制造费用——一车间　　　　　　　　　　　16 401.80

　　　　——二车间　　　　　　　　　　　　　10 122.60

管理费用　　　　　　　　　　　　　　　　　　　　　　　4 826.70
　　　销售费用　　　　　　　　　　　　　　　　　　　　　　　1 452.50
　　贷：生产成本——辅助生产成本（供水车间）　　　　　　　29 050.00
　　　　　　　　　　　　　　　　（供电车间）　　　　　　　11 730.00

【例 5-5】品种法综合举例：归集和分配制造费用。

承例 5-4，2020 年 8 月末，该企业编制一车间、二车间"制造费用明细账"，如表 5-1-9、表 5-1-10 所示。

表 5-1-9　　　　　　　　　　　　制造费用明细账

车间名称：一车间　　　　　　　　　　　　　　　　　　　　　　　　　　　单位：元

2020 年		摘　要	材料费用	职工薪酬	折旧费	辅助生产费用	合　计
月	日						
8	31	材料表	9 400				9 400.00
	31	工资表		6 200			6 200.00
	31	折旧表			23 750		23 750.00
	31	分配辅助生产成本				16 401.80	16 401.80
	31	本月合计	9 400	6 200	23 750	16 401.80	55 751.80

表 5-1-10　　　　　　　　　　　　制造费用明细账

车间名称：二车间　　　　　　　　　　　　　　　　　　　　　　　　　　　单位：元

2020 年		摘　要	材料费用	职工薪酬	折旧费	辅助生产费用	合　计
月	日						
8	31	材料表	4 800				4 800.00
	31	工资表		4 000			4 000.00
	31	折旧表			12 660.00		12 660.00
	31	分配辅助生产成本				10 122.60	10 122.60
	31	本月合计	4 800	4 000	12 660	10 122.60	31 582.60

该企业一车间制造费用按生产工时比例法分配。

步骤一：计算分配率。

分配率 = 55 751.80 ÷ (10 800 + 1 200) = 4.6460

步骤二：计算甲、乙产品应负担的制造费用。

甲产品 = 10 800 × 4.6460 = 50 176.80（元）

乙产品 = 55 751.80 - 50 176.80 = 5 575.00（元）

步骤三：编制会计分录。

　　借：生产成本——基本生产成本（甲产品）　　　　　　　　50 176.80
　　　　　　　　　　　　　　　　　（乙产品）　　　　　　　 5 575.00
　　　　　　　　　　　　　　　　　（丙产品）　　　　　　　31 582.60
　　　贷：制造费用——一车间　　　　　　　　　　　　　　　55 751.80
　　　　　　　　　——二车间　　　　　　　　　　　　　　　31 582.60

【例 5-6】 品种法综合举例：生产成本在完工产品和月末在产品之间的分配。

承例 5-5，该企业 2020 年 8 月末甲、乙、丙三种产品的成本资料如表 5-1-11、表 5-1-13、表 5-1-14 所示。

表 5-1-11　　　　　　　　　　　　生产成本明细账

产品名称：甲产品　　　　　　　　　2020 年 8 月

成本项目	直接材料	直接人工	制造费用	合计
月初在产品成本	40 000.00	23 000	15 550.00	78 550.00
本月生产成本	105 422.80	72 000	50 176.80	227 599.60
合计	145 422.80	95 000	65 726.80	306 149.60

本月甲产品完工 400 台，月末在产品 200 台，完工程度为 50%，材料在生产开始时一次投入。该企业甲产品采用约当产量法计算完工产品和月末在产品成本。

甲产品：

步骤一：分配甲产品直接材料。

直接材料：分配率（单位成本）= 145 422.8 ÷ (400 + 200)

　　　　　　　　　　　　　　　= 242.37（元/台）

完工产品直接材料 = 242.37 × 400 = 96 948（元）

在产品直接材料 = 145 422.80 - 96 948 = 48 474.80（元）

步骤二：分配甲产品直接人工。

直接人工：分配率（单位成本）= 95 000 ÷ (400 + 200 × 50%)

　　　　　　　　　　　　　　　= 190（元/台）

完工产品直接人工 = 190 × 400 = 76 000（元）

在产品直接人工 = 190 × 100 = 19 000（元）

步骤三：分配甲产品制造费用。

制造费用：分配率（单位成本）= 65 726.80 ÷ (400 + 200 × 50%)

　　　　　　　　　　　　　　　= 131.45（元/台）

完工产品制造费用 = 131.45 × 400 = 52 580（元）

在产品制造费用 = 65 726.80 - 52 580 = 13 146.80（元）

步骤四：计算本月甲产品完工产品总成本和单位成本。

2020 年 8 月甲产品完工产品总成本 = 96 948 + 76 000 + 52 580

　　　　　　　　　　　　　　　　　= 225 528（元）

单位成本 = 242.37 + 190 + 131.45 = 563.82（元/台）

月末在产品成本 = 48 474.80 + 19 000 + 13 146.80 = 80 621.60（元）

编制甲产品"生产成本明细账"，如表 5-1-12 所示。

表 5-1-12　　　　　　　　　　　　　　生产成本明细账
产品名称：甲产品　　　　　　　　　　　2020 年 8 月　　　　　　　　　　　　　　　　单位：元

成本项目	直接材料	直接人工	制造费用	合计
月初在产品成本	40 000.00	23 000	15 550.00	78 550.00
本月生产成本	105 422.80	72 000	50 176.80	227 599.60
合计	145 422.80	95 000	65 726.80	306 149.60
约当产量（台）	400 + 200	400 + 200 × 50%	400 + 200 × 50%	
分配率（单位成本）	242.37	190	131.45	563.82
本月完工产品成本	96 948.00	76 000	52 580.00	225 528.00
月末在产品成本	48 474.80	19 000	13 146.80	80 621.60

表 5-1-13　　　　　　　　　　　　　　生产成本明细账
产品名称：乙产品　　　　　　　　　　　2020 年 8 月　　　　　　　　　　　　　　　　单位：元

成本项目	直接材料	直接人工	制造费用	合计
本月生产成本	8 303.80	8 000	5 575	21 878.80
合计	8 303.80	8 000	5 575	21 878.80

月初乙产品无在产品，本月投产 21 878.80 元，月末全部未完工。

表 5-1-14　　　　　　　　　　　　　　生产成本明细账
产品名称：丙产品　　　　　　　　　　　2020 年 8 月　　　　　　　　　　　　　　　　单位：元

成本项目	直接材料	直接人工	制造费用	合计
月初在产品成本	24 500.00	12 000	11 550.00	48 050.00
本月生产成本	73 199.80	34 000	31 582.60	138 782.40
合计	97 699.80	46 000	43 132.60	186 832.40

本月丙产品完工 300 台，月末在产品 100 台，经两道工序制成，原材料在各工序开始时一次投入，其他费用随加工进度陆续投入。月末在产品资料如表 5-1-15 所示。

表 5-1-15　　　　　　　　　　　　丙产品在产品成本资料表

工序	各工序的定额工时（小时）	各工序的定额材料耗用量	在产品盘存数（台）
1	20	60	30
2	30	40	70
合计	50	100	100

该企业丙产品采用约当产量法计算完工产品和月末在产品成本。

步骤五：分配丙产品直接材料。

直接材料：

直接材料在产品约当产量 = 30 × 60 ÷ 100 × 100% + 70 × (60 + 40) ÷ 100 × 100% = 88（台）

分配率（单位成本）= 97 699.80 ÷（300 + 88）= 251.80（元/台）

完工产品直接材料 = 251.80 × 300 = 75 540（元）

在产品直接材料 = 97 699.80 − 75 540 = 22 159.80（元）

步骤六：分配丙产品直接人工。

其他费用在产品约当产量 = 30 ×（20 × 50%）÷ 50 × 100% + 70 ×（20 + 30 × 50%）÷ 50 × 100% = 55（台）

直接人工分配率（单位成本）= 46 000 ÷（300 + 55）
= 129.58（元/台）

完工产品直接人工 = 129.58 × 300 = 38 874（元）

在产品直接人工 = 46 000 − 38 874 = 7 126（元）

步骤七：分配丙产品制造费用。

制造费用分配率（单位成本）= 43 132.60 ÷（300 + 55）
= 121.50（元/台）

完工产品制造费用 = 121.50 × 300 = 36 450（元）

在产品制造费用 = 43 132.60 − 36 450 = 6 682.60（元）

步骤八：计算本月丙产品完工产品总成本和单位成本。

2020 年 8 月丙产品完工产品总成本 = 75 540 + 38 874 + 36 450
= 150 864（元）

单位成本 = 251.80 + 129.58 + 121.50 = 502.88（元/台）

月末在产品成本 = 22 159.80 + 7 126 + 6 682.60 = 35 968.40（元）

编制丙产品"生产成本明细账"，如表 5 − 1 − 16 所示。

表 5 − 1 − 16　　　　　　　　　生产成本明细账

产品名称：丙产品　　　　　　　　2020 年 8 月　　　　　　　　金额单位：元

成本项目	直接材料	直接人工	制造费用	合计
月初在产品成本	24 500.00	12 000	11 550.00	48 050.00
本月生产成本	73 199.80	34 000	31 582.60	138 782.40
合计	97 699.80	46 000	43 132.60	186 832.40
约当产量（台）	300 + 88	300 + 55	300 + 55	
分配率（单位成本）	251.80	129.58	121.50	502.88
本月完工产品成本	75 540.00	38 874	36 450.00	150 864.00
月末在产品成本	22 159.80	7 126	6 682.60	35 968.40

步骤九：编制会计分录。

借：库存商品——甲产品　　　　　　　　225 528
　　　　　　——丙产品　　　　　　　　150 864
　　贷：生产成本——基本生产成本（甲产品）　　225 528
　　　　　　　　　　　　　　　　　（丙产品）　　150 864

> **课堂讨论**
>
> 甲公司主要生产A、B两种产品。公司设有一个基本生产车间,另设有维修车间和恒温车间两个辅助生产车间,为生产提供劳务,辅助生产车间提供的劳务采用交互分配法进行分配。原材料均为生产开始时一次性投入,低值易耗品和保险费摊销期均在1年以上。由于企业的月末在产品占投产比例较小(合计2.3%),且在产品的完工程度均较高,产品的单位成本又低,核算平均完工程度程序烦琐,所以该公司对月末在产品成本采用"在产品按完工产品成本计算法"计算分配。
>
> 如果你是上述这家企业的成本会计主管,你会选择哪一种成本核算方法进行成本核算?请说说你的理由。

任务二 分批法

一、分批法

企业由于生产特点和管理要求的不同,所以在计算产品成本时所采用的方法就不同。有的企业是按照产品的批别或订单来组织生产的,这样,在计算产品成本时就以产品的批别或订单作为成本核算对象,即分批计算产品成本。产品成本计算的分批法,是按照产品的批别或订单来归集生产费用、计算产品成本的一种方法,该方法是产品成本核算方法的基本方法之一。

(一)分批法的含义

产品成本核算的分批法,是按照产品的批别或订单来归集生产费用、计算产品成本的一种方法,简称分批法。对小批、单件生产的企业来说,通常是按照订货单位的订单来组织生产的,而成本计算也就按照订单,所以,分批法也叫订单法。

(二)分批法的特点

1. 成本核算对象为产品的批别(单件生产为件别)或购货单位的订单

在分批法下,产品的品种和每批产品的批量一般都是根据购买单位的订单来确定的。但是,如果同一订单中有几种不同的产品,为便于生产管理,可将订单按照产品的品种分批生产并计算产品的成本;如果订单中只有一种产品但数量又较大,可以将产品分为几批,分别计算各批产品的成本;如果同一时期接到几张订单生产的都是同一种产品,为了经济合理地组织生产,也可将这几张订单合为一批组织生产。在这种情况下,分批法的成本核算对象就不是购货单位的订单,而是企业生产部门根据实际情况按照购货单位的订单下达的生产通知单,在单内再进行编号,即产品的批号。

2. 成本计算期与生产周期一致

在分批法下，成本核算对象是产品的批别，因此，成本计算期就是各批产品或单件产品的生产周期，而与会计报告期不一致。产品的成本一般是在产品完工以后才能计算的，但各批产品的完工时间是不一致的，因此产品成本计算是不定期的。

3. 费用在完工产品与月末在产品之间的分配

在单件、小批生产的企业中，一般情况下，产品完工前，产品成本明细账中归集的费用都是在产品成本；产品完工时，产品成本明细账中归集的费用都是完工产品成本，因此不存在费用在完工产品与在产品之间分配的问题。但应分清楚以下几种情况：

（1）如果各批产品全部完工，则产品成本明细账中归集的费用就是该批产品的完工产品成本，如果全部未完工，则为该批产品的月末在产品成本，因此就不存在费用在完工产品和在产品之间分配的问题。

（2）如果同批产品跨月陆续完工，月末计算成本时，就存在部分产品完工，部分产品未完工，这时就需要在完工产品与在产品之间分配费用，以便计算完工产品成本和月末在产品成本。

（3）如果同批产品跨月陆续完工，但月末完工产品数量较少，对完工产品成本可以简化核算，即按照定额单位成本或计划成本进行计算。在产品成本则为生产费用总额扣除完工产品成本部分。

（三）分批法的适用范围

分批法按产品的批别或件别组织生产，所以这种方法主要适用于单件小批生产的企业，如重型机器制造、船舶制造、专用设备的制造等。具体包括：

（1）按产品批号组织生产的企业，如根据购买者订单生产的企业、产品种类需要根据市场经常变动的小型企业等。

（2）提供机器设备修理等劳务的企业或生产单位。

（3）从事新产品试制等生产任务的生产单位。

（四）分批法的成本核算程序

1. 按产品批别设置生产成本明细账（产品成本计算单）

分批法以产品批别作为成本计算对象，因此应该按产品批别设置生产成本明细账，并按成本项目开设专栏，用于归集和分配生产费用，计算各批产品的实际总成本和单位成本。

2. 按产品批别归集和分配本月发生的生产费用

企业当月发生的生产费用，应按产品批别归集和分配。对于能按照批次划分的直接计入费用（直接材料费用、直接人工费用等），要在费用原始凭证上注明产品的批号，以便直接计入产品生产成本明细账；对于多批产品共同发生的直接材料费用和直接人工费用等，应在费用原始凭证上注明费用的用途，以便按费用项目归集，并按照企业确定的费用分配方法在各批产品（各受益对象）之间进行分配，再计入各批产品的生产成本明细账。

3. 分配辅助生产费用

在设有辅助生产单位的企业，月末应将归集的辅助生产费用分配给各受益对象，包括直接分配给产品的生产成本和基本生产单位的制造费用等。

4. 分配基本生产单位制造费用

基本生产单位的制造费用，应由该生产单位的各批产品负担，平时发生的制造费用，归集在制造费用账户，月末再将归集的基本生产单位的制造费用按规定的方法分配计入各批产品的生产成本（各受益对象）。

5. 计算完工产品成本

采用分批法计算产品成本，一般不需要在本月完工产品和月末在产品之间分配生产费用。如果某批产品全部完工，则该产品基本生产成本明细账归集的生产费用合计数就是该批产品的实际总成本。如果某批产品少量跨月陆续完工，可以用完工产品实际数量乘以定额成本或计划单位成本，作为完工产品实际总成本。为了正确分析和考核该批产品成本计划的执行情况，在该批产品全部完工时还应计算该批产品的实际总成本和单位成本。

6. 结转完工产品成本

期末，根据成本计算结果，结转本期完工产品的实际总成本。

从上述可以看出，分批法与品种法的成本核算程序基本相同，不同的只是品种法是按品种设置产品成本明细账，确定成本核算对象，而分批法是按批别设置产品成本明细账和确定成本核算对象。

【例 5-7】 分批法综合举例。

明波工厂属于小批生产的企业，2020 年 10 月根据订单小批生产甲、乙、丙三种产品，采用分批法计算产品成本。各种产品生产情况如表 5-2-1 所示。1012 批号产品原材料是在生产开始时一次投入，生产费用采用约当产量法在完工产品与在产品之间进行分配，在产品完工程度为 50%。1013 批号产品由于完工数量少，为了简化计算，完工产品成本按定额结转，每台定额成本为：直接材料 2 000 元，直接人工 550 元，制造费用 100 元。

各批产品月初在产品费用如表 5-2-2 所示。

根据各种费用分配表，汇总各批产品本月的生产费用，如表 5-2-3 所示。

表 5-2-1　　　　　　　　　明波工厂各种产品生产情况表

2020 年 10 月　　　　　　　　　　　　　　　　　　　　单位：台

批号	产品名称	批量（台）	投产与完工情况
1011	甲产品	5	9 月投产，本月月末全部完工
1012	乙产品	10	8 月投产，本月月末完工 7 台
1013	丙产品	8	本月投产，本月完工 2 台

表 5-2-2　　　　　　　　　明波工厂在产品生产费用情况表
　　　　　　　　　　　　　　　　2020 年 10 月　　　　　　　　　　　　　　　　　　单位：元

批号	月份	直接材料	直接人工	制造费用	合计
1011 批	9	10 000	5 000	3 000	18 000
1012 批	8	16 000	3 000	500	19 500
	9	12 000	4 000	300	16 300
	9月累计	28 000	7 000	800	35 800

表 5-2-3　　　　　　　　　明波工厂本月生产费用资料表
　　　　　　　　　　　　　　　　2020 年 10 月　　　　　　　　　　　　　　　　　　单位：元

批号	产品名称	直接材料	直接人工	制造费用	合计
1011 批	甲产品	8 500	6 500	1 875	16 875
1012 批	乙产品	25 500	8 000	1 250	34 750
1013 批	丙产品	18 000	3 500	875	22 375

根据上述资料，采用分批法计算产品成本，成本计算程序如下：

（1）该厂以产品批别作为成本计算对象，设置 1011 批号甲产品、1012 批号乙产品、1013 批号丙产品三个生产成本明细账，成本项目为直接材料、直接人工和制造费用。

（2）将本月发生的费用（制造费用分配表，略）直接计入各批产品生产成本明细账，如表 5-2-4 至表 5-2-6 所示。

表 5-2-4　　　　　　　　　明波工厂产品成本明细账
产品批号：1011　　　　　投产日期：2020 年 9 月　　　　　完工日期：2020 年 10 月
产品名称：甲产品　　　　　　　　　　批量：5 台　　　　　　　　　　　　单位：元

月	日	摘要	直接材料	直接人工	制造费用	合计
9	30	本月发生	10 000	5 000	3 000	18 000
10	31	本月发生	8 500	6 500	1 875	16 875
		本月累计	18 500	11 500	4 875	34 875
		完工产品成本	18 500	11 500	4 875	34 875
		完工产品单位成本	3 700	2 300	975	6 975

表 5-2-5　　　　　　　　　明波工厂产品成本明细账
产品批号：1012　　　　　投产日期：2020 年 8 月　　　　　完工日期：（本月完工 7 台）
产品名称：乙产品　　　　　　　　　　批量：10 台　　　　　　　　　　　　单位：元

月	日	摘要	直接材料	直接人工	制造费用	合计
8	31	本月发生	16 000	3 000.00	500.00	19 500.00
9	30	本月发生	12 000	4 000.00	300.00	16 300.00
		本月累计	28 000	7 000.00	800.00	35 800.00

续表

月	日	摘要	直接材料	直接人工	制造费用	合计
10	31	本月发生	25 500	8 000.00	1 250.00	34 750.00
		本月累计	53 500	15 000.00	2 050.00	70 550.00
		完工数量	7	7	7	7
		在产品约当量	3	1.5	1.5	—
		约当总量	10	8.5	8.5	—
		单位成本	5 350	1 764.71	241.18	7 355.89
		完工产品成本	37 450	12 352.97	1 688.26	51 491.23
		月末在产品成本	16 050	2 647.03	361.74	19 058.77

表 5-2-6　　　　　　　　　明波工厂产品成本明细账

产品批号：1013　　　　　　投产日期：2020 年 10 月　　　　　完工日期：（本月完工 2 台）
产品名称：丙产品　　　　　　批量：8 台　　　　　　　　　　　单位：元

摘要	直接材料	直接人工	制造费用	合计
本月生产费用合计	18 000	3 500	875	22 375
完工产品数量（台）	2	2	2	2
完工产品单位定额成本	2 000	550	100	2 650
完工产品成本	4 000	1 100	200	5 300
月末在产品成本	14 000	2 400	675	17 075

（3）根据上述计算结果，编制"完工产品成本汇总表"，如表 5-2-7 所示。

表 5-2-7　　　　　　　　明波工厂完工产品成本汇总表　　　　　　　　单位：元

成本项目	甲产品（5 台）		乙产品（7 台）		丙产品（2 台）	
	总成本	单位成本	总成本	单位成本	总成本	单位成本
直接材料	18 500	3 700	37 450.00	5 350.00	4 000	2 000
直接人工	11 500	2 300	12 352.97	1 764.71	1 100	550
制造费用	4 875	975	1 688.26	241.18	200	100
合计	34 875	6 975	51 491.23	7 355.89	5 300	2 650

根据"完工产品成本汇总表"，结转完工产品成本。会计分录如下：

借：库存商品——甲产品　　　　　　　　　　　34 875.00
　　　　　　——乙产品　　　　　　　　　　　51 491.23
　　　　　　——丙产品　　　　　　　　　　　 5 300.00
　贷：生产成本——基本生产成本——1011 批（甲产品）
　　　　　　　　　　　　　　　　　　　　　　34 875.00
　　　　　　　　　　　　　　　——1012 批（乙产品）
　　　　　　　　　　　　　　　　　　　　　　51 491.23
　　　　　　　　　　　　　　　——1013 批（丙产品）
　　　　　　　　　　　　　　　　　　　　　　 5 300.00

课堂讨论

东方工厂属于小批生产，只有一个基本生产车间，根据客户的订单组织生产。3月份投产甲产品，4月份投产乙产品，5月份投产丙产品。各产品生产情况如表5-2-8所示。

表5-2-8　　　　东方工厂各种产品生产情况表

2020年5月　　　　　　　　　　　　　　　　　单位：件

批号	产品名称	批量（件）	投产与完工情况
301	甲产品	15	3月投产，本月月末全部完工
401	乙产品	10	4月投产，本月月末完工6件
501	丙产品	8	本月投产，本月完工2件

企业财务部经理要求成本核算员王凡分别采用分批法和简化的分批法计算甲、乙、丙三种产品的成本。对于刚从学校毕业的王凡来说，对这个问题有点不知所措。

通过本部分的学习，希望你能帮王凡解决这个问题。

二、简化的分批法

（一）简化分批法的含义

在小批、单件生产的企业或车间，如果同一月份投产的产品批数很多，几十批甚至上百批，且月末未完工产品的批数也较多，在这种情况下，如果将当月发生的间接计入费用（直接人工、制造费用）全部分配给各批产品，而不考虑是否完工，费用分配核算工作就非常繁重。因此，在这样的企业或车间中就可以采用一种不分批计算产品成本的简化的分批法。

简化的分批法是指只有在各批产品都完工时，才分配各项间接计入费用，对于各批未完工的在产品，不分配间接计入费用，不计算各批在产品的成本，而是将间接计入费用累计起来，在基本生产成本二级账中以总数反映，即不分批计算在产品成本的分批法。

简化的分批法主要适用于在同一月份投产批数较多，同时月末未完工的批数也较多的企业或车间。

（二）简化分批法的特点

1. 设置生产成本二级账

采用简化的分批法，应按照产品的批别设置基本生产成本明细账，同时按生产单位设置基本生产成本二级账，增设生产工时专栏，平行登记基本生产成本明细账和基本生产成本二级账。月末，将基本生产成本明细账与基本生产成本二级账进行核对。在各批产品完工以前，基本生产成本明细账上只需按月登记直接计入费用（直接材料费用）和生产工时数，每月发生的间接计入费用（间接人工费用、制造费用）不是按月在各批产品之间进行分配，而是将其登记在生产成本二级账中,按成本项目累计起来。在生产成本二级账中,登记各批全部产品的累计直接计入费用、累计间接计入费用和累计工时,到产品完工入库时,按照其累计工时的比例,在各批完工产品之间进行分配间接计入费用,计算完工产品成本。本月完工产品从基本生产成本二级账中分配转入的间接计入费用,加上产品基本生产成本明细账登记的直接计入费用,就是本月完工产品的总成本。对于那些月末未完工的产品,其间接费用仍保留在基本生产成本二级账中。

简化分批法下累计的间接计入费用分配计算公式如下:

$$\text{全部产品累计间接计入费用分配率} = \text{全部产品累计间接计入费用} \div \text{全部产品累计工时}$$

$$\text{某批完工产品应负担的间接计入费用} = \text{该批完工产品累计工时} \times \text{全部产品累计间接计入费用分配率}$$

将全部产品累计间接计入费用分配率和计算出的全部各批完工产品的总成本,计入基本生产成本二级账,并计算、登记月末全部各批在产品的总成本。

2. 不分批计算在产品成本

简化分批法下,全部各批产品的在产品成本应负担的间接计入费用,只以总数反映在基本生产成本二级账中,而基本生产成本明细账中只反映累计直接计入费用和累计工时,不反映在产品成本,即不分批计算在产品成本。

(三)简化分批法的核算程序

(1) 按生产批号设置基本生产成本明细账(成本计算单)和基本生产成本二级账,归集所有费用,并在账内增设生产工时专栏。

(2) 根据各种费用明细账和有关工时记录,分别登记基本生产成本二级账,并根据有关费用汇总表,登记基本生产成本明细账的直接材料费用和生产工时数。

(3) 在有完工产品的月份,应根据基本生产成本二级账上的累计间接计入费用和累计工时,计算间接计入费用的累计分配率。

(4) 根据各批完工产品的累计工时和间接计入费用的累计分配率,计算各批完工产品应负担的费用。

(5) 根据基本生产成本明细账记录的完工产品生产工时和应负担的间接计入费用,汇总登记基本生产成本二级账转出的完工产品成本和生产工时。

【例 5-8】 简化分批法综合举例。

明波工厂为小批生产企业,只有一个基本生产车间,根据客户订单生产甲、乙、丙、丁四种产品。该企业由于产品种类和批数较多,为简化核算工作,采用简化的分批法计算产品成本,原材料在生产开始时一次投入。该工厂生产的产品品种及批次如表 5-2-9 所示。

表 5-2-9　　　　　　　　　明波工厂各产品批次明细表

2020 年 7 月　　　　　　　　　　　　　　　单位：件

批号	产品名称	批量（件）	投产与完工情况	本月实际工时（小时）
711	甲产品	10	5月投产，本月月末全部完工	6 580
712	乙产品	6	6月投产，本月月末全部未完工	1 890
713	丙产品	15	6月投产，本月完工3件	5 880
714	丁产品	5	本月投产，月末全部未完工	710

明波工厂采用简化的分批法计算产品成本计算程序如下：

（1）设置基本生产成本二级账（表 5-2-10）及基本生产成本明细账。明波工厂以前月份投产 711、712、713 批次的产品，已设置了生产成本明细账，并登记了以前月份发生的直接计入费用，如表 5-2-11 至表 5-2-13 所示；本月投产的 714 批次产品，应新设置生产成本明细账，如表 5-2-14 所示。

（2）根据本月发生的费用分配表登记基本生产成本二级账及基本生产成本明细账，如表 5-2-10 至表 5-2-14 所示。

（3）计算累计间接计入费用分配率。

直接人工费用分配率 = 31 521 ÷ 90 060 = 0.35（元/小时）

制造费用分配率 = 54 036 ÷ 90 060 = 0.6（元/小时）

（4）分配本月完工产品应负担的间接计入费用。

表 5-2-10　　　　　　　　　基本生产成本二级账

2020 年 7 月　　　　　　　　　　　　　　　单位：元

2020 年		摘要	直接材料	生产工时	直接人工	制造费用	合计
月	日						
7		期初在产品成本	31 335	75 000	18 365.00	33 030	82 730.00
7		本月发生	10 100	15 060	13 156.00	21 006	44 262.00
		累计发生数	41 435	90 060	31 521.00	54 036	126 962.00
		全部产品累计间接计入费用分配率	—	—	0.35	0.6	—
		本月完工产品总成本	21 735	46 030	16 010.50	27 618	65 363.50
		月末在产品	19 700	44 030	15 510.50	26 418	61 598.50

表 5-2-11　　　　　　　　　基本生产成本明细账

产品批号：711　　　　　投产日期：2020 年 5 月　　　　　完工日期：2020 年 7 月

产品名称：甲产品　　　　　批量：10 件　　　　　　　　　　单位：元

2020 年		摘要	直接材料	生产工时	直接人工	制造费用	合计
月	日						
5		本月发生	8 680	12 500			
6		本月发生	5 820	18 400			
		本月累计	14 500	30 900			

续表

2020 年		摘要	直接材料	生产工时	直接人工	制造费用	合计
月	日						
		本月发生	5 000	6 580			
		本月累计	19 500	37 480			
		累计间接计入费用分配率			0.35	0.6	
		本月完工产品总成本	19 500	37 480	13 118.00	22 488.00	55 106.00
		完工产品单位成本	1 950		1 311.80	2 248.80	5 510.60

注：月末产品全部完工，因此其明细账中累计的直接材料费用和生产工时，就是完工产品的直接材料费用和生产工时。

完工产品应负担的直接人工费用 = 37 480 × 0.35 = 13 118（元）

完工产品应负担的制造费用 = 37 480 × 0.6 = 22 488（元）

表 5 - 2 - 12　　　　　　　　　基本生产成本明细账

产品批号：712　　　　　　投产日期：2020 年 6 月　　　　　　完工日期：

产品名称：乙产品　　　　　　批量：6 件　　　　　　　　　　单位：元

2020 年		摘要	直接材料	生产工时	直接人工	制造费用	合计
月	日						
6		本月发生	5 660	15 450			
7		本月发生	1 020	1 890			
		本月累计	6 680	17 340			

注：由于月末没有完工产品，故明细账中只登记直接材料费用和生产工时。

表 5 - 2 - 13　　　　　　　　　基本生产成本明细账

产品批号：713　　　　　　投产日期：2020 年 6 月　　　　　　完工日期：2020 年 7 月完工 3 件

产品名称：丙产品　　　　　　批量：15 件　　　　　　　　　　单位：元

2020 年		摘要	直接材料	生产工时	直接人工	制造费用	合计
月	日						
6		本月发生	11 175	28 650			
7		本月发生		5 880			
		本月累计	11 175	34 530			
		累计间接计入费用分配率			0.35	0.6	
		本月完工产品总成本	2 235	8 550	2 992.50	5 130	10 357.50
		完工产品单位成本	745		997.50	1 710	3 452.50

注：该批产品月末存在部分完工，部分未完工。因此，应在完工产品与在产品之间进行费用的分配。

因该批产品原材料在生产开始时一次投入，故直接材料费用按完工产品与在产品的数量分配，间接计入费用按工时定额（每件 2 850 小时）计算。

所以

完工产品应负担的直接材料费用 = 11 175 ÷ 15 × 3 = 2 235（元）

完工产品应负担的直接人工费用 = 3 × 2 850 × 0.35 = 2 992.50（元）

完工产品应负担的制造费用 = 3 × 2 850 × 0.6 = 5 130（元）

表 5-2-14　　　　　　　　　　　基本生产成本明细账

产品批号：714　　　　　　　投产日期：2020 年 7 月　　　　　　　完工日期：
产品名称：丁产品　　　　　　批量：5 件　　　　　　　　　　　　单位：元

2020 年		摘要	直接材料	生产工时	直接人工	制造费用	合计
月	日						
		本月发生	4 080	710			

注：由于月末没有完工产品，故明细账中只登记直接材料费用和生产工时。

（5）编制"完工产品成本汇总表"，如表 5-2-15 所示。

表 5-2-15　　　　　　　　明波工厂完工产品成本汇总表

2020 年 7 月　　　　　　　　　　　　　　　　　　　　　　　单位：元

批次	产品	产量（件）	完工产品总成本				完工产品单位成本
			直接材料	直接人工	制造费用	合计	
711	甲产品	10	19 500	13 118.00	22 488	55 106.00	5 510.60
713	丙产品	3	2 235	2 992.50	5 130	10 357.50	3 452.50

根据完工产品成本汇总表编制会计分录如下：

借：库存商品——甲产品　　　　　　　　　　　　　55 106.00
　　　　　　——丙产品　　　　　　　　　　　　　10 357.50
　　贷：生产成本——基本生产成本——711 批（甲产品）
　　　　　　　　　　　　　　　　　　　　　　　　55 106.00
　　　　　　　　　　　　　　　——713 批（丙产品）
　　　　　　　　　　　　　　　　　　　　　　　　10 357.50

三、简化分批法的优、缺点及与分批法的区别

（一）简化分批法的优、缺点

通过以上计算可以看出，简化的分批法既有优点，也有缺点。优点是简化了间接费用在各批产品之间分配的工作量，特别是月末未完工的批数较多，而完工的批数较少的情况下，核算工作就越简单。缺点是在各月间接费用水平相差悬殊的情况下，采用该法会影响各月产品成本的准确性；对未完工批别的产品来说，其生产成本明细账不能完整地反映其在产品的成本。

因此，采用简化的分批法必须具备两个条件：一是月末未完工产品的批数较多；二是各月的间接费用水平相差不大。

（二）简化分批法与分批法的区别

从上述例题可以看出，简化的分批法与一般的分批法的不同之处在于：

（1）每月发生的间接计入费用，不是按月在各批产品之间进行分配，而是利用累计间接计入费用分配率，到产品完工时才在各批完工产品之间进行

分配，对未完工的在产品则不分配间接计入费用。这样，大大简化了费用的分配和登记工作，月末未完工产品的批数越多，核算工作就越简便。

（2）各批完工产品之间、完工批别与月末在产品批别之间，以及某批产品的完工产品与月末在产品之间分配某项间接计入费用，采用的是同一间接计入费用分配率。

任务三　分步法

企业由于生产特点和管理要求的不同，所以在核算产品成本时所采用的方法也就不同。有的企业是按照产品生产的各个生产步骤及最终的完工产品作为成本核算对象，即分步计算产品成本。分步法是产品成本核算的基本方法之一。

一、分步法
（一）分步法的含义

产品成本核算的分步法简称为分步法，是指按产品生产的各个生产步骤及最终的完工产品作为成本核算对象来归集生产费用，计算产品成本的一种方法。

分步法的生产步骤是根据企业的生产特点和管理要求划分的。实际工作中，分步法中作为成本核算对象的生产步骤与实际生产步骤可能一致，也可能不一致。在按生产步骤设立车间的企业中，如果企业规模较小，管理上不要求分车间计算成本，就可以将几个车间合并为一个步骤来计算成本；如果企业规模较大，车间内又有几个步骤，管理上又要求分步计算成本，就必须在车间内分步计算成本。所以，分步计算成本不一定就是分车间计算成本。

（二）分步法的适用范围

分步法主要适用于大量大批多步骤生产、管理上要求分步骤计算成本的企业，如冶金、纺织、机械制造和汽车制造等。在这些企业中，产品生产都可以划分为若干个生产步骤。如纺织企业有纺织、织布、印染等步骤；机械制造企业有铸造、加工、装配等步骤。

在这些企业中，为了加强各生产步骤的成本管理，不仅要求按产品的品种计算产成品的实际总成本和单位成本，还要求按生产步骤来归集生产费用，计算各生产步骤的成本，以便考核产成品及其生产步骤的成本计划的执行情况。

（三）分步法的特点

1. 以产品生产的各个生产步骤及最终的完工产品作为成本核算对象

采用分步法计算产品的成本时，如果企业只生产一种产品，成本核算对象就是该种产品及其所经过的生产步骤,应当按照产品的生产步骤设置明细账;如果企业生产多种产品,成本核算对象就是各种产品及其所经过的生产步骤,应当按照产品品种和各个步骤设置明细账。

对于在生产过程中发生的直接材料费用、直接人工费用和其他直接费用,凡能直接计入成本核算对象的,应当直接计入按成本核算对象设置的产品生产成本明细账;不能直接计入各成本核算对象的,应当先按照生产步骤归集,月末再按照一定标准分配计入各成本核算对象的产品生产成本明细账。发生的制造费用,应当先生产单位(车间、分厂)归集,月末再直接计入或分配计入各成本核算对象的产品生产成本明细账。

2. 成本计算按月定期进行,与产品生产周期不一致

采用分步法计算成本,一般都是按月定期进行。在大量大批多步骤生产企业,各步骤月末都可能存在在产品,因此,成本计算期与产品生产周期无法一致,而与会计报告期一致。

3. 生产费用需要在完工产品与在产品之间分配

在大量大批多步骤生产企业,生产过程较长,各步骤都存在随时投产、随时完工的情况,而成本计算又是在月末进行,所以各步骤月末都可能存在在产品,因此,就需要将发生的生产费用在完工产品与在产品之间采用一定的方法进行分配,正确计算出各生产步骤的月末在产品成本。

4. 各步骤之间存在成本结转的问题

在大量大批多步骤生产企业,产品是分步骤生产的,上一步骤生产出来的半成品还需要下一步骤继续加工。因此,要正确计算各种产成品的成本就必须结转各步骤的成本,这也是分步法区别于其他成本计算方法的一个重要特点。

(四) 分步法的种类

采用分步法计算产品成本时,由于企业对各生产步骤成本管理的要求不同(要不要计算各生产步骤的半成品成本),以及处于简化成本核算工作的考虑,各生产步骤的成本计算和结转有逐步结转和平行结转两种方式。因此,产品成本核算的分步法也有逐步结转分步法和平行结转分步法两种。

逐步结转分步法是按照生产步骤逐步计算并结转各步骤半成品成本,直到最后步骤计算出完工产品成本的方法。逐步结转分步法按半成品成本在下一步骤成本计算单中反映方法的不同,又可以分为逐步综合结转分步法和逐步分项结转分步法。

平行结转分步法是将各生产步骤中应计入相同产成品成本的份额平行结转汇总,从而计算出完工产品成本的方法。

课堂讨论

北方工厂主要生产甲产品,该产品经过三个生产车间加工。原材料在第一车间生产时一次投入,第一车间生产A半成品,完工后按实际成本交

第二车间继续加工。第二车间对 A 半成品继续加工成 B 半成品，然后交半成品仓库收发。第三车间从半成品仓库领用 B 半成品继续加工成甲产品，完工后交产成品仓库。B 半成品的计价采用加权平均法计算，各步骤的在产品在本步骤的完工程度均为 50%，产量资料如表 5-3-1 所示。

表 5-3-1　　　　　　　　北方工厂产量资料

2020 年 5 月　　　　　　　　　　　　　　单位：件

项目	第一车间	第二车间	第三车间
月初在产品	30	40	30
本月投产或上步转入	200	180	130
本月完工转出	180	150	120
月末在产品	50	70	40

该厂财务科长要求成本核算员王凡根据上述资料回答以下问题：

（1）该厂应该采用哪种方法计算甲产品的成本？为什么？

（2）如何计算甲产品的成本？

通过本部分的学习，希望你能帮助王凡解决上述问题。

二、逐步结转分步法

（一）逐步结转分步法的含义和适用范围

逐步结转分步法是按照生产步骤逐步计算并结转各步骤半成品成本，直到最后步骤计算出完工产品成本的方法。计算各步骤所产半成品的成本，是逐步结转分步法的显著特点，所以这种方法又叫作计算半成品成本的分步法。

逐步结转分步法按半成品成本在下一步骤成本计算单中反映方法的不同，又可以分为逐步综合结转分步法和逐步分项结转分步法，下文将重点介绍。

逐步结转分步法主要适用于半成品可以加工为不同产品或者有半成品对外销售和需要考核半成品成本的企业，特别是大量大批连续式多步骤生产企业。在这些企业中，从原材料投入到产品完工，需要经过若干个生产步骤，前面各步骤生产出的都是半成品，最后一个生产步骤完工的才是产成品。各生产步骤生产出的半成品，既可以交由下一生产步骤进行加工，也可以作为商品直接出售。有的企业自制半成品不一定对外销售，但为了考核半成品成本，也需要计算自制半成品成本。

（二）逐步结转分步法的特点

1. 逐步结转分步法下，各生产步骤完工的半成品成本，应从该步骤的产品成本明细账中转出

各步骤生产的半成品完工后，如果不通过半成品仓库收发，直接被下一步骤领用，则半成品成本就在各步骤的产品成本明细账中直接结转。如果各步骤生产的半成品完工后，通过半成品仓库收发，则需要设置"自制半成品"

账户对其进行核算，在半成品验收入库时，借记"自制半成品"科目，贷记"生产成本——基本生产成本"科目，待下一生产步骤被领用时，再编制相反会计分录。

2. 按狭义的在产品分配生产费用

月末，应将各步骤归集的生产费用在本月完工产品与在产品之间进行分配。生产费用指的是上一步骤转入的半成品成本加上本步骤发生的费用；完工产品指的是本步骤已经完工的半成品（或产成品）；在产品指的是本步骤正在加工尚未完工的在制品，即狭义在产品。

从上可以看出，逐步结转分步法就是品种法的多次连续运用，即按品种法计算各个生产步骤的半成品成本直至最后步骤的产成品成本。

3. 采用逐步综合结转分步法结转成本时，需要进行成本还原。

采用逐步综合结转分步法结转成本时，上一步骤所产半成品的成本是综合登记在下一步骤产品生产成本明细账中的"直接材料"或"自制半成品"成本项目中。这样计算出来的产品成本，显然不能反映产品成本结构的实际情况，因此，就需要将综合结转计算出来的产成品成本进行还原，有关成本还原的内容将在后文具体介绍。

（三）逐步结转分步法的核算程序

第一步：将各项生产费用计入按品种和各生产步骤半成品设置的生产成本明细账中的直接材料、直接人工和制造费用项目。

第二步：根据第一步骤生产成本明细账中归集的生产费用，计算出第一步骤完工半成品成本和在产品成本，并将完工半成品成本直接转入第二步骤进行加工。

第三步：将第一步骤完工半成品成本结转到第二步骤的直接材料或自制半成品成本项目，加上第二步骤发生的加工费用，计算出第二步骤完工半成品成本和在产品成本。再将第二步骤的半成品成本转入第三步骤，这样按照生产步骤逐步计算并且结转半成品成本，直到最后步骤计算出完工产品成本。具体核算程序如图 5-3-1 所示。

第一步骤生产成本明细账（元）		第二步骤生产成本明细账（元）		第三步骤生产成本明细账（元）	
直接材料	1 000	上步转入	2 800	上步转入	6 000
直接人工	2 500	直接人工	3 500	直接人工	2 500
制造费用	900	制造费用	1 500	制造费用	1 200
合计	3 400	合计	7 800	合计	9 700
半成品成本	2 800	半成品成本	6 000	产成品成本	8 800
在产品成本	600	在产品成本	1 800	在产品成本	900

图 5-3-1 半成品不通过仓库收发核算程序

如果半成品完工后，不直接转入下一步骤，而是通过半成品仓库收发，则应增设"自制半成品"账户及其明细账进行核算。下一步骤领用半成品时，对领用的半成品按照存货的发出方法计价。具体核算程序如图5-3-2所示。

```
            第二步骤生产成本
              明细账（元）
          上步转入        2 500
          直接人工        2 500
          制造费用          900
            合计         5 900
          B半成品成本     4 500
          在产品成本      1 400


  第一步骤生产成本                              第三步骤生产成本
    明细账（元）        A半成品明细账（元）       明细账（元）
                      入库         2 800
  直接材料    1 000    领用         2 500       上步转入      4 200
  直接人工    2 500    余额           300       直接人工      2 500
  制造费用      900                             制造费用        900
    合计     3 400    B半成品明细账（元）         合计        7 600
  A半成品成本 2 800    入库         4 500       产成品成本    6 800
  在产品成本    600    领用         4 200       在产品成本      800
                      余额           300
```

图 5-3-2　半成品通过仓库收发核算程序

三、逐步综合结转分步法

（一）逐步综合结转分步法的含义

逐步综合结转分步法，是指将上一生产步骤转入下一生产步骤的半成品成本，不分成本项目，全部计入下一生产步骤产品成本明细账中的"直接材料"成本项目或专设的"自制半成品"成本项目，综合反映各步骤所耗上一步骤所产半成品成本。半成品成本的综合结转，可以按上一步骤所产半成品的实际成本结转，也可以按半成品的计划成本或定额成本结转。

按实际成本综合结转半成品成本时，对各步骤所耗上一步骤的半成品成本，应根据所耗半成品的数量乘以半成品实际单位成本来计算。在通过仓库收发半成品的情况下，发出半成品的单位成本与原材料的核算一样，可以采用先进先出法或加权平均法计算。

按计划成本综合结转半成品成本时，半成品的日常收发都是按照计划成本核算，在月末计算出半成品实际成本后，再计算半成品的成本差异率，将耗用的半成品的计划成本调整为实际成本。

【例5-9】逐步综合结转分步法综合举例。

宏达工厂主要生产甲产品,该产品经过三个生产车间加工,采用逐步综合结转分步法按实际成本计算甲产品成本。原材料在第一车间生产时一次投入,第一车间生产A半成品,完工后按实际成本交第二车间继续加工。第二车间对A半成品继续加工成B半成品,然后交半成品仓库收发。第三车间从半成品仓库领用B半成品继续加工成甲产品,完工后交产成品仓库。第二车间和第三车间转入的A半成品和B半成品也都在各生产步骤开始时一次投入。B半成品的计价采用加权平均法计算,各步骤的在产品在本步骤的完工程度均为50%,产量资料如表5-3-2所示。

该厂以甲产品及其所经过的生产步骤的A半成品和B半成品为成本核算对象,设置生产成本明细账,并按直接材料、直接人工和制造费用三个成本项目设置专栏核算。本月各生产车间发生的费用,已经在各成本计算对象进行了分配,各生产步骤(车间)完工产品和月末在产品之间的费用分配采用约当产量法。月初在产品成本和本月发生的生产费用资料如表5-3-3所示。

表5-3-2　　　　　　　　　　宏达工厂产量资料

2020年5月　　　　　　　　　　　　　　　　　　　　　单位:件

项目	第一车间	第二车间	第三车间
月初在产品	30	40	30
本月投产或上步转入	200	180	130
本月完工转出	180	150	120
月末在产品	50	70	40

表5-3-3　　　　　　　　　　宏达工厂生产费用资料

2020年5月　　　　　　　　　　　　　　　　　　　　　单位:元

项目	第一车间		第二车间		第三车间	
	月初在产品成本	本月生产费用	月初在产品成本	本月生产费用	月初在产品成本	本月生产费用
直接材料	600	4 000	—	—	—	—
自制半成品	—	—	440	—	570	—
直接人工	370	2 500	520	2 810	600	2 620
制造费用	300	1 750	300	1 920	400	1 000
合计	1 270	8 250	1 260	4 730	1 570	3 620

根据上述资料,利用逐步综合结转分步法计算各步骤半成品成本和甲产品成本,成本计算程序如下:

(1) 设置产品成本明细账。根据该厂情况,分别设置A半成品、B半成品和甲产品生产成本明细账,如表5-3-4、表5-3-5和表5-3-7所示。

(2) 计算第一车间A半成品的实际成本。将A半成品月初在产品成本和本月发生的费用计入A半成品生产成本明细账后,采用约当产量法将生产费用在本月完工产品和在产品之间进行分配,A半成品成本和月末在产品成本计算如下:

直接材料费用分配：

在产品直接材料约当产量 = 50 × 100% = 50（件）

直接材料单位成本 = 4 600 ÷ (180 + 50) = 20（元/件）

完工 A 半成品直接材料费用 = 180 × 20 = 3 600（元）

A 在产品之间直接材料费用 = 50 × 20 = 1 000（元）

直接人工费用分配：

在产品直接人工和制造费用约当产量 = 50 × 50% = 25（件）

直接人工单位成本 = 2 870 ÷ (180 + 25) = 14（元/件）

完工 A 半成品直接人工费用 = 180 × 14 = 2 520（元）

A 在产品之间直接人工费用 = 25 × 14 = 350（元）

制造费用分配：

直接人工单位成本 = 2 050 ÷ (180 + 25) = 10（元/件）

完工 A 半成品制造费用 = 180 × 10 = 1 800（元）

A 在产品之间制造费用 = 25 × 10 = 250（元）

本月完工 A 半成品成本 = 3 600 + 2 520 + 1 800 = 7 920（元）

月末 A 在产品成本 = 1 000 + 350 + 250 = 1 600（元）

通过计算，第一车间本月完工 A 半成品 180 件，总成本 7 920 元，单位成本 44 元。

第一车间 A 半成品生产成本明细账如表 5-3-4 所示。

表 5-3-4　　　　　　　宏达工厂第一车间生产成本明细账

产品：A 半成品　　　　　　　　　2020 年 5 月　　　　　　　　　　　　　单位：元

摘要	直接材料	直接人工	制造费用	合计
月初在产品成本	600	370	300	1 270
本月本步骤发生费用	4 000	2 500	1 750	8 250
生产费用合计	4 600	2 870	2 050	9 520
本月完工产品数量（件）	180	180	180	—
月末在产品约当产量（件）	50	25	25	—
单位成本	20	14	10	44
完工半成品成本	3 600	2 520	1 800	7 920
月末在产品成本	1 000	350	250	1 600

第一车间生产的 A 半成品直接转入第二车间继续生产时，应编制如下会计分录：

借：生产成本——基本生产成本——第二车间（B 半成品）
　　　　　　　　　　　　　　　　　　　　7 920
　　贷：生产成本——基本生产成本——第一车间（A 半成品）
　　　　　　　　　　　　　　　　　　　　7 920

（3）计算第二车间 B 半成品的实际成本。根据逐步综合结转分步法的原理，计算第二步骤 B 半成品成本时，除归集本步骤发生的费用外，还应该加上第一步骤转入的 A 半成品成本，采用约当产量法将生产费用在本月完工产品和在产品之间进行分配，计算过程和第一车间的相同，这里只列示自制半成品单位成本、直接人工单位成本和制造费用单位成本的计算，其他过程不再列示。

自制半成品单位成本 = (440 + 7 920) ÷ (150 + 70 × 100%) = 38（元）
直接人工单位成本 = (520 + 2 810) ÷ (150 + 70 × 50%) = 18（元）
制造费用单位成本 = (300 + 1 920) ÷ (150 + 70 × 50%) = 12（元）

第二车间 B 半成品生产成本明细账如表 5 – 3 – 5 所示。

表 5 – 3 – 5　　　　　　　宏达工厂第二车间生产成本明细账
产品：B 半成品　　　　　　2020 年 5 月　　　　　　　　　　　　　　单位：元

摘要	A 半成品	直接人工	制造费用	合计
月初在产品成本	440	520	300	1 260
本月上步骤转入费用	7 920	—	—	7 920
本月本步骤发生费用	—	2 810	1 920	4 730
生产费用合计	8 360	3 330	2 220	13 910
本月完工产品数量（件）	150	150	150	
月末在产品约当产量（件）	70	35	35	—
单位成本	38	18	12	68
完工半成品成本	5 700	2 700	1 800	10 200
月末在产品成本	2 660	630	420	3 710

由于第二车间生产的 B 半成品通过仓库收发，所以应根据半成品入库单结转完工入库半成品，编制如下会计分录：

借：自制半成品——B 半成品　　　　　　　　　　10 200
　　贷：生产成本——基本生产成本——第二车间（B 半成品）
　　　　　　　　　　　　　　　　　　　　　　　　10 200

根据第二车间的半成品入库单和第三车间的领用 B 半成品的凭证，登记自制半成品明细账，如表 5 – 3 – 6 所示。发出的 B 半成品单位成本采用一次加权平均法计算，计算出第三车间领用的 B 半成品成本。再根据半成品出库单，结转第三车间领用的 B 半成品成本，编制如下会计分录：

借：生产成本——基本生产成本——第三车间（甲产品）　8 710
　　贷：自制半成品——B 半成品　　　　　　　　　　　8 710

表 5 – 3 – 6　　　　　　　宏达工厂自制半成品明细账
产品：B 半成品　　　　　　2020 年 5 月　　　　　　　　　　　　　　单位：元

2020 年		凭证编号	摘要	收入		发出		结存		
月	日			数量	金额	数量	金额	数量	单价	金额
5	1	略	月初结存					100	65.50	6 550
	31		本月完工	150	10 200			250	67.00	16 750
	31		生产领用			130	8 710	120	67.00	8 040

B 半成品加权平均单位成本 = (6 550 + 10 200) ÷ (100 + 150)
= 67（元/件）

（4）计算第三车间甲产品的实际成本。在第三车间生产成本明细账中登记月初在产品成本和本月发生费用，并登记从半成品仓库领用的 B 半成品成本 8 710 元，采用约当产量法将生产费用在本月完工产品和在产品之间进行分配，计算过程和第二车间的相同，这里只列示自制半成品单位成本、直接人工单位成本和制造费用单位成本的计算，其他过程不再列示。

自制半成品单位成本 = (570 + 8 710) ÷ (120 + 40 × 100%) = 58（元）
直接人工单位成本 = (600 + 2 620) ÷ (120 + 40 × 50%) = 23（元）
制造费用单位成本 = (400 + 1 000) ÷ (120 + 40 × 50%) = 10（元）

第三车间甲产品生产成本明细账如表 5 – 3 – 7 所示。

表 5 – 3 – 7　　　　　　　　宏达工厂第三车间生产成本明细账
产品：甲产品　　　　　　　　2020 年 5 月　　　　　　　　单位：元

摘要	B 半成品	直接人工	制造费用	合计
月初在产品成本	570	600	400	1 570
本月上步骤转入费用	8 710	—	—	8 710
本月本步骤发生费用	—	2 620	1 000	3 620
生产费用合计	9 280	3 220	1 400	13 900
本月完工产品数量（件）	120	120	120	
月末在产品约当产量（件）	40	20	20	—
单位成本	58	23	10	91
完工产品成本	6 960	2 760	1 200	10 920
月末在产品成本	2 320	460	200	2 980

根据完工产品入库单和产品成本计算结果，步骤完工产品入库会计分录如下：

借：库存商品——甲产品　　　　　　　　　　　　10 920
　　贷：生产成本——基本生产成本——第三车间（甲产品）10 920

（二）逐步综合结转分步法的成本还原

逐步结转分步法采用综合结转方式时，将上一步骤生产的半成品成本，包括了直接材料（或者自制半成品）、直接人工和制造费用，都转到本步骤产品生产成本明细账中的"直接材料"或"自制半成品"成本项目中。这样，除第一步骤的半成品成本是按成本项目反映外，其他各步骤的"自制半成品"项目都包括了直接人工和制造费用等半成品加工费用，这就和产品成本结构实际不符。而且结转出来的产品成本中的大部分费用是最后一个生产步骤所耗半成品的费用，人工费用和制造费用仅仅表现为最后一个生产步骤发生的，在产成品成本中所占的比重较小。所以，如果从企业整体考核分析产品成本的结构和水平，就需要采用适当的方法，将综合结转计算出的产品成本进行成本还原。

所谓成本还原就是从最后一个生产步骤开始,将其所耗用的上一生产步骤"自制半成品"的综合成本,逐步分解,还原成"直接材料""直接人工"和"制造费用"等原始成本项目,直到第一生产步骤完成为止,从而求得按原始成本项目反映的产成品的实际总成本。

成本还原率＝本月完工产品中耗费上一步骤半成品成本÷上一步骤本月完工该种半成品总成本

【例 5-10】 成本还原。

承例 5-9 的资料,将本月完工甲产品 120 件,总成本 10 920 元进行还原。

(1) 完工甲产品 120 件总成本 10 920 元中,B 半成品成本为 6 960 元,第三步骤直接人工 2 760 元,第三步骤制造费用 1 200 元。

第一步:成本还原对象为 B 半成品成本 6 960 元,以第二车间 B 半成品成本的结构进行成本还原如下:

成本还原对象为 B 半成品成本 6 960 元中:

A 半成品成本 = 6 960 × 5 700 ÷ 10 200 = 3 889.68(元)

第二步骤直接人工 = 6 960 × 2 700 ÷ 10 200 = 1 842.48(元)

第二步骤制造费用 = 6 960 × 1 800 ÷ 10 200 = 1 227.84(元)

以上三个式子中,都有 6 960 ÷ 10 200 = 0.6824,就是成本还原率。

第二步:成本还原对象 A 半成品成本 3 889.68 元,以第一车间 A 半成品成本的结构进行成本还原如下:

成本还原对象为 A 半成品成本 3 889.68 元中:

第一步骤直接材料 = 3 889.68 × 3 600 ÷ 7 920 = 1 767.96(元)

第一步骤直接人工 = 3 889.68 × 2 520 ÷ 7 920 = 1 237.57(元)

第一步骤制造费用 = 3 889.68 × 1 800 ÷ 7 920 = 884.15(元)

以上三个式子中,都有 3889.68 ÷ 7 920 = 0.4911,就是成本还原率。

(2) 将还原后的各成本项目的金额相加,就是还原后的产成品成本。

直接材料还原后总成本 = 1 767.96(元)

直接人工还原后总成本 = 2 760 + 1 842.48 + 1 237.57 = 5 840.05(元)

制造费用还原后总成本 = 1 200 + 1 227.84 + 884.15 = 3 311.99(元)

还原后总成本合计 = 1 767.96 + 5 840.05 + 3 311.99 = 10 920(元)

上述计算过程和结果如表 5-3-8 所示。

表 5-3-8　　　　　　　　宏达工厂产成品成本还原计算表

产品:甲产品　　　　2020 年 5 月　　产量:120 件　　　　　　　单位:元

摘要	成本还原率	B 半成品成本	A 半成品成本	直接材料	直接人工	制造费用	合计
还原前产品总成本		6 960	—		2 760.00	1 200.00	10 920
本月产 B 半成品成本			5 700.00	—	2 700.00	1 800.00	10 200

续表

摘要	成本还原率	B半成品成本	A半成品成本	直接材料	直接人工	制造费用	合计
B半成品成本还原	0.6824	6 960	3 889.68	—	1 842.48	1 227.84	0
本月产A半成品成本				3 600.00	2 520.00	1 800.00	7 920
A半成品成本还原	0.4911	—	3 889.68	1 767.96	1 237.57	884.15	0
还原后产品总成本				1 767.96	5 840.05	3 311.99	10 920
还原后的单位成本		—	—	14.73	48.67	27.60	91

上述例题是三个生产步骤的还原，如果成本计算是有多个步骤，则要进行多次还原，直到半成品综合成本还原为原始成本为止。

（三）逐步综合结转分步法的优、缺点

通过上述计算可以看到，采用逐步综合结转分步法结转半成品成本时既有优点，也有缺点。优点是可以在各生产步骤（车间）的产品成本明细账中反映各步骤完工产品所耗半成品费用的水平和本步骤加工费用的水平，有利于各生产步骤进行成本管理。缺点是为了反映产品成本的实际构成，还需进行成本还原，从而增加了核算的工作量。

四、逐步分项结转分步法

（一）逐步分项结转分步法的含义

逐步分项结转分步法，是指将上一生产步骤转入下一生产步骤的半成品成本，按其原始成本项目，分别计入下一生产步骤产品成本明细账所对应的成本项目之中，分项反映各步骤所耗上一生产步骤所产半成品成本。如果半成品是通过半成品仓库收发，在自制半成品明细账中登记半成品成本时，也应该按成本项目分别登记。

为了正确计算月末在产品成本，产品生产成本明细账的每一个成本项目，都要区分为上步骤转入费用和本步骤发生费用。这是因为，对于月末在产品来说，上步骤转入的半成品成本已经全部投入，应当与本月完工产品（半成品或产成品）同等分配生产费用。而本步骤发生的生产费用尚未全部投入，应当先计算在产品的约当产量，再与本月完工产品一起分配生产费用。

【例5-11】逐步分项结转分步法综合举例。

宏达工厂主要生产甲产品，该产品经过三个生产车间加工，采用逐步分项结转分步法按实际成本计算甲产品成本。原材料在第一车间生产时一次投入，第一车间生产A半成品，完工后按实际成本交第二车间继续加工。第二车间对A半成品继续加工成B半成品，然后交半成品仓库收发。第三车间从半成品仓库领用B半成品继续加工成甲产品，完工后交产成品仓库。第二车间和第三车间转入的A半成品和B半成品也都在各生产步骤开始时一次投入。B半成品的计价采用加权平均法计算，各步骤的在产品在本步骤的完工程度均为50%，产量资料如表5-3-9所示。

该厂以甲产品及其所经过的生产步骤的 A 半成品和 B 半成品为成本计算对象,设置生产成本明细账,并按直接材料、直接人工和制造费用三个成本项目设置专栏核算。本月各生产车间发生的费用,已经在各成本计算对象进行了分配,各生产步骤(车间)完工产品和月末在产品之间的费用分配采用约当产量法,月初在产品成本和本月发生的生产费用资料如表 5-3-10 所示。该厂采用逐步分项结转分步法计算甲产品成本。

表 5-3-9　　　　　　　　宏达工厂产量资料

2020 年 5 月　　　　　　　　　　　　　　　　　　　单位:件

项目	第一车间	第二车间	第三车间
月初在产品	30	40	30
本月投产或上步转入	200	180	130
本月完工转出	180	150	120
月末在产品	50	70	40

表 5-3-10　　　　　　　　宏达工厂生产费用资料

2020 年 5 月　　　　　　　　　　　　　　　　　　　单位:元

项目	第一车间	第二车间	第三车间
月初在产品成本	1 270	1 260	1 570
其中:1. 直接材料(半成品)	600	140	300
(1) 上步转入		140	300
(2) 本步发生	600	—	—
2. 直接人工	370	640	840
(1) 上步转入		120	240
(2) 本步发生	370	520	600
3. 制造费用	300	480	430
(1) 上步转入		180	30
(2) 本步发生	300	300	400
本月本步生产费用	8 250	4 730	3 620
其中:直接材料	4 000	—	—
直接人工	2 500	2 810	2 620
制造费用	1 750	1 920	1 000

根据上述资料,利用逐步分项结转分步法计算各步骤半成品成本和甲产品成本,成本计算程序如下:

(1) 设置产品成本明细账。根据该厂情况,分别设置 A 半成品、B 半成品和甲产品生产成本明细账,如表 5-3-11、表 5-3-12 和表 5-3-14 所示。

(2) 计算第一车间 A 半成品的实际成本。这一计算程序和逐步综合结转分步法是一样的。将 A 半成品月初在产品成本和本月发生的费用计入 A 半成品生产成本明细账表 5-3-11 后,采用约当产量法将生产费用在本月完工产品和在产品之间进行分配,A 半成品成本和月末在产品成本计算如下:

直接材料费用分配:

在产品直接材料约当产量 = 50 × 100% = 50(件)

直接材料单位成本 = 4 600 ÷ (180 + 50) = 20(元/件)

完工 A 半成品直接材料费用 = 180 × 20 = 3 600(元)

A 在产品之间直接材料费用 = 50 × 20 = 1 000(元)

直接人工费用分配:

在产品直接人工和制造费用约当产量 = 50 × 50% = 25(件)

直接人工单位成本 = 2 870 ÷ (180 + 25) = 14(元/件)

完工 A 半成品直接人工费用 = 180 × 14 = 2 520(元)

A 在产品之间直接人工费用 = 25 × 14 = 350(元)

制造费用分配:

直接人工单位成本 = 2 050 ÷ (180 + 25) = 10(元/件)

完工 A 半成品制造费用 = 180 × 10 = 1 800(元)

A 在产品之间制造费用 = 25 × 10 = 250(元)

本月完工 A 半成品成本 = 3 600 + 2 520 + 1 800 = 7 920(元)

月末 A 在产品成本 = 1 000 + 350 + 250 = 1 600(元)

通过计算,第一车间本月完工 A 半成品 180 件,总成本 7 920 元,单位成本 44 元。

第一车间 A 半成品生产成本明细账如表 5-3-11 所示。

表 5-3-11　　　　　　　　　　宏达工厂第一车间生产成本明细账

产品:A 半成品　　　　　　　　　　2020 年 5 月　　　　　　　　　　单位:元

摘要	直接材料	直接人工	制造费用	合计
月初在产品成本	600	370	300	1 270
本月本步骤发生费用	4 000	2 500	1 750	8 250
生产费用合计	4 600	2 870	2 050	9 520
本月完工产品数量(件)	180	180	180	—
月末在产品约当产量(件)	50	25	25	—
单位成本	20	14	10	44
完工 A 半成品成本	3 600	2 520	1 800	7 920
月末在产品成本	1 000	350	250	1 600

第一车间生产的 A 半成品直接转入第二车间继续生产时,应编制如下会计分录:

借:生产成本——基本生产成本——第二车间(B 半成品)

7 920

贷：生产成本——基本生产成本——第一车间（A半成品）
7 920

（3）计算第二车间B半成品的实际成本。根据逐步分项结转分步法的原理，计算第二步骤B半成品成本时，要先确定第一车间转来的A半成品成本。从第一车间转来的半成品成本，应当按其原始成本项目，分别在第二车间对应的成本项目栏内登记。每个成本项目内都分为"上步骤转入"和"本步骤发生"两栏。现将各成本项目记录的费用，在本月完工半成品和在产品之间进行分配，计算过程如下：

①分配各成本项目中的A半成品费用：
在产品各成本项目约当产量 = 70 × 100% = 70（件）
直接材料单位成本 = (140 + 3 600) ÷ (150 + 70) = 17（元）
完工B半成品直接材料成本 = 150 × 17 = 2 550（元）
B在产品之间直接材料成本 = 70 × 17 = 1 190（元）
直接人工单位成本 = (120 + 2 520) ÷ (150 + 70) = 12（元）
完工B半成品直接人工成本 = 150 × 12 = 1 800（元）
B在产品之间直接人工成本 = 70 × 12 = 840（元）
制造费用单位成本 = (180 + 1 800) ÷ (150 + 70) = 9（元）
完工B半成品制造费用成本 = 150 × 9 = 1 350（元）
B在产品之间制造费用成本 = 70 × 9 = 630（元）

②分配各成本项目中的"本步骤发生费用"：
在产品直接人工和制造费用约当产量 = 70 × 50% = 35（件）
B半成品直接人工单位成本 = (520 + 2 810) ÷ (150 + 35) = 18（元）
完工B半成品直接人工成本 = 150 × 18 = 2 700（元）
B在产品之间直接人工成本 = 35 × 18 = 630（元）
B半成品制造费用单位成本 = (300 + 1 920) ÷ (150 + 35) = 12（元）
完工B半成品制造费用成本 = 150 × 12 = 1 800（元）
B在产品之间制造费用成本 = 35 × 12 = 420（元）

第二车间B半成品生产成本明细账如表5-3-12所示。

表5-3-12　　　　　　　　　宏达工厂第二车间生产成本明细账

产品：B半成品　　　　　　　2020年5月　　　　　　　　　　单位：元

摘要	直接材料		直接人工		制造费用		合计
	上步转入	本步发生	上步转入	本步发生	上步转入	本步发生	
月初在产品成本	140		120	520	180	300	1 260
本月上步骤转入费用	3 600		2 520		1 800		7 920
本月本步骤发生费用	—			2 810		1 920	4 730
生产费用合计	3 740		2 640	3 330	1 980	2 220	13 910
本月完工产品数量（件）	150		150	150	150	150	150

续表

摘要	直接材料		直接人工		制造费用		合计
	上步转入	本步发生	上步转入	本步发生	上步转入	本步发生	
月末在产品约当产量（件）	70		70	35	70	35	—
单位成本	17		12	18	9	12	68
完工半成品成本	2 550		1 800	2 700	1 350	1 800	10 200
月末在产品成本	1 190		840	630	630	420	3 710

由于第二车间生产的 B 半成品通过仓库收发，所以应根据半成品入库单结转完工入库半成品，编制如下会计分录：

借：自制半成品——B 半成品　　　　　　　　　　　　　10 200
　　贷：生产成本——基本生产成本——第二车间（B 半成品）
　　　　　　　　　　　　　　　　　　　　　　　　　　10 200

根据第二车间的半成品入库单和第三车间的领用 B 半成品的凭证，登记自制半成品明细账，如表 5-3-13 所示。发出的 B 半成品单位成本采用一次加权平均法计算，计算出第三车间领用的 B 半成品成本。再根据半成品出库单，结转第三车间领用的 B 半成品成本，编制如下会计分录：

借：生产成本——基本生产成本——第三车间（甲产品）8 710
　　贷：自制半成品——B 半成品　　　　　　　　　　　　8 710

表 5-3-13　　　　　　　　宏达工厂自制半成品明细账

产品：B 半成品　　　　　　　　2020 年 5 月　　　　　　　　　　单位：元

摘要	数量	金额合计	其中		
			直接材料	直接人工	制造费用
月初结存	100	6 550	3 950	1 500	1 100
本月第二车间完工入库	150	10 200	2 550	4 500	3 150
合计	250	16 750	6 500	6 000	4 250
加权平均单位成本		67	26	24	17
本月第三车间领用	130	8 710	3 380	3 120	2 210
月末库存	120	8 040	3 120	2 880	2 040

直接材料加权平均单位成本 =（3 950 + 2 550）÷（100 + 150）= 26（元/件）
直接人工加权平均单位成本 =（1 500 + 4 500）÷（100 + 150）= 24（元/件）
制造费用加权平均单位成本 =（1 100 + 3 150）÷（100 + 150）= 17（元/件）
B 半成品加权平均单位成本 =（6 550 + 10 200）÷（100 + 150）= 67（元/件）

（4）计算第三车间甲产品的实际成本。在第三车间生产成本明细账中登记月初在产品成本和本月发生费用，并登记从半成品仓库领用的 B 半成品成本 8 710 元，第三车间计算过程和第二车间的基本相同，这里只列示直接材料单位成本、直接人工单位成本和制造费用单位成本的计算，其他过程不再列示。

① 分配各成本项目中的 B 半成品费用：
在产品各成本项目约当产量 = 40 × 100% = 70（件）
直接材料单位成本 =（300 + 3 380）÷（120 + 40）= 23（元）
直接人工单位成本 =（240 + 3 120）÷（120 + 40）= 21（元）
制造费用单位成本 =（30 + 2 210）÷（120 + 40）= 14（元）
② 分配各成本项目中的"本步骤发生费用"：
在产品直接人工和制造费用约当产量 = 40 × 50% = 20（件）
直接人工单位成本 =（600 + 2 620）÷（120 + 20）= 23（元）
制造费用单位成本 =（400 + 1 000）÷（120 + 20）= 10（元）
第三车间甲产品生产成本明细账如表 5 - 3 - 14 所示。

表 5 - 3 - 14　　　　　　　　宏达工厂第三车间生产成本明细账

产品：甲产品　　　　　　　　　2020 年 5 月　　　　　　　　　　　　单位：元

摘要	直接材料		直接人工		制造费用		合计
	上步转入	本步发生	上步转入	本步发生	上步转入	本步发生	
月初在产品成本	300		240	600	30	400	1 570
本月上步骤转入费用	3 380		3 120		2 210		8 710
本月本步骤发生费用	—			2 620		1 000	3 620
生产费用合计	3 680		3 360	3 220	2 240	1 400	13 900
本月完工产品数量（件）	120		120	120	120	120	120
月末在产品约当量（件）	40		40	20	40	20	—
单位成本	23		21	23	14	10	91
完工甲产品成本	2 760		2 520	2 760	1 680	1 200	10 920
月末在产品成本	920		840	460	560	200	2 980

根据完工产品入库单和产品成本计算结果，步骤完工产品入库会计分录如下：
借：库存商品——甲产品　　　　　　　　　　　　　10 920
　　贷：生产成本——基本生产成本——第三车间（甲产品）
　　　　　　　　　　　　　　　　　　　　　　　　10 920

（二）逐步分项结转分步法的优、缺点

从上述例题可以看出，采用逐步分项结转分步法计算产成品成本时既有优点，也有缺点。

优点是可以直接、真实地反映产品成本的原始构成，便于从整个企业的角度分项和考核产品成本计划的执行情况，而且不需要进行成本还原。

缺点是产品生产成本明细账中各个成本项目都要区分为上步骤转入费用和本步骤发生费用，自制半成品明细账中登记的生产成本也要分成本项目反映，因此，成本计算、结转和登记的工作量非常大。另外，在各步骤完工产品成本中也看不出所耗上一步骤半成品的费用是多少，本步骤的加工费用又是多少，不便于进行各步骤完工产品的成本分析。

由于以上原因，在实际工作中很少有企业采用逐步分项结转分步法。

五、逐步结转分步法的优、缺点
（一）逐步结转分步法的优点
（1）能够提供各个生产步骤的半成品成本资料。

（2）半成品成本随着实物的转移而结转，有利于加强半成品的实物管理和资金管理。

（3）采用综合结转法时，有利于对各步骤完工产品进行成本分析；采用分项结转法时，可以直接、真实地反映产品成本的原始构成，便于从整个企业的角度分项和考核产品成本计划的执行情况，而且不需要进行成本还原。

（二）逐步结转分步法的缺点
（1）各生产步骤的半成品成本按加工顺序逐步结转，影响了成本计算工作的及时性。

（2）采用综合结转法时，需要进行成本还原；采用分项结转法时，核算、结转的工作量较大，两者都增大了工作量。

六、平行结转分步法
（一）平行结转分步法的含义和适用范围
平行结转分步法，是指在计算产品成本时，各生产步骤不计算本步骤所产半成品成本，也不计算本步骤耗用上步骤半成品成本，只计算本步骤所发生的生产费用和这些费用中应计入完工产品成本的份额，并且将各生产步骤应计入完工产品的份额平行结转汇总，计算完工产品成本的一种方法。

平行结转分步法主要适用于半成品种类较多，在成本管理上要求分步骤归集费用，但管理上又不要求提供各步骤半成品成本资料的企业，特别是没有半成品对外销售的大量大批装配式多步骤生产的企业。在某些大量大批连续式多步骤生产企业，如果各生产步骤所生产的半成品仅供本企业下一步继续加工，不准备对外出售，也可以采用平行结转分步法。

（二）平行结转分步法的特点
与逐步结转分步法相比，平行结转分步法也是按生产步骤归集费用，也需要将各步骤归集的费用在完工产品与在产品之间进行分配，因此，平行结转分步法除具有分步法的一般特点外，还具有以下特点：

第一，各步骤之间不结转半成品成本。平行结转分步法下各步骤半成品的成本资料不随半成品实物转移，生产费用只是各生产步骤发生的费用，不包括耗用以前步骤半成品的成本。

第二，各步骤不计算半成品成本。采用平行结转分步法，无论半成品是在各步骤之间直接转移，还是通过半成品仓库收发，都不通过"自制半成品"账户进行核算。

第三，按广义在产品分配生产费用。平行结转分步法下的"在产品"是指广义的在产品,不仅包括本步骤正在加工的在产品,还包括本步骤已经完工,并转入以后各生产步骤,但尚未最终完工的半成品。"完工产品"是指企业最后步骤完工的产成品。完工产品成本是指各生产步骤的生产费用中应计入产成品成本的份额。因此,各步骤生产费用在完工产品与在产品之间的分配是指在产成品与广义在产品之间的分配。

第四,计算完工产品成本。将各生产步骤应该计入产成品成本的份额进行汇总,即可确定完工产品的成本。

(三) 平行结转分步法的成本核算程序

1. 按产品品种和生产步骤设置生产成本明细账,归集其在本步骤发生的各项费用,但不包括其耗用的上步骤的半成品成本。

2. 月末将各步骤归集的生产费用在完工产品与广义的在产品之间进行分配,确定各生产步骤应计入完工产品成本中的"份额"。

3. 将各步骤生产费用应计入完工产品成本的份额按成本项目平行结转,汇总计算完工产品的总成本及单位成本。

平行结转分步法的计算程序如图 5-3-3 所示。

第一步骤生产成本明细账(元)		第二步骤生产成本明细账(元)		第三步骤生产成本明细账(元)	
月初在产品	600	月初在产品	800	月初在产品	1 000
直接材料	1 000	直接材料	1 000	直接材料	2 500
直接人工	2 500	直接人工	3 500	直接人工	1 200
制造费用	900	制造费用	1 500	制造费用	800
合计	4 000	合计	6 800	合计	5 500
产成品份额	3 400	产成品份额	5 800	产成品份额	5 000
在产品成本	600	在产品成本	1 000	在产品成本	500

产成品成本计算汇总表					
第一步份额	3 400	第二步份额	5 800	第三步份额	5 000
		产成品总成本	14 200		

图 5-3-3 平行结转分步法成本计算程序

(四) 计入产成品成本"份额"的计算

在平行结转分步法下,确定各步骤生产费用应计入产成品成本的份额,也就是每一生产步骤的生产费用在最终完工产品与广义在产品之间的分配,通常采用约当产量法、定额成本法或定额比例法计算。

采用约当产量法在完工产品与在产品之间分配生产费用时,被分配的生产费用必须是本步骤发生的,完工产品是企业最终完工的产品,在产品是广义的在产品,不仅包括本步骤正在加工的在产品,也包括以后步骤尚未完工的月末在产品(广义在产品)。

某步骤产品约当产量 = 最终完工产品产量 + 本步骤之后各步骤的月末在产品数量 + 本步骤月末在产品数量 × 完工程度

【例 5-12】平行结转分步法综合举例。

宏达工厂主要生产甲产品,该产品经过三个生产车间加工,采用平行结转分步法计算甲产品成本。原材料在第一车间生产时一次投入，自制半成品不出售也不通过半成品仓库收发，而是由上一步骤直接转入下一步骤，每件产成品耗用各车间完工半成品一件，各步骤的在产品在本步骤的完工程度均为50%，产量资料如表5-3-15所示。

表5-3-15　　　　　　　　　　　宏达工厂产量资料

2020年5月　　　　　　　　　　　　　　　　　　　　　　单位：件

项目	第一车间	第二车间	第三车间
月初在产品	30	40	30
本月投产或上步转入	350	300	250
本月完工转出	300	250	240
月末在产品	80	90	40

各生产步骤（车间）完工产品和月末在产品之间的费用分配采用约当产量法，月初在产品成本和本月发生的生产费用资料如表5-3-16所示。

表5-3-16　　　　　　　　　　　宏达工厂生产费用资料

2020年5月　　　　　　　　　　　　　　　　　　　　　　单位：元

项目	第一车间		第二车间		第三车间	
	月初在产品成本	本月生产费用	月初在产品成本	本月生产费用	月初在产品成本	本月生产费用
直接材料	640	2 960	—	—	—	—
直接人工	275	1 775	655	1 620	460	1 360
制造费用	470	1 170	555	1 070	320	460
合计	1 385	5 905	1 210	2 690	780	1 820

根据上述资料，采用平行结转分步法计算甲产品成本，成本计算程序如下：

（1）设置产品成本明细账。根据表5-3-15和表5-3-16的资料，登记月初在产品成本和本月发生费用，如表5-3-17、表5-3-18和表5-3-19所示。

（2）第一车间产品成本计算如下：

①计算约当产量。

分配直接材料的约当产量＝240＋90＋40＋80＝450（件）

分配加工费用的约当产量＝240＋90＋40＋80×50%－410（件）

②计算应计入产成品成本的份额。

直接材料单位成本＝（640＋2 960）÷450＝8（元/件）

应计入产成品成本的份额＝240×8＝1 920（元）

广义在产品成本＝210×8＝1 680（元）

直接人工单位成本＝（275＋1 775）÷410＝5（元/件）

应计入产成品成本的份额＝240×5＝1 200（元）

广义在产品成本＝170×5＝850（元）

制造费用单位成本＝（470＋1 170）÷410＝4（元/件）

应计入产成品成本的份额 = 240×4 = 960（元）

广义在产品成本 = 170×4 = 680（元）

根据以上计算结果编制第一车间产品生产成本明细账，如表 5 – 3 – 17 所示。

表 5 – 3 – 17　　　　　　　　宏达工厂第一车间生产成本明细账

产品：甲产品　　　　　　　　　　2020 年 5 月　　　　　　　　　　　　单位：元

摘要	直接材料	直接人工	制造费用	合计
月初在产品成本	640	275	470	1 385
本月本步骤发生费用	2 960	1 775	1 170	5 905
生产费用合计	3 600	2 050	1 640	7 290
本月最终完工产品数量（件）	240	240	240	—
本步骤广义在产品约当产量（件）	210	170	170	—
单位成本	8	5	4	17
应计入产成品成本的份额	1 920	1 200	960	4 080
月末在产品成本	1 680	850	680	3 210

（3）第二车间产品成本计算如下：

①计算约当产量。

分配加工费用的约当产量 = 240 + 40 + 90×50% = 325（件）

②计算应计入产成品成本的份额。

直接人工单位成本 = (655 + 1 620) ÷ 325 = 7（元/件）

应计入产成品成本的份额 = 240×7 = 1 680（元）

广义在产品成本 = 85×7 = 595（元）

制造费用单位成本 = (555 + 1 070) ÷ 325 = 5（元/件）

应计入产成品成本的份额 = 240×5 = 1 200（元）

广义在产品成本 = 85×5 = 425（元）

根据以上计算结果编制第二车间产品生产成本明细账，如表 5 – 3 – 18 所示。

表 5 – 3 – 18　　　　　　　　宏达工厂第二车间生产成本明细账

产品：甲产品　　　　　　　　　　2020 年 5 月　　　　　　　　　　　　单位：元

摘要	直接材料	直接人工	制造费用	合计
月初在产品成本		655	555	1 210
本月本步骤发生费用		1 620	1 070	2 690
生产费用合计		2 275	1 625	3 900
本月最终产成品数量（件）		240	240	—
本步骤广义在产品约当产量（件）		85	85	—
单位成本		7	5	12
应计入产成品成本的份额		1 680	1 200	2 880
月末在产品成本		595	425	1 020

(4) 第三车间产品成本计算如下:

① 计算约当产量。

分配加工费用的约当产量 = 240 + 40 × 50% = 260(件)

② 计算应计入产成品成本的份额。

直接人工单位成本 = (460 + 1 360) ÷ 260 = 7(元/件)

应计入产成品成本的份额 = 240 × 7 = 1 680(元)

广义在产品成本 = 20 × 7 = 140(元)

制造费用单位成本 = (320 + 460) ÷ 260 = 3(元/件)

应计入产成品成本的份额 = 240 × 3 = 720(元)

广义在产品成本 = 20 × 3 = 60(元)

根据以上计算结果编制第三车间产品生产成本明细账,如表5-3-19所示。

表5-3-19　　　　　　　　宏达工厂第三车间生产成本明细账

产品:甲产品　　　　　　　2020年5月　　　　　　　　　　　　　单位:元

摘要	直接材料	直接人工	制造费用	合计
月初在产品成本		460	320	780
本月本步骤发生费用		1 360	460	1 820
生产费用合计		1 820	780	2 600
本月最终产成品数量(件)		240	240	—
本步骤广义在产品约当产量(件)		20	20	—
单位成本		7	3	10
应计入产成品成本的份额		1 680	720	2 400
月末在产品成本		140	60	200

将各生产步骤(生产车间)应计入产成品成本的份额汇总,编制产品成本计算汇总表,如表5-3-20所示。

表5-3-20　　　　　　　　宏达工厂产品成本汇总表

产品:甲产品　　　　　2020年5月　　　　产量:240件　　　　单位:元

摘要	直接材料	直接人工	制造费用	合计
第一步骤计入份额	1 920	1 200	960	4 080
第二步骤计入份额		1 680	1 200	2 880
第三步骤计入份额		1 680	720	2 400
产成品总成本	1 920	4 560	2 880	9 360
产成品单位成本	8	19	12	39

根据产品成本计算汇总表,编制本月完工入库的甲产品成本的会计分录如下:

借:库存商品——甲产品　　　　　　　　　　　　　　　　　　9 360

　　贷:生产成本——基本生产成本——第一车间(甲产品)　4 080

——第二车间（甲产品）2 880
——第三车间（甲产品）2 400

（五）平行结转分步法的优、缺点

1. 平行结转分步法的优点

（1）各步骤可以同时计算产品成本，而不必逐步结转半成品成本，简化和加速了成本计算工作。成本项目平行结转汇总，可以正确反映产品成本构成和实际情况。

（2）产品成本是由各步骤的份额平行结转汇总确定的，可以直接了解各步骤成本的增减对产品成本的影响，有利于加强成本分析。

2. 平行结转分步法的缺点

（1）各步骤不计算不结转半成品成本，不能提供各步骤半成品成本资料，不利于考核各步骤生产耗费水平。

（2）半成品的实物转移与费用结转脱节，不利于各生产步骤在产品的实物管理和资金管理。

七、逐步结转分步法与平行结转分步法的区别

（一）适用范围不同

逐步结转分步法适用于：半成品可以加工为不同产品或者有半成品对外销售和需要考核半成品成本的企业，特别是大量大批连续式多步骤生产企业。

平行结转分步法适用于：半成品种类较多，在成本管理上要求分步骤归集费用，但管理上又不要求提供各步骤半成品成本资料的企业，特别是没有半成品对外销售的大量大批装配式多步骤生产的企业。

（二）成本结转方式不同

逐步结转分步法：按步骤顺序计算成本，逐步计算和结转半成品成本，直到最后步骤计算出产成品成本。

平行结转分步法：不需要计算半成品成本，将各步骤应计入相同产成品成本的份额平行汇总，求得产成品成本。各步骤计入产成品成本的份额，可以同时进行计算。

（三）在产品含义不同

逐步结转分步法：月末在产品属于狭义在产品，仅仅指本步骤正在加工的产品。

平行结转分步法：月末在产品属于广义在产品，既包括本步骤正在加工的产品，也包括已经完工交给以后各步骤，但尚未最终完工的半成品。

（四）设置账户的不同

逐步结转分步法：如果半成品通过半成品仓库收发，需要设置"自制半成品"账户。若不通过半成品仓库收发，则不需设置。

平行结转分步法：半成品不论是否通过半成品仓库收发，都不需设置"自制半成品"账户。

项目六
产品成本核算的辅助方法

学习目标

知识目标	技能目标
➢ 了解分类法的概念、特点、适用范围和核算程序	➢ 能使用分类法进行产品成本核算
➢ 了解联产品和副产品的概念	➢ 会联产品和副产品的成本核算
➢ 了解定额法的概念、特点、适用范围和核算程序	➢ 能使用定额法进行产品成本核算
➢ 了解标准成本法的概念、特点、作用、分类以及标准成本制定的程序	➢ 能使用标准成本法进行产品成本核算

案例引入

云南乐橙制皂厂每月在大量生产各类肥皂和香皂的同时,还生产出副产品甘油,采用品种法核算产品成本,制皂过程投入原材料和生产工序基本一致。

(1) 该企业因每月成本核算工作量较大,是否可以采用别的有效核算办法简化成本核算?

(2) 该企业开设的实验生产车间,采用新的标准成本来激励员工,提高了生产效率,降低了不利差异,是否可以将此新标准成本推行于企业全部车间?

(3) 该企业打算推出主打产品,只生产少数生产工艺已较为成熟的优质产品,若主打产品定额消耗较稳定,定额管理制度准备完善,是否可以更换别的成本核算方法?

思维导图

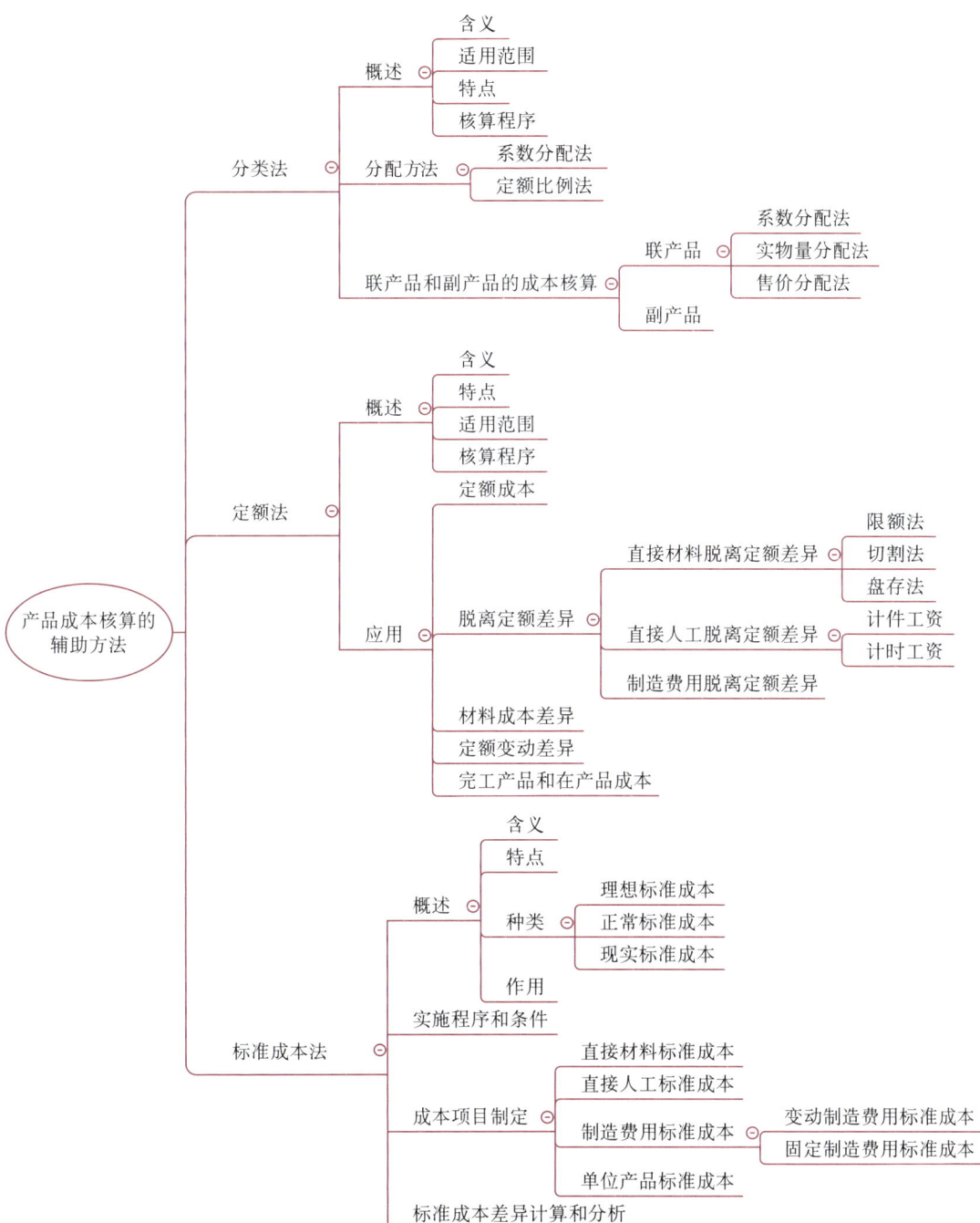

任务一　产品成本核算的分类法

一、分类法概述

(一) 分类法的含义

产品成本核算的分类法，是将企业产品的类别作为成本核算的对象，从而归集产品的成本费用，计算出各类产品的实际成本，再按照一定的分配标准，在类内产品之间进行成本分配，最终计算出类内各产成品成本的一种辅助成本核算的方法。

(二) 分类法的适用范围

分类法一般适用于产品品种规格繁多，产品可按一定的标准划分成若干种类的企业。如制鞋厂生产的产品分为男鞋、女鞋、童鞋三大类产品，其中每一种产品均可按规格再分为若干种产品；服装厂、配件厂、工具厂、食品厂等均属于此类企业。

分类法还适用于生产联产品或副产品的企业进行成本核算。

(三) 分类法的特点

(1) 分类法是将产品的类别作为成本核算对象，归集各类产品的成本费用。其中，直接费用直接计入，间接费用按照一定的分配标准，分配后再计入。

(2) 分类法是产品成本核算的辅助方法，并不能作为一种独立的成本核算方法，必须和成本核算的基本方法相结合。如是大批量生产的企业，需结合品种法或分步法进行成本核算，一般定期在月末进行成本核算；如是单件小批量生产的企业，应与分批法结合使用，成本计算期可不固定，但应与产品生产周期保持一致。

(3) 月末各类产品成本费用总额是否需要在完工产品和月末在产品之间进行分配，需结合所采用的成本核算的基本方法而定。

(四) 分类法的成本核算程序

第一步：根据产品类别的不同，将产品分为若干类，作为成本核算的对象，并开设每类对应产品的成本明细账。

第二步：按照产品类别归集各类产品的成本费用，结合成本核算的基本方法，计算出各类产品的成本。

第三步：选择适当的方法，将各类产品的成本在该类各种不同规格的产品中进行分配，计算类内各产成品的总成本和单位成本。

二、类内各产品成本的分配方法

分类法是根据产品生产的特点，如产品的性质、结构、所耗原料、生产工艺等,将各类产品的总成本在类内各产品之间进行分配的方法。

常用的类内产品成本的分配方法主要有系数分配法和定额比例法两种。

(一) 系数分配法

1. 系数分配法的含义

系数分配法是将分配标准折算为相对固定的系数,再运用固定系数在类内各规格产品中进行各类产品成本核算的一种方法。所以,系数分配法的关键在于确定系数。

2. 系数分配法的计算步骤

(1) 确定分配标准。在选择分配标准时,应重点考虑与产品生产耗费关系密切的项目,可采用产品生产的各类定额消耗量作为分配标准,如材料消耗定额、工资定额、工时定额等;也可以采用产品的经济价值作为标准,如计划成本、定额成本、售价等,也可以采用产品的技术性作为标准,如质量、体积、长度等。

(2) 确定标准产品。一般在类内选择一种产量较大、生产比较稳定或规格适中的产品作为标准产品,将该产品的系数设定为"1"。

(3) 计算类内其他产品的系数。

某产品的系数 = 该单位产品的分配标准 ÷ 单位标准产品的分配标准

(4) 计算类内各产品的标准产量(类内各产品按照系数折算出的相当于标准产品的产量)。

某产品的标准产量 = 该产品的实际产量 × 该产品的系数

(5) 计算全部产品相当于标准产品的总产量,以此为标准分配类内各种产品的成本。

某类产品某项费用的分配率 = 该类产品某成本项目的费用总和 ÷ 类内各产品系数总和

某产品应分配的某项费用 = 该产品的标准产量 × 该类产品某项费用的分配率

(二) 定额比例法

1. 定额比例法的含义

定额比例法是指将计算出的类内产品的总成本,按照类内各产品的定额比例来进行成本费用的分配,从而确定类内每一种产品成本的一种方法。

2. 定额比例法的计算步骤

(1) 计算出类内各产品成本项目的定额消耗量或定额成本。

(2) 计算各成本项目的分配率。

$$\text{直接材料的分配率} = \frac{\text{该类产品直接材料的实际总成本}}{\text{该类内各产品原材料定额消耗量(或定额成本)之和}}$$

$$\text{直接人工(制造费用)的分配率} = \frac{\text{该类产品直接人工(制造费用)的实际总成本}}{\text{该类内各产品工时定额消耗量(或定额成本)之和}}$$

(3) 计算类内各产品的实际成本。

某产品直接材料成本 = 该产品直接材料的定额消耗量（或定额成本）
× 直接材料分配率

某产品直接人工成本 = 该产品直接人工的定额总工时（或定额成本）
× 直接人工分配率

某产品制造费用成本 = 该产品直接人工的定额总工时（或定额成本）
× 制造费用分配率

三、分类法下联产品和副产品的成本核算

（一）联产品的成本核算

1. 联产品的概念

联产品是指企业使用同一原材料在同一生产加工过程中，同时生产出两种或两种以上的用途不同但具有相同地位的主要产品。如炼油厂可以从原油中提炼汽油、柴油、煤油等；奶制品厂可以加工生产出奶油、奶酪、酸奶等。

2. 联产品的特点

联产品因其使用的原料和加工过程相同，因此只能将其作为一类，采用分类法进行成本核算。联产品产生的同一生产加工过程，称为联产过程，联产过程中所产生的成本费用，称为联合成本。联产品的生产主要有两种类型，一是自始至终在同一生产过程中，生产结束后，才分离出联产品即可出售，这样的联合成本就是该联合产品的全部成本，由联产品承担；二是联产品在生产加工过程中，逐步分离，需进一步加工后才可出售，分离出各联产品的生产时点称为"分离点"，这类联产品的成本应包含分离前的成本和分离后的加工成本。

联合成本的计算方法与前述成本核算的基本方法等相同，归集后按照适当的分配标准，分离联合成本，计算出每一种联产品的总成本和单位成本。所以，联产品成本的核算，关键在于将联合成本在各个联产品之间进行合理的分配。

3. 联合成本的分配方法

联产品因其分离时间的不同，核算联合成本也需要考虑三个方面：联产品分离前的成本、分离点联合成本的分配以及分离后加工成本的核算。因此常见的分配方法有系数分配法、实物量分配法和售价分配法三种。

（1）系数分配法。系数分配法是联产品成本核算中最普遍采用的一种方法，是将各种联产品的实际产量按事先制定好的系数折算成标准产量，再进行联合成本分配的方法。其中，系数可以根据联产品的定额成本、售价、质量、体积等制定。计算公式如下：

某联产品的标准产量 = 该联产品的实际产量 × 该联产品的系数

联合成本分配率 = 联合成本 ÷ 各联产品标准产量之和

【例6-1】某企业在同一原料、同一生产加工过程中，生产出A、B、C三种联产品，联产品本月生产的相关资料如表6-1-1所示。

表6-1-1　　　　　　　　　　　　　　　　联产品系数表

产品名称	实际产量/千克	系数
A产品	1 800	0.9
B产品（标准产品）	2 000	1.0
C产品	2 400	1.2

编制该企业本月联合成本计算分配表，如表6-1-2所示。

表6-1-2　　　　　　　　　　　　　　　联产品成本计算表　　　　　　　　　　　金额单位：元

产品名称	实际产品（千克）	系数	标准产量（千克）	联合成本	分配率	应承担的联合成本	单位成本
A产品	1 800	0.9	1 620			15 390	8.55
B产品	2 000	1	2 000			19 000	9.5
C产品	2 400	1.2	2 880			27 360	11.4
合计			6 500	61 750	9.5	61 750	

（2）实物量分配法。联产品的分离点如与联产品的重量、体积、容积等有直接关系，还可使用实物量分配法进行联合成本的分配，如铸造企业或铸造车间等。其计算公式如下：

联合成本分配率＝联合成本÷各联产品实物量之和

【例6-2】某铸造企业生产A、B、C三种配件，本月归集计算的三种联产品的联合总成本为46 250元，A产品产量为820件，B产品370件，C产品660件，计算本月各联产品成本如表6-1-3所示。

表6-1-3　　　　　　　　　　　　　　　联产品成本计算表　　　　　　　　　　　金额单位：元

产品名称	实际产量（件）	联合成本	分配率	应承担的联合成本	单位成本
A产品	820			20 500	25
B产品	370			9 250	25
C产品	660			16 500	25
合计	1 850	46 250	25	46 250	

（3）售价分配法。售价分配法是按联产品销售收入的高低作为分配标准，进行联合成本分配的一种方法。在实际工作中，并不是售价高的产品，成本就一定高，所以选择售价分配法，只能是当其他分配方法不便使用时，才可以选用。其计算公式如下：

联合成本分配率＝联合成本÷各联产品售价之和

【例6-3】某企业生产A、B、C三种联合产品，本月归集计算的三种产品的联合总成本，联产品的产量和售价等资料，以及联合成本分配情况如表6-1-4所示。

表6-1-4　　　　　　　　　　　　　联产品成本计算表　　　　　　　　　　　金额单位：元

产品名称	实际产量（千克）	单位售价	总销售额	联合成本	分配率	应承担的联合成本	单位成本
A产品	350	30	10 500			12 600	36
B产品	240	40	9 600			11 520	48
C产品	170	60	10 200			12 240	72
合计			30 300	36 360	1.2	36 360	

（二）副产品的成本核算

1. 副产品的概念

副产品是指企业在同一生产过程中、生产主要产品时，附带生产出来的一些非主要产品。如制皂厂的甘油，炼油厂的沥青等。

联产品和副产品都是从同一原材料同一生产加工过程生产出来的，它们之间的区别主要是价值，联产品作为主要产品其价值一般较高而副产品一般价值较低，当然，随着生产科技和经济发展，副产品的用途也可能逐渐扩大，发掘潜在的经济价值，从副产品成为联产品。

2. 副产品的特点

副产品随主要产品在同一生产过程中产出，所以很难区分它们共同的生产成本费用，虽然副产品的经济价值较低，但是也具有一定的价值和用途，因此一般不单独核算副产品的成本费用，而是将主、副产品作为一大类，采用分类法来归集成本费用，将联合成本按一定的分配标准，分配给主、副产品。为了简化核算流程，一般是先确定联合成本中比重较小的副产品成本，然后扣除副产品成本，从而确定主要产品的成本。

3. 副产品成本核算方法

副产品根据分离前后的加工情况和价值高低，分为以下几种常见的成本核算方法：

（1）若分离后的副产品不需进一步加工便可出售，且经济价值较小，一般不予计价，不分担分离前的联合成本，直接根据定额成本或计划成本来确定副产品成本。

（2）若分离后的副产品不需进一步加工便可出售，经济价值略高，可以根据"成本＝收入－费用－税金－利润"作为依据，以销售价格作为分配标准，扣除销售费用、销售税金、一定的利润后，确定副产品成本。

（3）若分离后的副产品需要进一步加工，如经济价值低不负担联合成本，可只计算分离后的加工成本（可归属成本）；如经济价值高，则需要承担分离前的联合成本和分离后的加工成本（可归属成本）。

【例6-4】某企业在同一生产过程中，同时生产出A产品一种主要产品，附带生产出B、C两种副产品，根据本月归集核算的联合成本为60 000元，其中直接材料为30 000元，直接人工为20 000元，制造费用为10 000元。B副产品400千克，单位售价为4元，单位税金0.3元，单位销售费用和利润

0.5元，C副产品生产数量及金额较少，不考虑分担联合成本。本月主、副产品成本分摊计算表如表6-1-5所示。

表6-1-5　　　　　　　　　主、副产品成本分摊计算表　　　　　　　　金额单位：元

项目	直接材料	直接人工	制造费用	合计
联合成本	30 000	18 000	12 000	60 000
成本项目比重	50%	30%	20%	100%
B副产品成本	640	384	256	1 280
A主要产品成本	29 360	17 616	11 744	58 720

表6-1-5中各计算如下：

成本项目比重：

直接材料 = 30 000 ÷ 60 000 × 100% = 50%

直接人工 = 18 000 ÷ 60 000 × 100% = 30%

制造费用 = 12 000 ÷ 60 000 × 100% = 20%

B副产品总成本 = (4 - 0.3 - 0.5) × 400 = 1 280（元）

直接材料 = 1 280 × 50% = 640（元）

直接人工 = 1 280 × 30% = 384（元）

制造费用 = 1 280 × 20% = 256（元）

A主要产品成本

直接材料 = 30 000 - 640 = 29 360（元）

直接人工 = 18 000 - 384 = 17 616（元）

制造费用 = 12 000 - 256 = 11 744（元）

【例6-5】 分类法应用举例（采用系数分配法和定额比例法）。

云南彩云食品厂大量生产A、B、C三种产品，因三种产品生产工序和所耗原料均相同，只是规格大小不同，故将该三类产品归为一类，称为甲类产品，采用分类法进行成本核算。因B产品产量较大，相对稳定，将B产品设定为标准产品（即系数为1），甲类产品的成本费用分配标准为：直接材料按各产品原材料费用系数进行分配，系数按原材料定额消耗量来确定，直接人工和制造费用按各产品的定额工时比例进行分配，月末在产品成本按定额成本来核算。

甲类产品2020年4月产品成本费用、产量、原材料消耗定额及工时定额相关材料如表6-1-6、表6-1-7所示。

表6-1-6　　　　　　　　　甲类产品本月产品成本费用表　　　　　　　　金额单位：元

项目	直接材料	直接人工	制造费用	合计
月初在产品成本	3 200	2 800	1 500	7 500
本月成本费用	19 000	8 200	4 300	31 500
月末在产品成本	4 056	1 208	904	6 168

表 6-1-7　　　　　　甲类各产品产量、原材料消耗定额和工时定额表

产品名称	产量（盒）	原材料消耗定额（千克）	单位产品工时定额（小时）
A 产品	260	72	6
B 产品	600	40	4
C 产品	740	24	2

根据上述资料，彩云食品厂本月完工产品成本计算过程如下：

（1）按产品类别设置产品成本计算单，再根据月初在产品成本、本月成本费用和月末在产品成本（即表 6-1-6），计算出甲类产品本月的完工产品成本，并填制产品成本计算单，如表 6-1-8 所示。

表 6-1-8　　　　　　　　　　产品成本计算单

产品类别：甲类　　　　　　　　　2020 年 4 月　　　　　　　　　金额单位：元

项目	直接材料	直接人工	制造费用	合计
月初在产品成本	3 200	2 800	1 500	7 500
本月成本费用	19 000	8 200	4 300	31 500
成本费用合计	22 200	11 000	5 800	39 000
月末完工产品成本	18 144	9 792	4 896	32 832
月末在产品成本	4 056	1 208	904	6 168

（2）根据原材料消耗定额计算原材料费用系数，如表 6-1-9 所示。

表 6-1-9　　　　　　　　　原材料费用系数计算表

2020 年 4 月

产品名称	原材料消耗定额（千克）	原材料费用系数
A 产品	72	1.8
B 产品（标准产品）	40	1.0
C 产品	24	0.6

表中费用系数计算如下：

A 产品原材料费用系数 = 72 ÷ 40 = 1.8

C 产品原材料费用系数 = 24 ÷ 40 = 0.6

（3）分配计算 A、B、C 三种甲类完工产品的总成本和单位成本，如表 6-1-10 所示。

表中各成本费用分配率计算如下：

直接材料分配率 = 18 144 ÷ 1 512 = 12（元/盒）

直接人工分配率 = 9 792 ÷ 5 440 = 1.8（元/小时）

制造费用分配率 = 4 896 ÷ 5 440 = 0.9（元/小时）

（4）根据产品成本计算单和产品完工入库单，编制甲类各产品完工入库的会计分录。

表 6-1-10　　　　　　　　　　　　甲类各产品成本计算表

2020 年 4 月　　　　　　　　　　　　　　金额单位：元

项目	产量（盒）①	原材料费用系数②	原材料总系数（标准产量）③=①×②	单位产品工时定额④	总工时定额⑤=①×④	总成本				单位成本⑩=⑨÷①
						直接材料⑥=③×分配率	直接人工⑦=⑤×分配率	制造费用⑧=⑤×分配率	合计⑨=⑥+⑦+⑧	
分配率						12	1.8	0.9		
A 产品	260	1.8	468	6	1 560	5 616	2 808	1 404	9 828	37.8
B 产品	600	1.0	600	4	2 400	7 200	4 320	2 160	13 680	22.8
C 产品	740	0.6	444	2	1 480	5 328	2 664	1 332	9 324	12.6
合计			1 512		5 440	18 144	9 792	4 896	32 832	

借：库存商品——A 产品　　　　　　　　　　　　9 828
　　　　　　——B 产品　　　　　　　　　　　　13 680
　　　　　　——C 产品　　　　　　　　　　　　9 324
　　贷：生产成本——基本生产成本——甲类产品　　32 832

> **课堂讨论**
> 1. 分类法的特点和适用范围是什么？
> 2. 分类法下类内各产品成本的核算方法有哪些？适用条件是什么？
> 3. 联产品和副产品的特点是什么？
> 4. 副产品的成本计价方法有哪些？分别适用于什么情况？
> 5. 分类法的优、缺点是什么？

任务二　产品成本核算的定额法

一、定额法概述

（一）定额法的含义

产品成本核算的定额法，是以产品作为成本核算的对象，再以完工产品的定额成本为基础，加上或减去脱离定额差异以及定额变动差异，从而计算出各类产品实际成本的一种辅助成本核算方法。

（二）定额法的特点

（1）产品成本核算的定额法，其实是通过成本核算来对产品进行成本控制的一种方法，在定额法下，方便掌握产品实际成本费用和脱离定额差异的情况，通过分析差异产生的原因，及时采取措施，消除不利差异，控制成本，有效防止浪费和损失。

（2）定额法通过制定产品生产前的消耗定额、费用定额和定额成本作为降低成本的目标，对产品成本进行事前控制；然后在费用成本发生时，将符合定额的成本费用和发生的定额差异分别进行核算、分析和控制；月末在定额成本的基础上加减各种成本差异，计算出产品的实际成本，为产品成本的考核和分析提供相关数据。

（3）定额法不能作为一种独立的成本核算方法，在进行成本核算时，仍需与成本核算的三种基本方法相结合。

（三）定额法的适用范围

定额法适用于定额管理制度较为完善，消耗定额较为准确、稳定，生产产品品种较少，规格、型号、生产工艺较为固定的企业。

（四）定额法的核算程序

（1）结合成本核算的基本方法确定成本核算的对象，如产品品种、批别、加工步骤等，设置对应成本费用的明细账（或成本计算单），账内按成本项目设置定额成本、脱离定额差异、定额变动差异、材料成本差异等。其他明细账的设置则参照成本核算的基本方法。

（2）以现行消耗定额和费用定额为依据，根据产品的实际产量，制定产品的定额成本，作为降低产品成本、节约成本费用的目标方向。

（3）如月初进行生产耗费的消耗定额或计划价格的修订，还要计算月初的定额变动差异，并调整月初在产品的定额成本。

（4）根据各成本项目的脱离定额差异凭证，汇总计算产品的脱离定额差异，计入成本费用明细账（或成本计算单）。

（5）在定额法下，材料一般是按计划成本计算的，便于对消耗定额进行监督考核，所以月末还需根据材料成本差异率，计算材料成本差异。

（6）月末，企业应将月初结转和本月发生的脱离定额差异和定额变动差异分别汇总，根据完工产品入库单，按成本项目计算完工产品成本和应负担的差异，最终求得完工产品的实际总成本和单位成本。

所以在定额法下进行产品成本核算的计算公式可以归纳为：

产品的实际成本 = 定额成本 ± 脱离定额差异 ± 材料成本差异 ± 定额变动差异

二、定额法在产品成本核算中的应用

（一）定额成本的核算

定额成本是根据企业现行的消耗定额和单位计划成本制定的，制定的定额成本所用的成本项目应与核算产品实际成本的成本项目相同，才能进行比较，以便尽快揭示实际成本脱离定额的差异，所以应当设置直接材料、直接人工的消耗定额和制造费用的费用定额。计算公式如下：

单位产品直接材料定额成本 = 单位产品原材料消耗定额 × 原材料计划单价

单位产品直接人工定额成本 = 单位产品生产工时定额 × 工人工资计

划单价

单位产品制造费用定额成本 = 单位产品生产工时定额 × 制造费用计划单价

单位产品的定额成本 = 直接材料定额成本 + 直接人工定额成本 + 制造费用定额成本

其中,生产工人工资计划单价也称为计划工资率,制造费用计划单价也称为计划费用率。

根据上述单位产品定额成本,再乘以产品实际产量即可计算出某产品的定额总成本。

在定额成本的计算中,一般通过编制"定额成本计算表"来进行。定额成本计算表的编制与产品结构、所用零部件的多少等因素有关。当企业生产的产品零部件不多时,可先编制零件的定额成本,再编制部件的定额成本,最终汇总编制完整产品的定额成本;如果产品生产零部件繁多,可不编制零件的定额成本,直接编制部件的定额成本,最终汇总编制产品的定额成本。在编制时,要注意定额成本和计划成本所包含的项目应该保持一致。

任务实施

【例 6 - 6】某企业生产 M 产品,该产品由 A、B 两种部件构成,其中 A 部件又由 A1、A2、A3 三种零件组成,其中 A1 零件定额成本计算表如表 6 - 2 - 1 所示。

表 6 - 2 - 1　　　　　　　　　A1 零件定额成本计算表

零件名称:A1　　　　　　　　　　　　　　　　　　　　　　　　　金额单位:元

材料名称	材料定额	材料计划单价	材料定额成本	工序	工时定额	工资计划单价	工资定额成本	制造费用计划单价	制造费用定额成本
甲材料	10	8	80	1	4	5	20	2	8
乙材料	12	5	60	2	2	3	6	1	2
丙材料	20	2	40	3	5	2	10	1	5
合计			180				36		15

A2 和 A3 零件成本计算表略。根据三种零件的定额成本计算表,现编制 A 部件的定额成本计算表,如表 6 - 2 - 2 所示。

表 6 - 2 - 2　　　　　　　　　部件定额成本汇总表

部件名称:A 部件　　　　　　　　　　　　　　　　　　　　　　　金额单位:元

零件名称	材料定额成本	工资定额成本	制造费用定额成本	定额成本合计
A1	180	36	15	231
A2	200	18	20	238
A3	120	40	8	168
合计	500	94	43	637

B 部件的定额成本计算表略，现将 A、B 两个部件的定额成本计算表汇总，编制 M 产品的定额成本计算表，如表 6-2-3 所示。

表 6-2-3　　　　　　　　　　　　产品定额成本计算表

产品名称：M 产品　　　　　　　　　　　　　　　　　　　　　　　　　　金额单位：元

产品名称	材料定额成本	工资定额成本	制造费用定额成本	定额成本合计
A 产品	500	94	43	637
B 产品	260	108	66	434
合计	760	202	109	1 071

假定本月 M 产品实际完工 400 件，M 产品的定额总成本应为 428 400 元。

（二）脱离定额差异的核算

在定额法中，是以产品定额成本作为核算基础的，而生产过程中的实际成本与定额成本之间的差异，被称为脱离定额差异，脱离定额差异在很大程度上反映了企业各项成本费用产生的合理情况以及现行定额的执行情况，以便更好地监督和控制成本费用发生，防止费用超支、浪费和损失。

在产生成本费用后，应将符合定额的费用成本填制定额凭证；脱离定额的差异填制差异凭证，并在相关明细账和费用成本分配表中进行登记。

脱离定额差异的核算一般是按成本核算项目来进行的。

1. 直接材料脱离定额差异的核算

直接材料脱离定额差异核算的常见方法有三种：限额法、切割法和盘存法。

（1）限额法。在定额法下，原材料应该实行限额领料（或定额发料）制度，符合定额的原材料应根据限额领料单等定额凭证领发，由于产量增加而引起的用料增加，在追加限额手续后，也可以根据定额凭证领发。由于其他原因发生的超额用料或代用材料，则应填制专设的超额领料单、代用材料领料单等差异凭证，经过一定的审批手续后领发。为了减少凭证种类，差异凭证也可以用普通领料单替代，但应以不同颜色或加盖专用的戳记以示区别。

每批生产任务完成后，应根据车间余料编制退料手续，退料单也是一种差异凭证，退料单中的原材料数额和限额领料单中的原材料余额，都是原材料脱离定额的节约差异。

月末，根据限额领料单和各种差异凭证进行汇总，计算直接材料脱离定额差异，编制直接材料定额费用和脱离定额差异汇总表，并注明差异原因。计算公式如下：

某产品直接材料定额差异 =（该产品材料实际耗用量 − 该产品材料定额耗用量）× 材料计划单价

材料实际耗用量 = 本期领用 + 期初余料 − 期末余料

材料定额耗用量 = 产品材料消耗定额 × 产品产量

【例 6 – 7】 某企业本月的计划生产产品数量 800 件,限额领料单规定每件产品的原材料消耗定额为 4 千克,领料单的限额为 3 200 千克,本月实际领料 3 000 千克,少领 200 千克。材料计划单价 10 元/千克。

现有三种情况:

第一种情况:若本期实际产量与计划产量相同,且期初、期末均无余料。

产品直接材料定额差异 = 200×10 = 2 000(元)

第二种情况:若本期实际产量与计划产量相同,但期初余料为 80 千克,期末余料为 50 千克。

材料定额耗用量 = 4×800 = 3 200(千克)

材料实际耗用量 = 3 000 + 80 - 50 = 3 030(千克)

产品直接材料定额差异 = (3 030 - 3 200)×4 = -680(元)(节约差异)

第三种情况:若本期实际产量为 730 件,车间期初余料为 40 千克,期末余料为 70 千克。

材料定额耗用量 = 730×4 = 2 920(千克)

材料实际耗用量 = 3 000 + 40 - 70 = 2 970(千克)

产品直接材料定额差异 = (2 970 - 2 920)×4 = 200(元)(超支差异)

(2)切割法。对于需要进行切割才能进一步加工使用的材料,如棒材、板材等,可以通过填制材料切割核算单来核算材料脱离定额差异,以便控制用料。

材料切割单应根据切割材料的批别来设立,单上应详细标明送交切割的材料种类、数量、成材率、消耗定额、应切割的毛坯数等数据。材料切割完毕后,根据实际切割的毛坯数乘以消耗定额计算出材料定额耗用量,再与材料实际耗用量相比较,确定材料的脱离定额差异。材料定额耗用量、材料脱离定额差异和差异发生的原因均应填入材料切割单中。

切割法能够及时反映材料的耗用情况,以便加强控制管理,但切割单的填制工作量较大,因而适用于按批核算材料定额差异的一些贵重材料。

【例 6 – 8】 某钢材厂领用原材料 900 千克,切割成零件毛坯 200 个,每个零件材料消耗定额为 4 千克,每千克材料计划单价为 2 元。

材料定额耗用量 = 4×200 = 800(千克)

产品直接材料定额差异 = (900 - 800)×2 = 200(元)(超支差异)

(3)盘存法。若企业大量生产产品,不能采用切割法来按批进行原材料脱离定额差异的核算,除仍需使用限额领料单、超额领料单和退料单等差异凭证外,还应定期按盘存的方法进行定额差异的核算。

盘存法一般适用于原材料在产品生产时一次性全部投入的情况。计算公式如下:

本期产品实际投产量 = 本期完工产品量 + 期末在产品的量 - 期初在产品的量

材料定额耗用量 = 产品实际投产量 × 材料消耗定额

某产品直接材料定额差异 =（该产品材料实际耗用量 - 该产品材料定额耗用量）× 材料计划单价

【例6-9】某工厂生产甲产品，原材料在生产开始时一次性投入，生产单位甲产品所需 A 材料的材料消耗定额为 20 千克，A 材料的计划单价为 8 元。甲产品月初在产品 50 件，本期完工产品入库 1 000 件，月末通过实地盘点法确定在产品为 100 件，根据限额领料单记录，本期甲产品领用 A 材料为 20 000 千克，通过车间材料盘存单，A 材料车间期初余料为 1 200 千克，期末余料为 3 000 千克。材料脱离定额的差异可以计算如下：

本期甲产品实际投产量 = 1 000 + 50 - 100 = 950（件）
A 材料定额耗用量 = 20 × 950 = 19 000（千克）
A 材料实际消耗量 = 20 000 + 1 200 - 3 000 = 18 200（千克）
甲产品直接材料脱离定额差异 = 8 ×（18 200 - 19 000）
= - 6 400（元）（节约差异）

2. 直接人工脱离定额差异的核算

直接人工脱离定额差异的核算，主要是通过核算实际生产工时和定额工时之间的差异来进行，通过考核工时消耗定额的执行情况，提高劳动生产率，降低单位产品的人工费用。

在计时工资和计件工资两种不同的工资制度下，直接人工脱离定额的差异也分为两种对应的情况。

（1）计件工资。在计件工资制度下，可按产品分别计算，工资费用可以直接计入费用成本，因此其计算方法可参照直接材料脱离定额差异的计算方法，通过专设工资补付单等差异凭证，及时反映和控制直接人工脱离定额的差异，同时注明产生差异的原因，据以按程序计发工资。

（2）计时工资。在计时工资制度下，不能按产品分别计算，需在月末确定实际工资总额后，才能按下列公式进行核算：

$$\text{计划单位小时工资} = \frac{\text{某车间计划产量的定额工资总额}}{\text{该车间计划产量的定额生产工时总额}}$$

$$\text{实际单位小时工资} = \frac{\text{该车间实际工资总额}}{\text{该车间实际生产工时总数}}$$

$$\text{某产品的定额直接人工} = \frac{\text{该产品实际产量}}{\text{的定额生产工时}} \times \text{计划单位小时工资}$$

$$\text{某产品的实际直接人工} = \frac{\text{该产品实际产量}}{\text{的实际生产工时}} \times \text{实际单位小时工资}$$

$$\text{某产品直接人工脱离定额的差异} = \text{该产品实际直接人工} - \text{该产品定额直接人工}$$

【例6-10】某企业 M 车间生产甲、乙两种产品，M 车间 10 月计划产量的生产工人定额工资总额为 46 000 元，计划产量的定额生产工时为 20 000 小时，本月实际发生生产工人工资总额为 45 000 元，实际耗用工时总数 25 000

小时，其中甲产品10月定额工时为1 230小时，实际生产工时为1 090小时，求该企业生产甲产品的直接人工脱离定额的差异。

计划单位小时工资 = 46 000 ÷ 20 000 = 2.3（元）
实际单位小时工资 = 45 000 ÷ 25 000 = 1.8（元）
甲产品的定额直接人工 = 1 230 × 2.3 = 2 829（元）
甲产品的实际直接人工 = 1 090 × 1.8 = 1 962（元）
甲产品直接人工脱离定额的差异 = 1 962 - 2 829
                        = -867（元）（节约差异）

不论采用哪一种工资制度进行直接人工脱离定额差异的核算，都应该根据资料，汇总编制定额工资和脱离定额差异汇总表，用以考核和分析各产品工资定额的执行情况，以便加强成本监督和控制，有效降低单位产品直接人工费用。

3. 制造费用脱离定额差异的核算

制造费用用来核算车间或分厂为组织和管理生产而发生的各项间接生产费用，只能在月末通过分配计入产品的成本费用，所以无法在日常核算中按产品来核算制造费用脱离定额的差异。因此应定期按车间、部门、班组制订费用计划，再按照费用的发生地点和费用项目，来确定脱离定额差异，同时应编制制造费用定额和脱离定额差异汇总表，以便对制造费用进行监督和控制。

月末根据产品生产的定额工时和实际工时来确定脱离定额差异，因此与直接人工脱离定额差异的计算方法一致。

【例6-11】承例6-10资料所示，M车间10月生产甲产品的制造费用计划单价为0.8元，本月M车间实际发生制造费用17 600元，计算10月甲产品制造费用脱离定额的差异。

甲产品的定额制造费用 = 20 000 × 0.8 = 16 000（元）
甲产品制造费用的脱离定额差异 = 17 600 - 16 000
                          = 1 600（元）（超支差异）

（三）材料成本差异的核算

在定额法下，原材料一般是按计划成本计价来完成日常核算的，原材料脱离定额差异是按计划单价来反映的消耗量上的差异（即量差），其金额为材料消耗量差异与计划单位成本的乘积，没有包含价格变动引起差异的因素。因此，在月末计算产品的实际直接材料成本时，需将耗用原材料应分摊的材料成本差异（即价差）考虑进去。其计算公式如下：

$$\text{某产品应分配的材料成本差异额} = \left(\text{该产品的直接材料定额费用} \pm \text{直接材料脱离定额差异}\right) \times \text{材料成本差异率}$$

【例6-12】承例6-11，生产甲产品需耗用A、B两种材料，10月A材料定额成本为32 000元，脱离定额差异为-4 000元，A材料成本差异率为2%，B材料定额成本为16 000元，脱离定额差异为2 000元，B材料成本差

异率为 -1%，求甲产品的材料成本差异额。

A 材料应分配的材料成本差异额 =（32 000 - 4 000）× 2% = 560（元）

B 材料应分配的材料成本差异额 =（16 000 + 2 000）× -1%
= -180（元）

甲产品应分配的材料成本差异额 = 560 - 180 = 380（元）

（四）定额变动差异的核算

定额变动差异是指由于修订消耗定额或生产耗费的计划价格而产生的新定额和旧定额之间的差异额。

随着生产技术和科学技术等方面的提升，企业各项消耗定额、生产耗费的计划价格也会随之改变，当消耗定额或计划价格修订后，应及时修订定额成本，以确保各项定额能够准确有效地对生产活动进行控制和监督。

消耗定额一般在期初（月初、季初、年初）进行修订，因月初在产品的定额仍是按旧定额核算，所以在月初修订定额时，应将月初在产品的定额成本从旧定额调整为新定额，同时计算出月初在产品的定额变动差异，计算公式如下：

月初在产品定额变动差异 =（新定额 - 旧定额）× 月初在产品中定额变动的零部件数量

若结果为负数则表示定额降低，应从月初产品定额中扣减；若结果为正数则表示定额增加，应加入月初产品定额。

为了简化计算，也可按单位产品费用的折算系数来进行核算，其计算公式如下：

定额变动系数 = 按新定额计算的单位产品成本 ÷ 按旧定额计算的单位产品成本

月初在产品定额变动差异 = 按旧定额计算的月初在产品成本 ×（1 - 定额变动系数）

【例 6-13】生产甲产品的 × 配件从本月 1 日起执行新的直接材料消耗定额，单位产品的旧定额为 14 元，修订为新定额的 11.2 元，该产品月初在产品按旧定额确定的直接材料定额费用为 23 000 元。月初在产品定额变动差异为：

定额变动系数 = 11.2 ÷ 14 = 0.8

甲产品的定额变动差异 = 23 000 ×（1 - 0.8）= 4 600（元）

（五）完工产品和在产品成本的核算

在定额成本法下，产品实际成本的日常核算是按产品的定额成本和成本差异来分别进行的，先计算完工产品和月末在产品的定额成本，分别填制各产品的成本计算单和各成本费用的分配汇总表，将各种成本差异在完工产品和月末在产品之间进行分配。

若定额差异变动金额较小，可以全部由完工产品负担；若定额差异变动较大，则应由完工产品和在产品分配后共同承担。其中各产品应负担的材料成本差异，一般由完工产品负担，月末在产品不再负担。

计算公式如下：

产品实际成本 = 定额成本 ± 脱离定额差异 ± 材料成本差异 ± 定额变动差异

【例 6 - 14】定额法的应用案例。

云南乐心玻璃厂采用定额法进行甲产品的成本核算，2020 年 4 月甲产品的生产情况如表 6-2-4、表 6-2-5 所示。

表 6-2-4　　　　　　　　　　　　　产品记录单

产品名称：甲产品　　　　　　　　　2020 年 4 月　　　　　　　　　　　　　　单位：件

月初在产品数量	本月投产数量	本月完工产品数量	月末在产品
30	100	90	50

表 6-2-5　　　　　　　　　　　　　定额成本汇总表

产品名称：甲产品　　　　　　　　　2020 年 4 月　　　　　　　　　　　　金额单位：元

项目	计划单价	单位产品消耗定额		单位定额成本		单位成本定额变动差异	
		3 月	4 月	3 月	4 月	数量	金额
直接材料	4	100 千克	93 千克	400	372	-7 千克	-28
直接人工	3	80 小时	80 小时	240	240		
制造费用	2	80 小时	80 小时	160	160		
合计				800	772	-7 千克	-28

4 月乐心玻璃厂的其他相关资料如下：

(1) 原材料为生产开始时一次性投入，在产品完工率为 50%。

(2) 月初在产品脱离定额差异为 380 元，其中直接材料 330 元，直接人工 -20 元，制造费用 70 元。

(3) 根据限额领料单所列，4 月实际领用原材料 36 800 元，实际工时工资为 24 300 元，实际制造费用 15 500 元。

(4) 直接材料成本差异率为 -2%，由完工产品全部承担。

现编制 A 产品完工产品成本计算单如表 6-2-6 所示。

表 6-2-6　　　　　　　　　　　　　完工产品成本计算表

产品名称：甲产品　　　　　　　　　2020 年 4 月　　　　　　　　　　　　金额单位：元

成本项目			直接材料	直接人工	制造费用	合计
月初在产品定额成本	定额成本	(1)	12 000	3 600	2 400	18 000
	脱离定额差异	(2)	330	-20	70	380
	定额成本调整	(3)	-840			-840
	定额变动差异	(4)	840			840

续表

成本项目			直接材料	直接人工	制造费用	合计
本月产品成本费用	定额成本	(5)	37 200	24 000	16 000	77 200
	脱离定额差异	(6)	-400	300	200	100
	材料成本差异	(7)	-736			-736
本月产品成本费用合计	定额成本	(8)	48 360	27 600	18 400	94 360
	脱离定额差异	(9)	-70	280	270	480
	材料成本差异	(10)	-736			-736
	定额变动差异	(11)	840			840
脱离定额差异分配率		(12)	-0.14%	1.01%	1.47%	
完工产品成本	定额成本	(13)	33 480	21 600	14 400	69 480
	脱离定额差异	(14)	-47	218	212	383
	材料成本差异	(15)	-736			-736
	定额变动差异	(16)	840			840
	实际成本	(17)	33 537	21 818	14 612	69 967
月末在产品成本	定额成本	(18)	14 880	6 000	4 000	24 880
	脱离定额差异	(19)	-23	62	58	97

表中各项目计算如下:

1. 月初在产品

(1) 定额成本。

直接材料 = 400 × 30 = 12 000 (元)

直接人工 = 240 × 30 × 50% = 3 600 (元)

制造费用 = 160 × 30 × 50% = 2 400 (元)

(2) 脱离定额差异根据材料填列。

(3) 定额成本调整参照 (4)。

(4) 定额变动差异。

定额变动系数 = 372 ÷ 400 = 0.93

定额变动差异 = 400 × (1 - 0.93) × 30 = 840 (元)

2. 本月产品成本费用

(5) 定额成本。

直接材料 = 100 × 372 = 37 200 (元)

直接人工 = 100 × 240 = 24 000 (元)

制造费用 = 100 × 160 = 16 000 (元)

(6) 脱离定额差异。

直接材料 = 36 800 - 37 200 = -400 (元)

直接人工 = 24 300 - 24 000 = 300 (元)

制造费用 = 15 800 - 16 000 = 200 (元)

（7）材料成本差异 =（37 200 – 400）× –2% = –736（元）
3. 本月产品成本费用合计
（8） = （1） + （3） + （5）
直接材料 = 12 000 – 840 + 37 200 = 48 360（元）
直接人工 = 3 600 + 24 000 = 27 600（元）
制造费用 = 2 400 + 16 000 = 18 400（元）
（9） = （2） + （6）
直接材料 = 330 – 400 = –70（元）
直接人工 = –20 + 300 = 280（元）
制造费用 = 70 + 200 = 270（元）
（10） = （7）
（11） = （4）
4. 脱离定额差异分配率
（12） = （9） ÷ （8）
直接材料 = –70 ÷ 48 360 × 100% = –0.14%
直接人工 = 280 ÷ 27 600 × 100% = 1.01%
制造费用 = 270 ÷ 18 400 × 100% = 1.47%
5. 完工产品成本
（13）定额成本根据表 6 – 2 – 4、表 6 – 2 – 5 填制。
直接材料 = 372 × 90 = 33 480（元）
直接人工 = 240 × 90 = 21 600（元）
制造费用 = 160 × 90 = 14 400（元）
（14） = （12） × （13）
直接材料 = –0.14% × 33 480 = –47（元）
直接人工 = 1.01% × 21 600 = 218（元）
制造费用 = 1.47% × 14 400 = 212（元）
（15） = （10）
（16） = （11）
（17） = （13） + （14） + （15） + （16）
直接材料 = 33 480 – 47 – 736 + 840 = 33 537（元）
直接人工 = 21 600 + 218 = 21 818（元）
制造费用 = 14 400 + 212 = 14 612（元）
6. 月末在产品成本
（18） = （8） – （13）
直接材料 = 48 360 – 33 480 = 14 880（元）
直接人工 = 27 600 – 21 600 = 6 000（元）
制造费用 = 18 400 – 14 400 = 4 000（元）
（19） = （9） – （14）

直接材料 = -70 - (-47) = -23（元）
直接人工 = 280 - 218 = 62（元）
制造费用 = 270 - 212 = 58（元）

> **课堂讨论**
> 1. 定额法核算成本的特点是什么？
> 2. 定额成本应该如何制定？
> 3. 定额差异如何进行核算？
> 4. 定额差异和定额变动差异有什么不同？
> 5. 材料成本差异如何影响定额成本？
> 6. 定额法的优、缺点分别是什么？

任务三 产品成本核算的标准成本法

一、标准成本法概述

（一）标准成本法的含义

标准成本法是通过制定标准成本，将标准成本与实际成本进行比较，核算和分析成本差异的一种成本核算方法，也是加强成本控制、评价和考核经营业绩的一种成本控制制度。

（二）标准成本法的特点

标准成本法的核心是按标准成本和脱离标准成本的差异来记录和反映产品成本的形成和结果，以便实施成本控制，其主要特点有：

（1）标准成本法可以起到事前控制的作用，通过预先制定各成本项目的标准成本，激发员工工作效能，尽可能地达到标准成本的要求，标准成本可作为企业员工工作的要求和目标，也可以衡量实际成本超支或节约的尺度。

（2）标准成本法可以加强成本的事中控制，标准成本法的重点就在于进行成本的事中控制，将标准成本和实际成本进行比较，及时检查发现差异以及产生差异的原因，通过分析原因，不断巩固有利差异，减少不利差异，从而达到有效控制成本的目的。

（3）标准成本法可以实现事后控制，标准成本执行的结果，应及时分析和总结，对实际成本和标准成本之间的差异进行客观的分析，找出产生差距的原因，针对问题采取有效措施，在下一阶段生产中，有效控制成本，实现成本的事后控制。

由此可见，标准成本法是成本核算和成本控制的结合，包含了标准成本制定、成本差异计算分析和成本差异处理三个主要环节。

（三）标准成本法的种类

标准成本的种类很多，常见的有以下三种：

1. 理想标准成本

理想标准成本是指以现有生产经营水平处于最佳状态为标准，确定出的最低水平的生产成本，它需要员工在最佳状态下尽最大努力才能实现，忽略了一些客观存在的实际情况，对员工具有激励性，但因提出要求过高，较难实现，所以在实际工作中较少采用。

2. 正常标准成本

正常标准成本是指在正常的生产经营水平、工作效率、耗用水平和价格等基础上制定的标准成本，它反映的是企业较长一段时间经营的整体平均数据，是一种过去的平均水平，不能完全反映目前的实际水平。在生产技术和经营管理条件变动不大的情况下，它是一种可以较长时间采用的标准成本。

3. 现实标准成本

现实标准成本是指根据现在采用的价格水平、生产耗用量以及生产经营水平等标准而制定的、在现有生产条件下应该达到的成本水平，又称为可达到标准成本。现实标准成本被认为较接近实际成本，也较切实可行，能较大程度地激励员工达到所制定的标准，并为管理层提供较真实的考核标准。现实标准成本与正常标准成本不同的是，它需要根据实际情况的变化而不断及时修改标准。

（四）标准成本法的作用

（1）标准成本是有效控制成本的依据，是对实际情况分析调查后根据科学的方法制定的，更具客观性和科学性，通过不断分析和核算差异，采取有效措施，消除不利差异，有效进行成本控制。

（2）标准成本有助于推行责任会计，它不仅是成本预算和成本控制的依据，也是考核和分析差异产生的责任归属的依据，更有利于正确的评价经营业绩。

（3）标准成本是企业经营决策的依据，它代表了成本要素的最合理近似值，所以可以作为投资决策和价格决策的依据。

（4）标准成本可以简化存货的计价以及成本核算的账务处理工作。在标准成本下，原材料、在产品、产成品均以标准成本计价，产生的差异均由发生期负担，简化了核算的工作量。

二、标准成本法的实施程序和条件
（一）实施程序

（1）制定单位产品标准成本。
（2）计算实际产品的标准产品成本（实际产量×单位产品标准成本）。
（3）计算实际成本。
（4）计算标准成本差异。

（5）分析成本差异产生的原因，进行标准成本和成本差异的账务处理。

本任务重点讲解产品标准成本的制定和标准成本差异的核算。

（二）实施条件

（1）需完善各项成本管理的基础工作，在标准制定之前，需要准备大量材料，资料管理和准备较为完善的企业实施性较大。

（2）需要健全的管理组织制度，因标准成本实施工作比较繁多，只有组织有效保障，才能确保各项工作有效开展。

（3）需树立成本意识，因标准成本实施需全体员工共同参与，所以无论是管理者还是普通员工，都需要对成本控制有较强的意识和配合度。

因此，标准成本只适用于管理水平较高的大批量生产的企业。

三、标准成本各成本项目的制定

标准成本的制定一般要通过会计部门、采购部门、技术部门和有关经营管理部门，对企业生产经营的具体情况进行分析、研究和技术测定之后共同联合制定。

产品成本先确定直接材料、直接人工的标准成本，再确定制造费用的标准成本，无论哪一种成本项目，都需要分别确定其用量标准和价格标准，两者相乘后计算出标准成本。即：

某项目的标准成本 = 用量标准 × 价格标准

（一）直接材料标准成本的制定

（1）直接材料用量标准是指单位产品的材料消耗定额，在现有生产技术水平下，生产单位产品所需耗用的材料量。除了包含必要消耗外，还应该包括各类难以避免的损失。

（2）直接材料价格标准可以参考现行价格、正常价格或固定价格等，现行价格还应该预计未来材料的进价成本及趋势，买价、运杂费、合理损耗、挑选整理费等，以及批量购买享受的优惠、供货商的报价及购货协议签订等。

（3）计算公式。

直接材料标准成本 = 直接材料用量标准 × 直接材料价格标准

【例 6 - 15】某企业生产 X 产品，耗用 A、B 两种材料，采用标准成本法进行核算，现编制 X 产品单位产品直接材料标准成本如表 6 - 3 - 1 所示。

表 6 - 3 - 1　　　　　　　　　　直接材料标准成本计算表

产品名称：X 产品　　　　　　　　　　　　　　　　　　　　　　　　　　金额单位：元

项目	A 材料	B 材料
单位产品耗用量（千克）	6.0	8
材料正常损耗（千克）	0.7	1
材料非正常损耗（千克）	0.3	—
用量标准（千克）	7.0	9

续表

项目	A 材料	B 材料
发票单价(元/千克)	35	42
采购费用(元/千克)	3	4
价格标准(元/千克)	38	46
直接材料标准成本	266	414
单位产品直接材料标准成本	680	

(二) 直接人工标准成本的制定

(1) 直接人工标准成本的用量标准,就是单位产品的标准人工工时。现有生产技术水平和管理情况下,生产单位产品所需要的时间,包括必要的间歇和停工时间以及不可避免的废品所耗用的时间等。

(2) 直接人工标准成本的价格标准,一般是按标准工资率,即每一标准工时应分配的工资数额。它可以是正常工资率,也可能是预定工资率,根据计时或计件工资来确定。

(3) 计算公式。

直接人工标准成本 = 直接人工标准工时 × 直接人工标准工资率

【例 6-16】承例 6-15,某公司生产 X 产品有两道工序,本月直接人工标准成本计算表如表 6-3-2 所示。

表 6-3-2　　　　　　　直接人工标准成本计算表　　　　　　金额单位:元

项目	工序一	工序二
月标准总工时(小时)	18 000	24 000
月标准工资总额	270 000	144 000
标准工资率(元/小时)	15	6
单位产品直接耗用工时(小时)	5	2.5
车间休息时间(小时)	0.68	0.5
设备维护停工时间(小时)	0.32	
单位产品标准工时(小时)	6	3
直接人工标准成本	90	18
单位产品直接人工标准成本	108	

(三) 制造费用标准成本的制定

制造费用标准成本的制定分为变动制造费用标准成本和固定制造费用标准成本两种。

1. 变动制造费用标准成本的制定

(1) 变动制造费用的用量标准,一般是采用单位产品直接人工工时标准,也有企业采用机器工时或其他用量作为标准,都应尽可能与变动制造费用保持较好的线性关系。

(2) 变动制造费用的价格标准是每一工时变动制造费用的标准分配率,

它根据变动制造费用预算和直接人工总工时计算求得。

(3) 计算公式。

变动制造费用标准成本 = 单位产品直接人工工时标准 × 变动制造费用标准分配率

变动制造费用标准分配率 = 变动制造费用预算总额 ÷ 直接人工标准总工时

2. 固定制造费用标准成本的制定

(1) 固定制造费用的用量标准与变动制造费用的用量准备基本相同。

(2) 固定制造费用的价格标准是其标准分配率,根据固定制造费用预算和直接人工标准总工时来计算求得。

(3) 计算公式。

固定制造费用标准成本 = 单位产品直接人工工时标准 × 固定制造费用标准分配率

固定制造费用标准分配率 = 固定制造费用预算总额 ÷ 直接人工标准总工时

【例 6 - 17】承例 6 - 16,某公司生产 X 产品,单位产品的制造费用标准成本计算如表 6 - 3 - 3 所示。

表 6 - 3 - 3　　　　　　　　单位产品制造费用标准成本计算表

项目	标准
月标准总工时	12 000 小时
变动制造费用预算总额	36 000 元
变动制造费用标准分配率	3 元/小时
单位产品工时标准	9 小时
变动制造费用标准成本	27 元
固定制造费用预算总额	24 000 元
固定制造费用标准分配率	2 元/小时
固定制造费用标准成本	18 元
单位产品制造费用标准成本	45 元

(四) 单位产品标准成本的制定

单位产品标准成本就是由直接材料、直接人工和制造费用的标准成本共同组成的。计算公式为:

单位产品的标准成本 = 直接材料标准成本 + 直接人工标准成本 + 制造费用标准成本

企业一般通过编制单位产品标准成本卡来汇总单位产品的标准成本,将标准成本卡送达各有关部门,作为领发材料、分配员工工资和其他费用支出的依据。

【例 6 - 18】根据上例的资料,现将某企业生产 X 产品的单位产品标准成本资料汇总如表6-3-4所示。

表6-3-4　　　　　　　　　　　　单位产品标准成本卡

产品名称：X产品　　　　　　　　　　　　　　　　　　　　　　　　　　　　金额单位：元

成本项目		用量标准	价格标准	单位产品标准成本
直接材料	A材料	7千克	38元/千克	266
	B材料	9千克	46元/千克	414
	小计			680
直接人工	一工序	6小时	15元/小时	90
	二工序	3小时	6元/小时	18
	小计			108
变动制造费用		9小时	3元/小时	27
固定制造费用		9小时	2元/小时	18
单位产品标准变动成本				833

四、标准成本差异的计算和分析

标准成本差异就是实际成本与标准成本之间的差额，其计算公式如下：

标准成本差异 = 实际成本 - 标准成本

若上述结果为"+"，即实际成本大于标准成本，形成超支差，也称为不利差异；若上述结果为"-"，即实际成本小于标准成本，形成节约差，也称为有利差异。

对于有利差异应该总结经验，巩固成效；对于不利差异应该查明差异形成的原因，及时采取有效措施，控制成本，尽快消除不利差异。因企业生产经营活动较为复杂，所以不论是有利或不利差异，均不能直接作为经营决策的依据。

标准成本差异的类型和制定的类型保持一致，所以也分为直接材料成本差异、直接人工成本差异和制造费用成本差异三种，其中制造费用成本差异也分为变动制造费用差异和固定制造费用差异。

（一）直接材料成本差异的计算和分析

直接材料成本差异是指一定产量产品的直接材料实际成本与直接材料标准成本之间的差额，形成该差额的主要原因是直接材料用量差异和价格差异，其计算公式可以表现为以下两种：

公式一：

直接材料成本差异 = 直接材料实际成本 - 直接材料标准成本

直接材料实际成本 = 实际价格 × 实际用量

直接材料标准成本 = 标准价格 × 标准用量

公式二：

直接材料成本差异 = 直接材料用量差异 + 直接材料价格差异

直接材料用量差异 =（实际用量 − 标准用量）× 标准价格

直接材料价格差异 =（实际价格 − 标准价格）× 实际用量

其中：

实际用量 = 直接材料单位实际耗用量 × 实际产量

标准用量 = 直接材料标准耗用量 × 实际产量

【例 6 – 19】某企业生产甲产品耗用 A、B 两种直接材料，生产单位甲产品的标准用量分别为 A 材料 10 千克/件、B 材料 8 千克/件，标准价格分别为 A 材料 4 元/千克，B 材料 6 元/千克，实际用量分别为 A 材料 20 000 千克，B 材料 13 000 千克，实际价格分别为 A 材料 5.5 元/千克，B 材料 5 元/千克。本月共生产甲产品 1 800 件。

甲产品的直接材料成本差异计算如下：

A 材料价格差异 =（5.5 − 4）× 20 000 = 30 000（元）

A 材料标准用量 = 10 × 1 800 = 18 000（千克）

A 材料用量差异 =（20 000 − 18 000）× 4 = 8 000（元）

A 材料成本差异 = 30 000 + 8 000 = 38 000（元）

B 材料价格差异 =（5 − 6）× 13 000 = − 13 000（元）

B 材料的标准用量 = 8 × 1 800 = 14 400（千克）

B 材料的用量差异 =（13 000 − 14 400）× 6 = − 8 400（元）

B 材料成本差异 = − 13 000 +（− 8 400）= − 21 400（元）

甲产品直接材料成本差异 = 38 000 +（− 21 400）

= 16 600（元）（不利差异）

直接材料的价格差异一般来说是由采购部门负责，因为材料采购的价格和费用，采购部门大体可以控制，但是决定材料价格的因素很多，如厂家价格变动和通货膨胀，或突然变更运输方式等不可控因素产生的价格差异，不应由采购部门负责。

直接材料的用量差异一般是由生产部门负责，产品在正常生产下的耗用量、损耗量等基本是可以控制的，但影响材料用量的因素也很多，比如生产工人的熟练程度、技术水平和责任心，以及机器的生产状况，或者其他部门的原因造成的材料用量差异等。

总之，造成直接材料成本差异的因素很多，要从实际出发分析产生差异的原因，以便及时、有效地采取措施，控制成本。

（二）直接人工成本差异的计算和分析

直接人工成本差异是指一定产量产品的直接人工实际成本与直接人工标准成本之间的差额。影响该差异的主要因素是直接人工工资率差异（即价差）和直接人工效率差异（即量差）。其计算公式可以表现为以下两种：

公式一：

直接人工成本差异 = 实际工资 − 标准工资

直接人工实际工资 = 实际总工时 × 实际工资率

直接人工标准工资 = 标准总工时 × 标准工资率

公式二：

直接人工成本差异 = 工资率差异 + 效率差异
直接人工工资率差异 = (实际工资率 − 标准工资率) × 实际工时
直接人工效率差异 = (实际工时 − 标准工时) × 标准工资率

其中：

标准总工时 = 单位产品工时定额 × 实际产量
实际工资率 = 实际工资总额 ÷ 实际总工时
标准工资率 = 预计标准工资总额 ÷ 标准总工时

【例 6 – 20】 某企业生产甲产品 2 000 件，由单一工种进行生产加工，本月实际耗用 12 000 小时，实际工资总额为 90 000 元，标准工资率为 6 元/小时，单位甲产品耗用标准工时为 8 小时。

本月直接人工成本差异计算如下：

标准工时 = 8 × 2 000 = 16 000（小时）
实际工资率 = 90 000 ÷ 12 000 = 7.5（元/小时）
直接人工工资率差异 = (7.5 − 6) × 12 000 = 18 000（元）
直接人工效率差异 = (12 000 − 16 000) × 6 = −24 000（元）
直接人工成本差异 = 18 000 + (−24 000) = −6 000（元）（有利差异）

如果生产加工需要由多个工种共同完成，则需要对每一个工种进行计算后再汇总分析。

直接人工工资率差异一般由人事部门负责，形成的原因主要有生产工人升级或降级、工资调整、出勤变化等。

直接人工效率差异一般由生产部门负责，包含生产工人的技术水平、熟练度和责任心，工作计划安排的合理性、工作环境好坏以及机器设备的状态等，如因材料质量原因导致的人工差异，不应由生产部门负责，由其他相关部门负责。

(三) 制造费用成本差异的计算和分析

1. 变动制造费用成本差异的计算和分析

变动制造费用成本差异是指一定产量产品的实际变动制造费用与标准变动制造费用之间的差额，形成该差异的主要原因是效率差异（即量差）和分配率差异（即价差）。其计算过程主要有两种形式：

公式一：

变动制造费用成本差异 = 变动制造费用实际成本 − 变动制造费用标准成本
变动制造费用实际成本 = 实际工时 × 实际分配率
变动制造费用标准成本 = 标准工时 × 标准分配率

公式二：

变动制造费用成本差异 = 效率差异 + 分配率差异

效率差异 =（实际工时 - 标准工时）× 标准分配率

分配率差异 =（实际分配率 - 标准分配率）× 实际工时

其中：

标准总工时 = 单位产品工时定额 × 实际产量

实际分配率 = 实际变动制造费用总额 ÷ 实际总工时

标准分配率 = 预计变动制造费用总额 ÷ 标准总工时

【例 6 - 21】某企业生产甲产品 1 800 件，实际耗用人工 8 000 小时，实际发生的变动制造费用总额 40 000 元，变动性制造费用标准分配率为每直接人工工时 4 元。要求：计算变动制造费用的成本差异。

标准工时 = 1 800 × 4 = 7 200（小时）

变动制造费用实际分配率 = 40 000 ÷ 8 000 = 5（元/小时）

变动制造费用效率差异 =（8 000 - 7 200）× 4 = 3 200（元）

变动制造费用分配率差异 =（5 - 4）× 8 000 = 8 000（元）

变动制造费用成本差异 = 3 200 + 8 000 = 11 200（元）（不利差异）

因变动制造费用是一个综合性费用项目，差异形成的原因需结合变动制造费用的具体明细项目进行分析。在实际工作中，分配率差异（即价差）一般由部门经理负责，因其应将变动制造费用控制在弹性预算以内；效率差异一般由生产部门负责，其形成的原因与直接人工效率差异基本相同，可结合分析。

2. 固定制造费用差异的计算和分析

固定制造费用成本差异是指一定期间的实际固定制造费用与标准固定制造费用之间的差额。其计算公式如下：

固定制造费用成本差异 = 实际固定制造费用 - 标准固定制造费用

实际固定制造费用 = 实际总工时 × 固定制造费用实际分配率

标准固定制造费用 = 标准总工时 × 固定制造费用标准分配率

其中：

实际分配率 = 实际固定制造费用总额 ÷ 实际总工时

标准分配率 = 预算固定制造费用总额 ÷ 预算总工时

预算总工时 = 预计产量 × 标准工时

标准总工时 = 实际产量 × 标准工时

固定制造费用是固定成本，基本不受产品产量变动的影响，产量变动只对单位产品负担的固定制造费用有影响，因此实际产量与预计生产能力规定的产量或预算规定产量的差异会对产品应负担的固定制造费用产生影响。所以固定制造费用成本差异不能简单地分为价格差异和数量差异两种类型。主要的固定制造费用成本分析方法有两差异分析法和三差异分析法两种。

（1）两差异分析法。两差异分析法是将固定制造费用成本差异分为固定制造费用耗费差异和固定制造费用能量差异两种。

其中，固定制造费用耗费差异又称为开支差异，它是固定制造费用的实际成本与预算成本之间的差异，其公式表现为：

固定制造费用耗费差异 = 固定制造费用实际总额 – 固定制造费用预算总额

固定制造费用实际总额 = 实际总工时 × 实际分配率

固定制造费用预算总额 = 预算总工时 × 标准分配率

固定制造费用的能量差异是指在标准的生产能量下，按预算公式计算的标准固定性制造费用和按标准工时计算的固定性制造费用之间的差额，即预算成本与标准成本的差额。其公式表现为：

固定制造费用能量差异 = 固定制造费用预算总额 – 固定制造费标准成本总额

= (预算工时 – 标准工时) × 固定制造费用标准分配率

固定制造费用预算总额 = 标准分配率 × 预算工时

固定制造费标准成本总额 = 标准分配率 × 实际产量标准工时

【例6-22】某企业生产甲产品，本月预算产量为3 000件，实际产量为2 800件，固定制造费用预算总额为80 000元，实际固定制造费用为78 000元，预算总工时为16 000小时，实际耗用总工时为14 000小时；工时标准为5.5元，制造费用标准分配率为7元/小时。

本月固定制造费用成本差异计算如下：

固定制造费用耗费差异 = 78 000 – 80 000 = –2 000（元）

固定制造费用能量差异 = (16 000 – 2 800 × 5.5) × 7 = 4 200（元）

固定制造费用成本差异 = –2 000 + 4 200 = 2 200（元）（不利差异）

（2）三差异分析法。三差异分析法是将固定性制造费用差异分为耗费（开支）差异、效率差异、能力利用差异。与两因素分析法的区别在于将能量差异分为效率差异和能力利用差异。

固定制造费用的耗费差异的计算公式同两差异法，在此不再赘述。

固定制造费用效率差异和生产能力利用差异计算公式如下：

固定性制造费用效率差异 = (实际工时 – 标准工时) × 固定制造费用标准分配率

固定制造费用能力利用差异 = (预算工时 – 实际工时) × 固定制造费用标准分配率

【例6-23】承例6-22用三差异分析法，计算本月固定制造费用成本差异如下：

固定制造费用耗费差异 = 78 000 – 80 000 = –2 000（元）

固定制造费用效率差异 = (14 000 – 2 800 × 5.5) × 7 = –9 800（元）

固定制造费用能力利用差异 = (16 000 – 14 000) × 7 = 14 000（元）

固定制造费用成本差异 = –2 000 + (–9 800) + 14 000

= 2 200（元）（不利差异）

固定制造费用同样也是一个综合性费用项目,必须将固定制造费用各项目的预算额和实际额进行对比,才能准确查明和分析差异产生的原因,明确责任部门。

固定制造费用的耗用差异,一般是内部原因,如固定材料价格变动、职工人数变动、职工培训费和办公费的变动、研究开发费、折旧费、修理费的变动等。

固定制造费用的能力利用差异主要由于产销量规模的变化、设备生产能力利用情况等原因造成的。

固定制造费用效率差异的原因与直接人工效率差异产生的原因基本相同,由人事管理部门负责。

【例6-24】 标准成本法应用案例。

某企业生产X产品,本月预计生产300件,实际生产260件,本月投产并全部完工,当月销售200件,单位售价为4 000元,X产品的标准成本资料如下:

生产单位X产品消耗甲材料19千克,每千克标准单价为1.8元,消耗乙材料23千克,每千克标准单价3.6元,单位产品标准工时为100小时,标准工资率为15元/小时,固定制造费用预算分配率为0.9元/小时,变动制造费用预算分配率为1.2元/小时。

本月发生的其他有关资料如下:

①本月实际耗用甲材料4 900千克,每千克单价为1.5元,乙材料实际耗用6 200千克,每千克单价4元。

②本月生产工人工资总额为430 000元,生产工时为43 000小时。

③本月实际发生变动制造费用34 400元,固定制造费用25 800元。

要求:根据上述资料采用标准成本法计算本月完工产品成本。

①单位标准成本的计算。

单位产品直接材料标准成本 = 19 × 1.8 + 23 × 3.6 = 117(元)

单位产品直接人工标准成本 = 100 × 15 = 1 500(元)

单位产品固定制造费用标准成本 = 100 × 0.9 = 90(元)

单位产品变动制造费用标准成本 = 100 × 1.2 = 120(元)

单位产品标准成本 = 117 + 1 500 + 90 + 120 = 1 827(元)

②直接材料标准成本差异的计算。甲、乙两种材料的价格差异计算如表6-3-5所示。

表6-3-5　　　　　　　　　直接材料价格差异计算表　　　　　　　　金额单位:元

材料名称	实际用量(千克)	标准成本		实际成本		价格差异
		单价	成本	单价	成本	
甲材料	4 900	1.8	8 820	1.5	7 350	-1 470
乙材料	6 200	3.6	22 320	4.0	24 800	2 480
合计			31 140		32 150	1 010

甲、乙两种材料的用量差异计算如表6-3-6所示。

表6-3-6　　　　　　　　　　直接材料用量差异计算表　　　　　　　　　金额单位：元

材料名称	标准单价（千克/元）	标准成本			实际成本		用量差异
		单位用量（千克）	总用量（千克）	总成本	总用量（千克）	总成本	
甲材料	1.8	19	4 940	8 892	4 900	8 820	-72
乙材料	3.6	23	5 980	21 528	6 200	22 320	792
合计				30 420		31 140	720

其中表6-3-6中标准总用量的计算如下：
甲材料标准用量 = 19 × 260 = 4 940（千克）
乙材料标准用量 = 23 × 260 = 5 980（千克）
直接材料成本差异 = 1 010 + 720 = 1 730（元）

③直接人工标准成本差异的计算。直接人工标准成本差异计算如表6-3-7所示。

表6-3-7　　　　　　　　　　直接人工标准成本差异计算表　　　　　　　　　金额单位：元

标准成本			实际成本			成本差异		
耗用总工时	小时工资率	总成本	耗用总工时	小时工资率	总成本	效率差异	工资率差异	总差异
26 000	15	390 000	43 000	10	430 000	255 000	-215 000	40 000

其中表6-3-7中部分计算如下：
标准总工时 = 100 × 260 = 26 000（小时）
实际工资率 = 430 000 ÷ 43 000 = 10（元/小时）
直接人工效率差异 = (43 000 - 26 000) × 15 = 255 000（元）
直接人工工资率差异 = (10 - 15) × 43 000 = -215 000（元）

④变动制造费用标准成本差异的计算。变动制造费用的计算如表6-3-8所示。

表6-3-8　　　　　　　　　　变动制造费用标准成本差异计算表　　　　　　　　　金额单位：元

标准成本			实际成本			成本差异		
耗用总工时	预算分配率	总成本	耗用总工时	实际分配率	总成本	效率差异	分配率差异	总差异
26 000	1.2	31 200	43 000	0.8	34 400	20 400	-17 200	3 200

其中表6-3-8中部分计算如下：
变动制造费用效率差异 = (43 000 - 26 000) × 1.2 = 20 400（元）
变动制造费用分配率差异 = (0.8 - 1.2) × 43 000 = -17 200（元）

⑤固定制造费用标准成本差异的计算。固定制造费用标准成本差异的计算（采用三差异分析法）如表6-3-9所示。

表6-3-9　　　　　　　　　固定制造费用标准成本差异计算表　　　　　　　　金额单位：元

标准成本			实际成本			成本差异			
耗用总工时	预算分配率	总成本	耗用总工时	实际分配率	总成本	效率差异	能力利用差异	耗费差异	总差异
26 000	0.9	25 200	43 000	0.6	25 800	15 300	-11 700	-1 200	2 400

其中表6-3-9中部分计算如下：

固定制造费用效率差异 = (43 000 - 26 000) × 0.9 = 15 300（元）

固定制造费用能力利用差异 = (300 × 100 - 43 000) × 0.9
　　　　　　　　　　　　 = -11 700（元）

固定制造费用耗费差异 = 25 800 - 300 × 100 × 0.9 = -1 200（元）

⑥完工产品标准成本的计算。完工产品标准成本如表6-3-10所示。

表6-3-10　　　　　　　　　完工产品标准成本计算表　　　　　　　　金额单位：元

产品名称	单位产品标准成本	完工产品标准成本		已销产品标准成本	
		入库数量（件）	总成本	销售数量（件）	总成本
A产品	1 827	260	475 020	200	365 400

课堂讨论

1. 标准成本法的特点是什么？
2. 标准成本的制定有哪些要求？
3. 标准成本各成本项目如何制定？
4. 影响直接材料成本差异的因素有哪些？责任如何划分？
5. 影响直接人工成本差异的因素有哪些？责任如何划分？
6. 影响制造费用成本差异的因素有哪些？责任如何划分？
7. 制造费用成本差异有哪些？区别是什么？
8. 标准成本制度和定额成本制度有什么不同？

项目七 创新成本

学习目标

知识目标	技能目标
➢ 掌握质量成本的含义	➢ 能进行质量成本的归集与分配
➢ 掌握环境成本的含义	➢ 能进行环境成本的归集与分配
➢ 理解质量成本的归集与分配	➢ 能进行质量成本的核算
➢ 理解环境成本的归集与分配	➢ 能进行环境成本的核算
➢ 掌握质量成本的核算	
➢ 掌握环境成本的核算	

案例引入

湾塘工厂厂长认为,产品质量是企业的生存根基,应该强化对产品质量成本的核算;同时,绿色环保产品是企业的发展源泉,要践行"绿水青山就是金山银山"等理念,与时俱进,增加产品环境成本核算。成本核算员根据厂长的要求,提出了以下成本核算方案:在单位的财会部门中核算质量成本,设置"质量成本"总账及其相应的明细账,核算产品生产前、生产中和生产后产生的产品设计成本、产品检测成本和产品缺陷成本等内容,该账户借方反映质量设计费用、质量培训费用、产品验收费用、包装检验费用、废品返工费用、停工检验费用、产品回收费用、产品保修费用等当期发生的所有质量耗费支出,贷方反映将质量设计费用、质量培训费用、产品验收费用、包装检验费用、废品返工费用、停工检验费用、产品回收费用、产品保修费用等当期发生的所有质量耗费净损失转出,以及废品残值收入、赔款收入、意外事故损失等,期末借方余额,反映尚未摊销的质量成本;同时,在单位的财会部门中核算环境成本,设置"环境成本"总账及其相应的明细账,核算产品生产前、生产中和生产后产生的环境污染预防成本、环境污染检测成本和环境污染治理成本等内容,该账户借方反映购买控制污染设备的费用、提高员工控制污染能力的培训费用;产品环保流程的检测费用、产品污染程度的检测费用;治理污染设备的维护费用、污染废弃物的处理费用、污染江河的处理费用、污染空气的处理费用等当期发生的所有环境保护耗费支出;贷方反映转出购买控制污染设备的费用、提高员工控制污染能力的培训费用;产品环保流程的检测费用、产品污染程度的检测费用;治理污染设备的维护费用、污染废弃物的处理费用、污染江河的处理费用、污染空气的处理费用等当期发生的所有环境保护耗费的净支出,以及污染物残值收入、赔款收入、意外事故损失等,期末借方余额,反映尚未摊销的环境成本。

如果你是成本核算员,你认为该方案可行吗?

思维导图

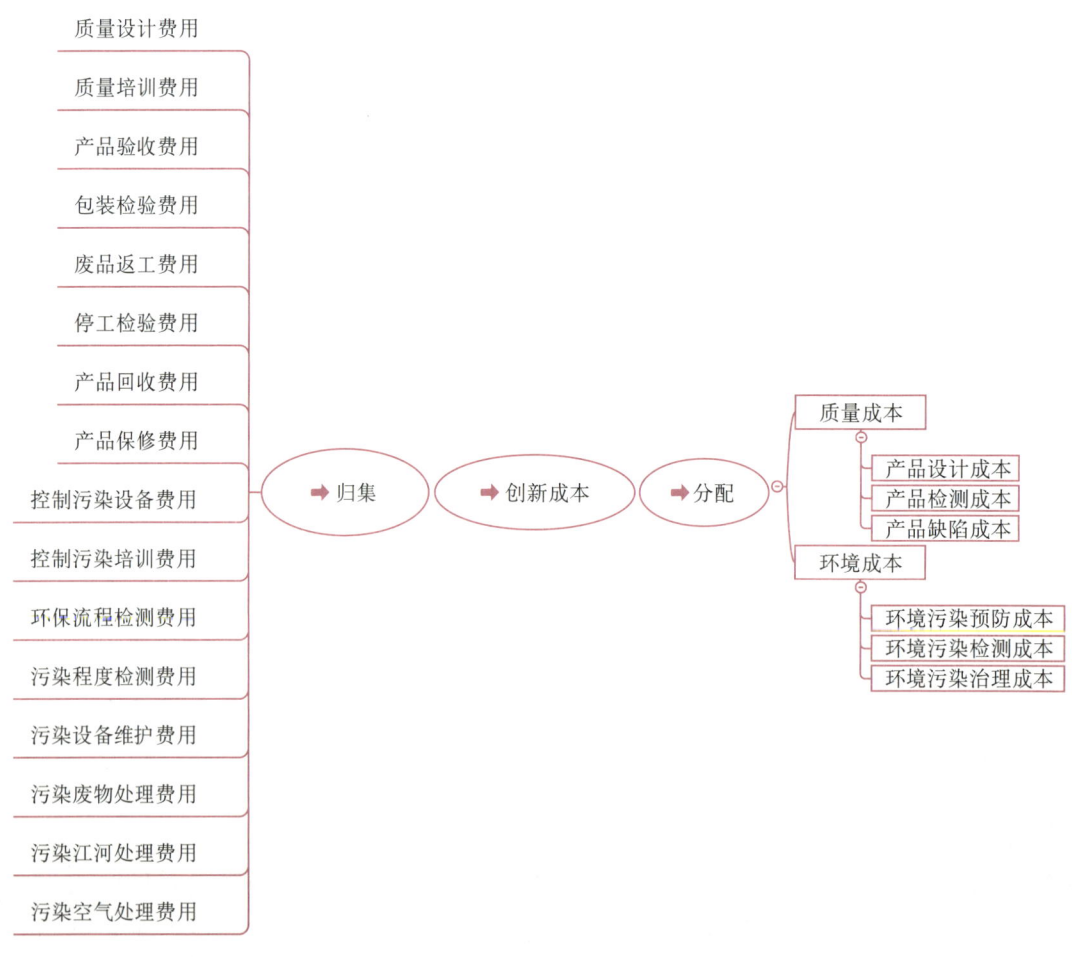

任务一　质量成本的归集与分配

一、质量成本的概述

质量是企业生存和发展的源泉，所以，企业必须保证产品的质量，生产出的产品应该从功能、规格等方面满足顾客的需求。凡是顾客满足程度高的产品，一般为高质量产品；满足程度低的产品，为低质量产品，而产品质量的高低是以质量成本高低来保证的。

质量成本是指为了防止和检查低质量产品的出现以及对低质量产品出现后由企业或顾客实施作业后而发生的耗费支出。质量成本主要产生于产品生产前、生产中和生产后，其类型有以下几种：

（一）产品设计成本

主要包括质量设计费用、质量培训费用等，它产生于产品生产前，是为防止低质量产品出现而发生的耗费支出。

（二）产品检测成本

主要包括产品验收费用、包装检验费用等，它产生于产品生产中，是确定产品是否符合顾客需求而发生的耗费支出。

（三）产品缺陷成本

主要包括废品返工费用、停工检验费用、产品回收费用、产品保修费用等，它产生于产品生产后，是缺陷产品在企业内出现而产生的耗费支出或在企业外因顾客使用缺陷产品而产生的耗费支出。

二、质量成本的归集与分配

质量成本的核算，可以使企业在保证产品质量的同时，全面反映质量成本费用，控制产品成本，提高经济效益。但是，质量成本的归集与分配目前没有统一的模式，一般可以采用统一核算和非统一核算。

（一）质量成本非统一核算模式

质量成本的非统一核算模式是指质量成本的会计核算从单位的财会部门中分离出来，设立单独的质量成本会计核算部门，专门核算质量成本的一种方式。在这种核算方式下，企业内部相关部门均可设置质量成本会计核算部门，并可以共享单位财会部门诸如废品损失、停工损失的信息资料。

这种核算模式有利于企业相关部门加强对质量成本的考核，强化产品质量，降低产品成本；但是，这种产品质量成本核算增加了会计核算的人力、物力和财力，增加了会计核算工作量，且游离于单位财会部门之外，不利于会计管理。

（二）质量成本统一核算模式

质量成本的统一核算模式是指质量成本的会计核算置于单位的财会部门之中，不单独设置质量成本会计核算部门，由单位的财会部门进行产品质量核算的一种方式。

在这种方式下，企业可以设置"质量成本"总账及其相应的明细账，借方反映质量设计费用、质量培训费用，产品验收费用、包装检验费用，废品返工费用、停工检验费用、产品回收费用、产品保修费用等当期发生的所有质量耗费支出，贷方反映将质量设计费用、质量培训费用，产品验收费用、包装检验费用，废品返工费用、停工检验费用、产品回收费用、产品保修费用等当期发生的所有质量耗费净损失转出，以及废品残值收入、赔款收入、意外事故损失等，期末借方余额，反映尚未摊销的质量成本。其会计分录如下：

1. 发生支付质量设计、质量培训等费用时

借：质量成本——产品设计成本
  贷：银行存款

2. 发生产品验收费、包装检验费等时

借：质量成本——产品检测成本
  贷：累计折旧
    应付职工薪酬

3. 发生废品返工费用、停工检验费用等时

借：质量成本——产品缺陷成本
  贷：生产成本——×××产品
    原材料
    生产成本——辅助生产成本

4. 支付产品回收费用、产品保修费用等时

借：质量成本——产品缺陷成本
  贷：银行存款

5. 结转质量设计费用、质量培训费用等时

借：管理费用
  贷：质量成本——产品设计成本

6. 结转产品验收费、包装检验费等时

借：制造费用
  贷：质量成本——产品检测成本

7. 回收废品残料、确认个人单位保险赔款时

借：原材料
  其他应收款
  贷：质量成本——产品缺陷成本

结转废品损失成本：

借：生产成本——×××产品（废品损失）
　　贷：质量成本——产品缺陷成本
8. 结转缺陷产品降价、包修费用及意外事故支出损失等
借：主营业务收入
　　销售费用
　　营业外支出
　　贷：质量成本——产品缺陷成本

【例7-1】双湄工厂生产A产品，2020年9月的质量成本资料如下：
（1）支付员工产品质量培训费用9 000元，摊销期为3个月。
（2）应付产品包装检验人员工资900元，计提包装机器折旧费400元。
（3）产品单位成本60元，入库时发现缺陷产品，其中，不可修复缺陷产品2件，每件残值25元，属于责任事故；可修复缺陷产品3件，单位修复费用15元（领用材料10元，修理车间修理费5元）。
（4）单位产品售价100元。销售收款后发现缺陷产品10件，给予顾客10%的折扣。
（5）支付缺陷产品包修费用500元。
要求：根据上述资料，编制相应的会计分录。
（1）支付和摊销产品质量培训费用时：

借：质量成本——产品设计成本　　　　　　　　　　　9 000
　　贷：银行存款　　　　　　　　　　　　　　　　　9 000
借：管理费用　　　　　　　　　　　　　　　　　　　3 000
　　贷：质量成本——产品设计成本　　　　　　　　　3 000

（2）归集和结转包装检验人员工资、包装机器折旧费时：

借：质量成本——产品检测成本　　　　　　　　　　　1 300
　　贷：应付职工薪酬　　　　　　　　　　　　　　　　900
　　　　累计折旧　　　　　　　　　　　　　　　　　　400
借：制造费用　　　　　　　　　　　　　　　　　　　1 300
　　贷：质量成本——产品检测成本　　　　　　　　　1 300

（3）结转入库的不可修复和可修复缺陷产品：

①借：质量成本——产品缺陷成本　　　　　　　　　　120
　　贷：生产成本——A产品　　　　　　　　　　　　120
借：原材料　　　　　　　　　　　　　　　　　　　　 50
　　其他应收款——责任人　　　　　　　　　　　　　 70
　　贷：质量成本——产品缺陷成本　　　　　　　　　120
②借：质量成本——产品缺陷成本　　　　　　　　　　 45
　　贷：原材料　　　　　　　　　　　　　　　　　　 30
　　　　生产成本——辅助生产成本——修理车间　　　 15
③入库的不可修复和可修复缺陷产品损失=120+45-120=45（元）

借：生产成本——A产品（产品缺陷成本）　　　　　　　　　　45
　　贷：质量成本——产品缺陷成本　　　　　　　　　　　　　　45

（4）归集结转缺陷产品折扣损失：

借：质量成本——产品缺陷成本　　　　　　　　　　　　　　100
　　贷：银行存款　　　　　　　　　　　　　　　　　　　　　100
借：主营业务收入　　　　　　　　　　　　　　　　　　　　100
　　贷：质量成本——产品缺陷成本　　　　　　　　　　　　　100

（5）支付、归集和结转缺陷产品包修费用：

借：质量成本——产品缺陷成本　　　　　　　　　　　　　　500
　　贷：银行存款　　　　　　　　　　　　　　　　　　　　　500
借：销售费用　　　　　　　　　　　　　　　　　　　　　　500
　　贷：质量成本——产品缺陷成本　　　　　　　　　　　　　500

根据上述会计分录，登记"质量成本"T形账户如表7-1-1所示。

表7-1-1　　　　　　　　　　　质量成本

期初余额		0		
（1）		9 000	（1）	3 000
（2）		1 300	（2）	1 300
（3）		120	（3）	120
		45		45
（4）		100	（4）	100
（5）		500	（5）	500
本期发生额		11 065		5 065
期末余额		6 000		

由"质量成本"T形账户可以看出，2020年9月，该企业"质量成本"账户月末借方余额6 000元为留待以后月份摊销的产品质量设计成本。

需要说明的是，上述质量成本会计核算一般是核算企业在生产经营过程中因产品质量而实际发生的耗费和损失成本，是企业的直接损耗；而因产品质量下降使顾客满意度下降、丢失市场份额等导致的损失部分一般不在会计核算中记录，但是，这部分金额可能非常大，应该进行附注披露，其金额可以通过对顾客的调查和对企业销售人员的访谈，预计不良质量带来的未来利润流失数进行估计。

应该注意的是，产品设计成本、产品检测成本、产品缺陷成本和产品质量存在着密切的关系，一般情况下，产品设计成本和产品检测成本与产品缺陷成本成反向关系。增加产品设计成本和产品检测成本会导致产品缺陷成本下降甚至为零，使产品质量提高而为企业创造利润。所以，要处理好这四者的关系，只要产品设计成本和产品检测成本的增加幅度小于产品缺陷成本的减少幅度，并能为企业增加利润的方案都是可行的。

任务二　环境成本的归集与分配

一、环境成本的概述

环境成本是企业为了减少资源耗费、减少环境污染、保护生态环境、提高环境质量的一笔必须支出，它能使企业生产出绿色环保的产品，在提高经济效益的同时，极大地提高了社会效益，在践行"绿水青山就是金山银山"的理念时，也大幅度地提高了企业的竞争力，为企业的发展指明了方向，为企业的壮大奠定了基础。

环境成本是指为了防止事前、事中、事后破坏环境而发生的各种支出。环境成本主要产生于产品生产前、生产中和生产后，其类型有以下几种：

（一）环境污染预防成本

主要包括购买控制污染设备的费用、提高员工控制污染能力的培训费用等，它产生于产品生产前，是为了防止污染环境的产品出现而发生的耗费支出。

（二）环境污染检测成本

主要包括产品环保流程的检测费用、产品污染程度的检测费用等，它产生于产品生产中，是为了检测产品是否污染环境而发生的耗费支出。

（三）环境污染治理成本

主要包括治理污染设备的维护费用、污染废弃物的处理费用、污染江河的处理费用、污染空气的处理费用等，它产生于产品生产后，是产品生产后产生的污染物处理费。

二、环境成本的归集与分配

环境成本的核算，可以使企业在保证环境质量的同时，全面反映环境成本费用，生产环保产品，提高企业经济效益和社会效益。但是，和质量成本核算一样，环境成本的归集与分配目前没有统一的模式，一般可以采用统一核算和非统一核算。

（一）环境成本非统一核算模式

环境成本非统一核算模式是指环境成本的会计核算从单位的财会部门中分离出来，设立单独的环境成本会计核算部门，专门核算环境成本的一种方式。在这种核算方式下，企业内部相关部门均可设置环境成本会计核算部门，并可以共享单位财会部门诸如环保设备购置费、污染物处理费等的环保成本费用资料。

这种核算模式，有利于企业相关部门加强对环保成本的考核，强化环境质量，降低环境污染等；但是，这种环境成本核算增加了会计核算的人力物力和财力,增加了会计核算工作量,且游离于单位财会部门之外,不利于会计管理。

(二) 环境成本统一核算模式

环境成本统一核算模式是指环境成本的会计核算置于单位的财会部门之中,不单独设置环境成本会计核算部门,由单位的财会部门进行环境成本核算的一种方式。

在这种方式下,企业可以设置"环境成本"总账及其相应的明细账,借方反映购买控制污染设备的费用、提高员工控制污染能力的培训费用;产品环保流程的检测费用、产品污染程度的检测费用;治理污染设备的维护费用、污染废弃物的处理费用、污染江河的处理费用、污染空气的处理费用等当期发生的所有环境保护耗费支出;贷方反映转出购买控制污染设备的费用、提高员工控制污染能力的培训费用;产品环保流程的检测费用、产品污染程度的检测费用;治理污染设备的维护费用、污染废弃物的处理费用、污染江河的处理费用、污染空气的处理费用等当期发生的所有环境保护耗费的净支出,以及污染物残值收入、赔款收入、意外事故损失等,期末借方余额,反映尚未摊销的环境成本。其会计分录如下:

1. 发生提高员工控制污染能力的培训费用等

   借:环境成本——环境污染预防成本
       贷:银行存款

2. 发生产品环保流程的检测费用等

   借:环境成本——环境污染检测成本
       贷:累计折旧
           应付职工薪酬

3. 发生污染废弃物的处理费用等

   借:环境成本——环境污染治理成本
       贷:应付职工薪酬
           原材料
           生产成本

4. 支付污染空气的处理费用等

   借:环境成本——环境污染治理成本
       贷:银行存款

5. 结转提高员工控制污染能力的培训费用等

   借:管理费用
       贷:环境成本——环境污染预防成本

6. 结转产品环保流程的检测费用等

   借:制造费用
       贷:环境成本——环境污染检测成本
   借:生产成本

贷：制造费用

7. 结转污染废弃物的处理费用

借：生产成本——×××产品

　　贷：环境成本——环境污染治理成本

或者：结转污染废弃物的处理费用，确认责任人赔款时：

借：管理费用

　　其他应收款

　　贷：环境成本——环境污染治理成本

8. 结转污染空气的处理费用等

借：生产成本——×××产品

　　贷：环境成本——环境污染治理成本

或者：结转污染空气的处理费用，确认意外事故损失时：

借：管理费用

　　营业外支出

　　贷：环境成本——环境污染治理成本

在环境成本的具体核算中，可以将汇总归集的环境成本，通过直接人工工时和机器工时等分配标准进行分配核算。

【例7-2】岔河工厂生产A、B两种产品，2020年9月的产量分别为5 000件、2 000件，每件产品的人工工时分别为0.2小时、0.5小时，生产A、B产品时有一定的污染物排出，为此，企业向当地政府支付5 000元的排污费。

要求：以直接人工工时为分配标准分配A、B两种产品的环境成本。

解：根据上面资料，计算如下：

A产品直接人工工时 = 5 000 × 0.2 = 1 000（小时）

B产品直接人工工时 = 2 000 × 0.5 = 1 000（小时）

环境成本分配率 = 5 000 ÷ (1 000 + 1 000) = 2.5（元/小时）

A产品单位环境成本 = 0.2 × 2.5 = 0.5（元/件）

A产品环境成本总额 = 0.5 × 5 000 = 2 500（元）

B产品单位环境成本 = 0.5 × 2.5 = 1.25（元/件）

B产品环境成本总额 = 1.25 × 2 000 = 2 500（元）

根据上面计算资料，编制产品"环境成本分配表"，如表7-2-1所示。

表7-2-1　　　　　　　　　　　环境成本分配表　　　　　　　　　　数量单位：件、小时

岔河工厂　　　　　　　　　　　　　2020年9月30日　　　　　　　　　　金额单位：元

项目	产量	单位人工工时	人工工时总计	分配率	单位成本	合计
待分配费用						5 000
A产品	5 000	0.2	1 000	2.5	0.50	2 500
B产品	2 000	0.5	1 000	2.5	1.25	2 500
合计			2 000			5 000

根据表 7-2-1 资料，编制环境成本的会计分录如下：

支付排污费时：

借：环境成本——环境污染治理成本　　　　　　　　　5 000
　　贷：银行存款　　　　　　　　　　　　　　　　　　5 000

结转排污费时：

借：生产成本——A 产品　　　　　　　　　　　　　　2 500
　　　　　　——B 产品　　　　　　　　　　　　　　2 500
　　贷：环境成本——环境污染治理成本　　　　　　　　5 000

在环境成本的具体核算中，也可以将环境成本分配给具体环境作业，再将环境作业分配给具体产品。

【例 7-3】 新寨工厂生产 A、B 两种产品，2020 年 9 月的产量分别为 100 吨、200 吨，生产过程中的尾气需要净化后才能排放，本月净化设备电费 800 元，折旧费 1 600 元，A、B 产品使用净化设备的净化时间分别为 25 小时、15 小时。

要求：以净化时间为分配标准，将环境成本分配给环境作业，计算 A、B 产品的环境成本。

解：根据上述资料，计算如下：

净化设备电费分配率 = 800 ÷ (25 + 15) = 20（元/小时）

A 产品净化设备电费 = 25 × 20 = 500（元）

B 产品净化设备电费 = 15 × 20 = 300（元）

净化设备折旧费分配率 = 1 600 ÷ (25 + 15) = 40（元/小时）

A 产品净化设备折旧费 = 25 × 40 = 1 000（元）

B 产品净化设备折旧费 = 15 × 40 = 600（元）

A 产品环境成本总额 = 500 + 1 000 = 1 500（元）

A 产品单位环境成本 = 1 500 ÷ 100 = 15（元/吨）

B 产品环境成本总额 = 300 + 600 = 900（元）

B 产品单位环境成本 = 900 ÷ 200 = 4.5（元/吨）

根据上面计算资料，编制产品"环境成本分配表"，如表 7-2-2、表 7-2-3、表 7-2-4 所示。

表 7-2-2　　　　　　　　　　　环境成本分配表
　　　　　　　　　　　　　　　　（电费）
新寨工厂　　　　　　　　　　　2020 年 9 月 30 日

数量单位：吨、小时　　金额单位：元

项目	产量	净化时间	分配率	合计	单位成本
待分配电费				800	
A 产品	100	25	20	500	5.0
B 产品	200	15	20	300	1.5
合计		40		800	

表 7-2-3　　　　　　　　　　　　　环境成本分配表　　　　　　　　　　　数量单位：吨、小时
　　　　　　　　　　　　　　　　　　　（折旧费）
新寨工厂　　　　　　　　　　　　　　2020 年 9 月 30 日　　　　　　　　　　金额单位：元

项目	产量	净化时间	分配率	合计	单位成本
待分配折旧费				1 600	
A 产品	100	25	40	1 000	10
B 产品	200	15	40	600	3
合计		40		1 600	

表 7-2-4　　　　　　　　　　　　　环境成本分配表　　　　　　　　　　　　　数量单位：吨
新寨工厂　　　　　　　　　　　　　　2020 年 9 月 30 日　　　　　　　　　　金额单位：元

项目	产量	总成本	单位成本
待分配电费		800	
待分配折旧费		1 600	
分配费用合计		2 400	
A 产品	100	1 500	15
B 产品	200	900	4.5
合计		2 400	

根据表 7-2-4 资料，编制环境成本的会计分录如下：
　　借：环境成本——环境污染治理成本　　　　　　　　2 400
　　　　贷：其他应付款——电费　　　　　　　　　　　　　　800
　　　　　　累计折旧　　　　　　　　　　　　　　　　　　1 600
　　借：生产成本——A 产品　　　　　　　　　　　　　1 500
　　　　　　　　——B 产品　　　　　　　　　　　　　　 900
　　　　贷：环境成本——环境污染治理成本　　　　　　　　2 400

　　需要说明的是，上述环境成本会计核算一般是核算企业在生产经营过程中因保护环境而实际发生的耗费和损失成本，是企业的直接损耗；而顾客对产品的使用和处置成本属于环境成本中的社会成本，其会计计量比较困难，会计核算较难介入，一般不予核算。

　　应该注意的是，环境成本存在于生产、销售、交付、使用、处置产品等过程中，而存货贯穿于这一过程中，因此，必须加强对存货的管理，以更好地管理环境成本。

项目八

成本报表的编制与分析

学习目标

知识目标	技能目标
➢ 了解成本报表的概念、作用、分类 ➢ 掌握产品生产成本表、主要产品单位成本报表、制造费用报表及期间费用报表的结构及编制方法 ➢ 了解成本分析的方法	➢ 能编制产品成本报表 ➢ 能分析产品成本报表

案例引入

表7-1　材料成本分配表

应借科目			共同耗用原材料的分配					直接领用的原材料（元）	耗用原材料总额（元）
总账及二级科目	明细科目	成本或费用项目	产量（件）	单位消耗定额（千克）	定额消耗用量（千克）	分配率	应分配材料费（元）		
生产成本——基本生产成本	A产品	直接材料	4 000	12	48 000		192 000	408 000	600 000
	B产品	直接材料	2 000	26	52 000		208 000	32 000	240 000
	小　计				100 000	4	400 000	440 000	840 000
生产成本——辅助生产成本	锅炉车间	直接材料						125 000	125 000
	供电车间	直接材料						75 000	75 000
	小　计							200 000	200 000
制造费用	基本车间	机物料消耗						60 000	60 000
合　计							400 000	700 000	1 100 000

工作项目	计量单位	类别	总成本	工资	材料	运输费	其他直接费	间接费用	期间费用	定额工日	班组定员
八、工程测量 （一）控制测量											
二等三角	点	Ⅰ	5673.79	2337.94	254.41	698.76	909.68	567.11	905.90	26	
		Ⅱ	8629.95	3812.64	254.41	853.11	1469.32	862.58	1377.89	43	
		Ⅲ	12778.02	5916.79	254.41	1084.73	2204.71	1277.19	2040.19	66	
三等三角	点	Ⅰ	3895.46	1576.61	218.06	406.42	683.04	389.36	621.96	16	
		Ⅱ	5835.08	2427.86	218.06	595.76	1078.51	583.23	931.65	26	
		Ⅲ	8199.97	3542.88	218.06	728.33	1381.85	819.60	1309.24	38	
四等三角	点	Ⅰ	2082.51	761.33	202.49	217.70	360.34	208.15	332.50	8	
		Ⅱ	3063.94	1222.92	207.68	252.27	585.62	306.25	489.20	13	
		Ⅲ	4032.12	1678.52	207.68	315.77	783.35	403.02	643.78	19	
一、二级小三角	点	Ⅰ	895.61	359.68	88.26	106.16	108.99	89.52	143.00	4	
		Ⅱ	1379.20	617.46	88.26	132.25	183.17	137.85	220.21	6	
		Ⅲ	1798.30	851.25	88.26	155.24	236.68	179.74	287.12	9	
一、二、三级导线	点	Ⅰ	438.34	140.00	39.08	31.47	113.99	43.81	68.99	1.4	
		Ⅱ	939.35	300.00	83.76	67.43	244.30	93.89	149.98	3	
		Ⅲ	1409.01	450.00	125.65	101.14	366.42	140.83	224.97	4.5	
三等电磁波测距导线	点	Ⅰ	2902.47	1345.20	71.91	341.35	390.48	290.11	463.42	15	
		Ⅱ	4682.61	2197.18	74.41	559.90	635.44	468.04	747.64	25	
		Ⅲ	6687.47	3156.77	77.15	805.98	911.40	668.42	1067.75	35	

图8-1-1　成本报表

每个企业为了控制及降低成本而编制与企业成本情况相关的表格，各种各样的表格形式各异，作用不同。根据企业主营业务、生产情况、销售模式等情况，不同企业编制的成本报表不尽相同（见表8-1-1）。同学们在之前的学习生活中有没有见过成本报表呢？成本报表又分为哪几类，具体有什么作用呢？

表 8-1-1 拉卡拉公司全部产品生产成本表（按成本项目反映）

公司：拉卡拉公司　　　　　　　　　2019 年 12 月　　　　　　　　　　　　　　单位：万元

成本项目	上年实际	本年计划	本月实际	本年累计实际数
直接材料	22 056	21 098	3 500	23 200
直接人工	6 203	6 315	403	6 111
制造费用	8 755	9 187	662	9 312
产品生产成本	37 014	36 600	4 565	38 623
加：在产品、自制半成品期初余额	1 250	1 461	298	1 934
减：在产品、自制半成品期初余额	1 934	1 215	216	1 716
产品成本合计	36 330	36 846	4 647	38 841

表 8-1-1 是拉卡拉公司 2019 年全年的全部产品表，我们可以知道拉卡拉公司 2019 年 12 月生产实际成本为 38 841 万元，本月实际成本为 4 647 万元，本年计划成本为 36 846 万元，而上年实际成本为 36 330 万元。这几个数据又是根据直接材料、直接人工、制造费用等相关信息进行分类汇总而来的。同学们知道这些数据是从哪里得来的吗？这样类型的成本报表又有哪些项目需要填列呢？结构是怎样的呢？通过这些表格，企业又可以得出哪些结论帮助企业进行决策呢？带着这些问题，我们一起学习本项目的内容吧。

思维导图

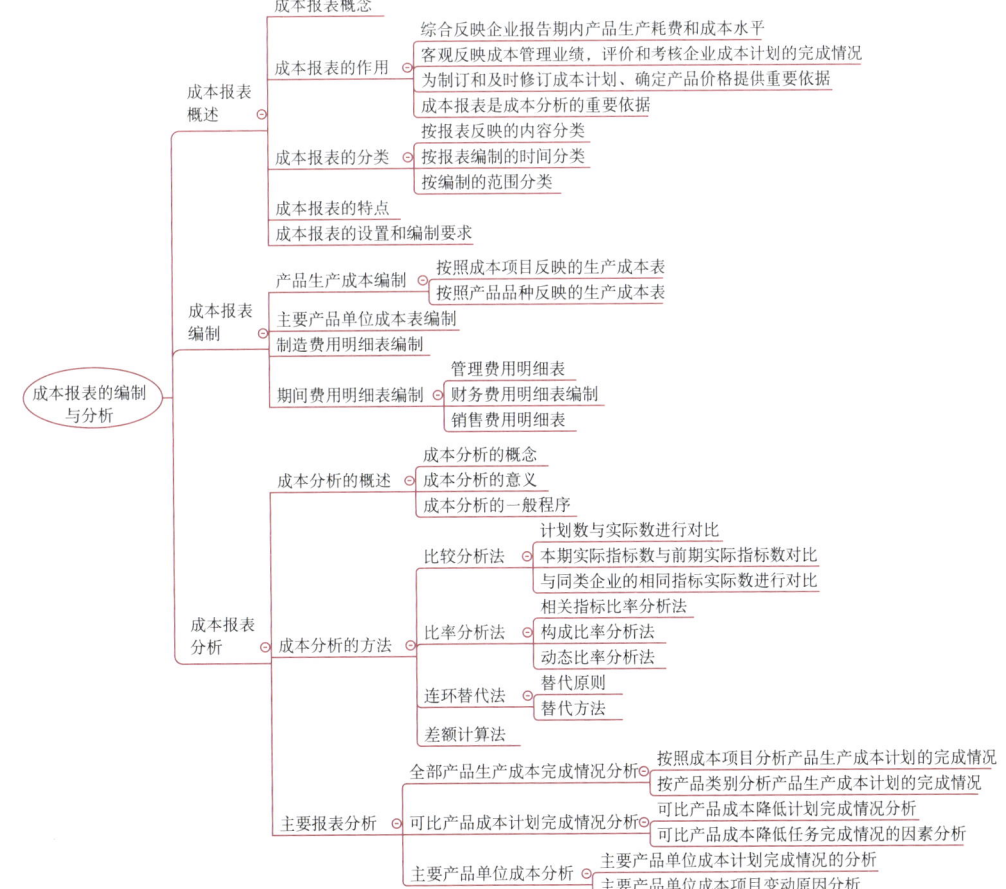

任务一　　成本报表概述

成本报表是用以反映企业生产费用与产品成本的构成及其升降变动情况，以考核各项费用与生产成本计划执行结果的会计报表，是会计报表体系的重要组成部分。成本报表资金耗费和产品成本及其升降变动情况，用以考核成本计划执行结果。产品成本作为反映企业生产经营活动情况的综合性指标，是企业经营管理水平的重要尺度。

成本报表从实质上看，它是企业内部成本管理的报表，是为企业内部管理需要而编制，对加强成本管理、提高经济效益有着重要的作用。成本报表一般不受外界因素的影响，其种类、格式、编报时间、报送范围等都是企业根据需要自行设计制定的，其所反映和控制的内容是由企业的生产特点和管理要求决定的，并随着生产特点和管理要求的变化，可以随时修正和补充，具有灵活性、多样性、及时性、实用性的特点。

一、成本报表的作用

(一) 综合反映企业报告期内产品生产耗费和成本水平

成本报表反映了企业产品成本的构成及其水平，揭示了企业生产费用的支出状况。企业主管部门和企业管理者利用成本报表，可以检查企业成本计划和费用预算的执行情况，考核企业成本管理工作绩效，对企业成本工作进行评价，促进企业加强成本管理。

(二) 客观反映成本管理业绩，评价和考核企业成本计划的完成情况

在实行经济核算制条件下，成本报表提供的成本费用资料，可以满足企业、车间和部门加强日常成本、费用管理的需要，有助于评价企业有关成本管理部门和人员成本管理工作的业绩，明确他们的责任，提高这些部门和人员成本管理工作的积极性。

(三) 为制订和及时修订成本计划、确定产品价格提供重要依据，为企业进行成本、利润的预测、决策提供信息

结合报告年度成本计划执行的情况，考虑计划年度中可能变化的有利因素和不利因素，来制订新年度的成本计划。所以，本期成本报表所提供的资料，是制订下期成本计划的重要参考资料。同时，管理部门也可以根据成本报表资料来对未来时期的成本进行预测，为企业制定正确的经营决策和加强成本控制与管理提供必要的依据。同时采取相应的措施，挖掘节约费用支出、降低成本的潜力，提高企业经济效益。

(四) 成本报表是成本分析的重要依据

通过成本报表资料的分析，可以揭示成本差异对产品成本升降的影响程

度以及发现产生差异的原因和责任,从而可以有针对性地采取措施,把注意力放在解决那些属于不正常的、对成本有重要影响的关键性差异上,这样对于加强日常成本的控制和管理就有了明确的目标。

二、成本报表的分类

(一) 按报表反映的内容分类

1. 反映成本计划执行情况的报表

主要分为全部产品生产成本表、主要产品单位成本表等。

2. 反映费用支出情况的报表

主要包括制造费用明细表、财务费用明细表、管理费用明细表、销售费用明细表等。

3. 反映生产经营情况的报表

主要包括生产情况表、材料耗用表、材料差异分析表、质量成本表等。

(二) 按报表编制的时间分类

1. 定期报表

产品生产成本表、主要产品单位成本表、制造费用明细表、管理费用明细表、营业费用明细表、财务费用明细表等就属于定期成本报表。

2. 不定期报表

这类报表是针对成本管理中出现的某些问题或急需解决的问题而随时按要求编制的,有关成本费用表等就属于不定期成本报表。

(三) 按编制的范围分类

一般情况下,包含整个企业的成本报表有产品生产成本表、主要产品单位成本表、制造费用明细表、管理费用明细表、销售费用明细表、财务费用明细表等。而制造费用明细表、生产情况表、质量成本表等报表可以是全厂(企业)成本报表,也可以是车间、班组、个人(责任)成本报表。

三、成本报表的特点(见表 8-1-2)

表 8-1-2　　　　　　　　成本报表的特点(与企业财务报表相比)

区别	财务报表特点	成本报表特点
1. 在服务对象上	为企业外部的会计信息使用者服务,属于外部报表	为企业内部经营管理者服务,属于内部报表
2. 在种类、内容、格式和编制方法、编报时间、报送对象上	因为种类、内容、格式和编制方法、编报时间、报送对象等都由国家做出统一规定和说明,不得随意变动,具有统一性,各个企业财务报表差异小	都由企业自行决定,并可根据企业的实际情况不断进行修改和调整,具有灵活性与多样性,即各个企业成本报表各不相同,就是同一企业在不同时期的成本报表也可能会因为进行修改和调整而有所不同
3. 在内容要求上	全面性	要求专题性、针对性
4. 在编报时效上	定期编报	定期与不定期编报相结合,可以根据需要适时地不定期地编报,更具时效性与灵敏性

续表

区别	财务报表特点	成本报表特点
5. 在设置的指标及包含的信息上	一般设置货币指标，主要包含会计核算信息资料	不仅设置货币指标，还设置大量反映成本费用消耗的数量指标，是会计核算资料与技术经济资料相结合的产物，包含了各个方面的信息，更具有综合性

四、成本报表的设置和编制要求

（一）成本报表的设置要求

（1）报表的专题性；

（2）报表指标内容的实用性；

（3）报表格式的针对性。

（二）成本报表的编制要求

（1）数字真实、计算准确；

（2）内容完整；

（3）编报及时；

（4）计算口径和填报方法保持各会计期间的一致性。

> **课堂讨论**
>
> 尝试思考，在你学过的企业类型中，它们是否使用相同的成本报表，哪些是共用的，哪些又是不同的呢？尝试将各类成本报表归类。

任务二　成本报表编制

成本报表属于内部报表，不同的企业有不同的成本报表，种类繁多，本书将挑选较为普遍的成本报表进行介绍，如产品成本表、主要产品单位成本表、制造费用明细表和期间费用明细表等。通过本任务的学习，同学们应掌握各个成本报表的结构与编制办法。

一、编制产品生产成本

产品生产成本表是反映企业在报告期内所生产的全部产品的总成本和各种主要产品的单位成本及总成本的会计报表。利用产品生产成本表，可以了解企业生产产品所付出的成本是否符合预期要求，可以考核和分析企业全部产品成本计划及可比产品成本降低计划的执行情况，分析成本升降的原因，尝试找出成本下降的途径。

产品生产成本表一般可分为两类，一是按照成本项目反映，二是按照产品的类别反映。两种报表有不同的结构。

(一) 按照成本项目反映的生产成本表的编制方法

1. 产品生产成本表（按成本项目反映）的结构

按照成本项目反映的生产成本表，是通过将成本项目汇总，进而反映企业报告期内发生的全部生产费用和产品成本的报表。该表由两部分组成，上部分为生产费用，主要反映报告期内发生的各种生产费用及其合计数；下部分为生产费用加减在产品和自制半成品的期初余额即可得到产品成本的合计数。

按照成本项目反映的产品生产成本表如表 8-2-1 所示。

表 8-2-1　　　　　　　　　产品生产成本表（按成本项目反映）

编制单位：××公司　　　　　　　　　　　2020 年 12 月　　　　　　　　　　　　　　　单位：元

成本项目	上年实际	本年计划	本月实际	本年累计实际数
直接材料	131 500	131 061	1 490	131 770
直接人工	61 032	61 158	1 036	61 110
制造费用	81 550	91 871	1 623	91 120
产品生产成本	274 082	284 090	4 149	284 000
加：在产品、自制半成品期初余额	11 500	11 610	2 980	19 340
减：在产品、自制半成品期末余额	19 340	12 150	2 160	17 160
产品成本合计	266 242	283 550	4 969	286 180

2. 产品生产成本表（按成本项目反映）的编制方法

产品生产成本表一般按月编制。具体的填列方法如下：

"上年实际"栏应根据上年 12 月份编制的产品生产成本表中"本年累计实际"栏内的金额填列。

"本月实际"栏中，"生产费用"根据本月生产成本二级账（或明细账）的资料计算分析填列；"在产品、自制半成品的期初余额"根据"生产成本"和"自制半成品"两个账户的本月月初余额之和填列；"在产品、自制半成品的期末余额"根据"生产成本"和"自制半成品"两个账户的本月月末余额之和填列。

"本年累计实际"栏中，"生产费用"根据本月生产成本二级账（或明细账）的资料计算分析填列，也可根据本表中"本月实际"金额加上上月该表中的"本年累计实际"金额填列；"在产品、自制半成品的期初余额"根据"生产成本"和"自制半成品"两个账户的上年 12 月份本表中在产品及自制半成品期末余额数，同时与本年本表中"上年实际"栏中在产品及自制半成品期末余额的数字一致；"在产品、自制半成品的期末余额"根据"生产成本"和"自制半成品"两个账户的本月月末余额之和填列。

(二) 按照产品品种反映的生产成本表

1. 产品生产成本表（按成本项目反映）的结构

按照产品类别反映的产品生产成本表，是对产品类别进行汇总后反映企业报告期内生产的全部产品的单位成本和总成本的报表。该表由正表和补充报表两部分组成。正表部分,包含各种可比和不可比产品本月及本年累计的实际产量、实际单位成本和实际总成本。可比产品是指以前年度正式生产过、有比较完备生产资料的产品;不可比产品是指以前年度未正常生产过、不具备完备生产资料的产品。具体结构如表8-2-2所示。

表8-2-2 产品成本表(按产品品种反映)

编制单位:××公司　　　　　　　　　2020年12月　　　　　　　　　　　　　单位:元

产品名称	计量单位	实际产量		单位成本				本月总成本			本年累计总成本		
		本月	本年	上年实际	本年计划	本月实际	本年累计实际平均	按上年实际平均单位成本计算	按本年计划单位成本计算	本期实际	按上年实际平均单位成本计算	按本年计划单位成本计算	本年实际
		1	2	3	4	5=9÷1	6=12÷2	7=1×3	8=1×4	9	10=2×3	11=2×4	12
可比产品合计								26 830	26 790	26 470	518 000	516 000	517 300
A	件	65	1 000	62	66	63.84	65.2	4 030	4 290	4 150	62 000	66 000	65 200
B	件	30	600	760	750	744	753.5	22 800	22 500	22 320	456 000	450 000	452 100
不可比产品合计									2 110	1 024		23 550	23 780
C	件	8	70	—	125	128	126		1 000	1 095	—	8 750	8 820
D	件	3	40		370	365	3 474		1 110			14 800	14 960
产品生产成本合计												539 550	541 080

2. 按照产品品种反映的产品生产成本表的编制

(1) 产品名称。该栏应根据"可比产品"与"不可比产品"的名称分别填列。

(2) 实际产量。该栏分为"本月"和"本年累计"两栏,本月实际产量应根据产品成本明细账或成本计算单的记录填列。本年累计实际产量,应根据本月实际产量,加上上月本表的本年累计实际产量计算填列。

(3) 单位成本。该栏分为"上年实际平均""本年计划""本月实际""本年累计实际平均"栏。其中:上年实际平均单位成本应根据上年度本表所列各种产品的全年实际平均单位成本填列;本年计划单位成本应根据本年度成本计划填列;本月实际单位成本应根据表中本月实际总成本除以本月实际产量所得商数填列;本年累计实际平均单位成本应根据本年累计实际总成本除以本年累计实际产量所得商数填列。

(4) 本月总成本。该栏分为"按上年实际平均单位成本计算""按本年计划单位成本计算""本月实际"栏。用上年实际平均单位成本、本年计划单位成本分别乘以本月实际产量,计算得出按上年实际平均单位成本计算的本月总成本和按本年计划单位成本计算的本月总成本,本月实际总成本应根据成本计算单或产品成本明细账的有关数据填列。

(5) 本年累计总成本。该栏分为"按上年实际平均单位成本计算""按本年计划单位成本计算""本年实际"栏。用上年实际平均单位成本、本年计划单位成本分别乘以本年累计产量,计算得出按上年实际平均单位成本计算的本年累计总成本和按本年计划单位成本计算的本年累计总成本,本年累计实际总成本应根据本年的产品成本明细账或产品成本汇总表计算填列。

补充资料一般包括可比产品成本降低额、可比产品成本降低率、本年计划降低率等信息。特别需要注意的是,若企业生产了不合格产品,需要单独单列一行,注明"不合格产品"字样,不与合格产品合并填列。

二、编制主要产品单位成本表

主要产品单位成本表是反映企业在一定时期内(月份、季度、年度)生产的各种主要产品单位成本的构成和各项主要经济指标执行情况的成本报表,是产品生产成本表的必要补充。通过编制主要单位产品单位成本表,可分析各种主要产品单位成本水平和结构比例;比较各种主要产品单位成本计划、定额执行情况;寻找产生差距的原因,挖掘降低单位产品成本的潜力,提高企业经济效益。

(一) 主要产品单位成本表的结构

按产品成本项目,分别反映产品单位成本及各成本项目的历史先进水平、上年实际平均水平、本年计划、本月实际和本年累计实际平均的成本资料。第一部分为本表的基本部分,是分别按每一种主要产品进行编制的,表中除反映产品名称、规格、计量单位、产量、售价之外,主要是按成本项目反映单位成本的构成和水平;第二部分为本表的补充资料,反映上年和本年的几项经济指标,为分析、考核提供简便的资料(见表8-2-3)。

表8-2-3 主要产品单位成本表

编制单位:××公司　　　　　　　　　　2020年12月　　　　　　　　　　单位:元

产品名称	甲	本月计划产量	36	本年累计计划产量	400
规　格	DELL	本月实际产量	40	本年累计实际产量	500
计量单位	台	销售单价	860		
成本项目	历史先进水平	上年实际平均	本年计划	本月实际	本年实际平均
直接材料	325	350	340	345	344
燃料及动力	38	39	40	40	41
直接人工	66	68	67	67	67

续表

成本项目	历史先进水平	上年实际平均	本年计划	本年实际	本年实际平均
制造费用	130	135	134	136	137
产品单位成本	559	592	581	588	589
主要技术经济指标	耗用量	耗用量	耗用量	耗用量	耗用量
A 材料（千克）	19	21	20	18	18
B 材料（千克）	32	33	32	30	34

（二）主要产品单位成本表的编制

1. 产量

（1）本月计划产量和本年累计计划产量，应根据本月和本年的生产计划填列。

（2）本月和本年累计实际产量，应根据产品成本明细账或产成品成本汇总表填列。

（3）销售单价应根据产品定价表填列。

2. 单位成本

（1）历史先进水平，应根据该企业历史上该种产品成本最低年度成本表的实际平均单位成本填列。

（2）上年实际平均单位成本，应根据上年度本表的累计实际平均单位成本填列。

（3）本年计划单位成本，应根据本年度成本计划中的资料填列。

（4）本月实际单位成本，应根据产品成本明细账或产成品成本汇总表填列。

（5）本年累计实际平均单位成本，应根据本年年初起至报告期末止，该产品成本明细账完工入库产品的本年累计实际总成本与本年累计实际产量之商填列。

特别需要注意的是，主要产品单位成本表是全部产品生产成本表的进一步反映，故上年实际平均、本年计划、本月实际、本年累计实际平均的单位成本，应与按产品品种反映的全部产品生产成本表的相应单位成本一致。

3. 主要技术经济指标

该指标主要反映该产品单位产量的主要原材料、燃料、工时等的耗用量。

（1）历史先进水平，应根据该企业历史上该种产品成本最低年度本表的实际单位耗用量填列。

（2）上年实际平均耗用量，应根据上年度本表的累计实际平均耗用量填列。

（3）本年计划耗用量，应根据本年度成本计划中的资料填列。

（4）本月实际耗用量，应根据产品成本明细账或产成品成本汇总表中的资料填列。

(5) 本年累计实际平均耗用量，应根据本年年初起至报告期末止，该产品成本明细账完工入库产品的本年累计实际耗用量与本年累计实际产量之商填列。

三、编制制造费用明细表

制造费用明细表是反映工业企业在一定时期内发生的各项制造费用及其构成情况的成本报表。表中的各明细项目，应包括企业各个生产单位为组织和管理生产所发生的各项费用。通过编制制造费用明细表，企业可：（1）考核费用计划执行情况；（2）发现费用项目超支或节约及其原因；（3）为编制计划和预测未来水平提供依据。

（一）制造费用明细表的结构

制造费用明细表应包括本年计划数、上年同期实际数、本月实际数及本年累计数。详细结构如表8-2-4所示。

表8-2-4　　　　　　　　　　　制造费用明细表

编制单位：××公司　　　　　　　2020年12月　　　　　　　　　　单位：万元

费用项目	本年计划数	上年同期实际数	本月实际数	本年累计实际数
职工薪酬	22	25	23	24
物料消耗	460	480	440	450
低值易耗品摊销	5	3	5	6
劳动保护费	1	2	1	1
水费	2	3	2	3
电费	6	4	6	8
运输费	15	16	15	14
折旧费	8	9	8	8
办公费	6	5	5	4
其他	12	13	14	15
合计	537	560	519	533

（二）制造费用明细表的编制

(1)"本年计划数"栏应根据本年制造费用年度计划数填列。

(2)"上年同期实际数"栏应根据上年同期本表所列本月实际数填列。

(3)"本月实际数"栏应根据"制造费用"明细账的本月合计数填列。

(4)"本年累计实际数"栏应根据本年制造费用明细账中各费用项目累计数填列。

四、编制期间费用明细表

期间费用明细表是反映企业在该报告期内发生的各项管理经营费用及构成情况的报表，主要包括销售费用明细表、管理费用明细表和财务费用明细表。编制期间费用明细表可帮助企业了解各项期间费用的增减变动情况、考核期间费用计划的执行情况等。

（一）销售费用明细表的结构与编制方法

1. 销售费用明细表的结构

销售费用是反映企业在报告期内的销售费用及其构成情况的报表。该表一般按照费用项目分别反映各该费用的计划数、上年同期的实际数、本月实际数和本年实际数等部分。其格式如表8-2-5所示。

表8-2-5　　　　　　　　　　　　销售费用明细表

编制单位：××公司　　　　　　　　2020年12月　　　　　　　　　　　　单位：元

项目	本年计划	上年同期实际数	本月实际	本年累计实际数
职工薪酬	120 000	10 400	10 800	132 000
业务费	68 000	5 200	4 800	57 600
运输费	28 800	8 800	10 400	30 400
装卸费	19 200	1 600	14 400	18 800
包装费	33 600	2 880	3 200	32 800
保险费	24 000	1 760	1 920	25 600
展览费	32 000	2 400	2 560	33 600
广告费	32 000	2 400	2 400	28 800
差旅费	25 600	1 600	2 400	24 800
租赁费	36 000	2 800	2 880	35 200
折旧费	19 200	1 440	1 600	19 200
修理费	16 800	1 600	1 440	16 000
其他	24 000	2 400	1 600	22 400
合计	479 200	45 280	60 400	477 200

2. 销售费用明细表的填制方法

（1）本年计划数应根据本年度销售费用计划资料填列。

（2）上年同期实际数应根据上年同期本表的本月实际数或本年累计实际数填列。

（3）本月实际数应根据销售费用明细账的本月合计数填列。

（4）本年累计实际数应根据销售费用明细账本月末的累计数填列。

（二）管理费用明细表的结构与编制方法

1. 管理费用明细表的结构

管理费用明细表反映在一定会计期间企业管理部门在报告期内为组织和管理企业生产经营活动所发生的各项费用及其构成情况的报表。利用管理费用明细表可以分析管理费用的构成及其增减变动情况，考核各项管理费用计划的执行情况。该表一般可分为本年计划数、上年同期实际数、本月实际数和本年实际数等部分。其格式如表8-2-6所示。

表 8-2-6　　　　　　　　　　　　　　管理费用明细表

编制单位：××公司　　　　　　　　　　　2020 年 12 月　　　　　　　　　　　　　　单位：元

项目	本年计划数	上年同期实际数	本月实际数	本年累计实际数
职工薪酬	378 000	28 800	32 400	405 000
物料消耗	32 400	2 250	3 240	43 200
办公费	72 000	5 400	6 300	76 500
差旅费	36 000	2 700	2 700	33 300
会议费	54 000	5 400	3 600	43 200
中介机构费	45 000	3 600	3 600	45 000
业务招待费	36 000	2 700	4 500	54 000
税金	27 000	1 800	2 250	26 100
研究费	108 000	7 200	3 240	112 500
修理费	72 000	5 850	2 700	70 200
折旧费	40 500	3 600	1 620	39 600
低值易耗品摊销	21 600	1 890	3 600	20 700
专利转让费	32 400	2 520	5 400	32 400
其他	40 500	3 600	10 800	39 600
合计	995 400	77 310	85 950	1 041 300

2. 管理费用明细表的编制方法

（1）本年计划数应根据本年度管理费用计划资料填列。

（2）上年同期实际数应根据上年同期本表的本月实际数或本年累计实际数填列。

（3）本月实际数应根据管理费用明细账的本月合计数填列。

（4）本年累计实际数应根据管理费用明细账的本月末的累计数填列。

（三）财务费用明细表的结构与编制方法

1. 财务费用明细表的概念与结构

财务费用明细表是反映企业在一定期间内发生的财务费用及其构成情况的报表。利用该表可以分析财务费用的构成及其增减变动情况 考核各项财务费用计划的执行情况。该表一般按照费用项目分别反映各该费用的计划数、上年同期的实际数、本月实际数和本年实际数等部分，具体表格格式如表 8-2-7 所示。

表 8-2-7　　　　　　　　　　　　　　管理费用明细表

编制单位：××公司　　　　　　　　　　　2020 年 12 月　　　　　　　　　　　　　　单位：元

项目	本年计划数	上年同期实际数	本月实际数	本年累计实际数
利息支出（减利息收入）	10 200	900	780	8 100
汇兑损失（减汇兑收益）	3 600	360	420	4 647
金融机构手续费	600	60	120	720
其他筹资费用	720	72	66	780
合计	15 120	1 392	1 386	14 247

2. 财务费用明细表编制

财务费用是企业为筹集生产经营所需资金而发生的各项费用。根据《企业会计制度》的规定，可以计入财务费用核算的包括：利息支出（减利息收入）、汇兑损失（减汇兑收益）以及相关的手续费等。财务费用与产品生产也没有直接关系，不计入产品生产成本，按发生的期间进行归集，将当期的实际发生数直接计入当期损益。该表应该按月编制。

> **课堂讨论**
>
> 观察各类成本表格，找出它们编制方法的相同点和不同点，并讨论通过报表的数据可以对企业进行怎样的成本分析，帮助企业了解成本运行情况。

任务三 成本报表分析

成本分析是利用核算及其他有关资料，对成本水平与构成的变动情况，系统研究影响成本升降的各因素及其变动的原因，寻找降低成本的途径的分析。它是成本管理工作的一个重要环节。通过成本分析，有利于正确认识、掌握和运用成本变动的规律，实现降低成本的目标；有助于进行成本控制，正确评价成本计划完成情况，还可以为制订成本计划、经营决策提供重要依据，指明成本管理工作的努力方向。

一、成本分析的概念、意义与一般程序

（一）成本分析的概念

成本分析是为满足企业管理层的需要，充分利用成本核算及相关资料，掌握成本水平与构成的变动情况，系统研究影响成本升降的各因素及其变动的原因，寻找降低成本途径的一种管理活动。

（二）成本分析的意义

成本分析是成本管理工作的一个重要环节。通过成本分析，企业可以：

（1）正确认识、掌握和运用成本变动的规律，实现降低成本的目标；

（2）有助于进行成本控制，正确评价成本计划完成情况；

（3）作为制订成本计划、经营决策提供重要依据；

（4）完善企业成本管理制度，指明成本管理工作的努力方向。

（三）成本分析的一般程序

（1）明确分析目标，制订分析计划；

（2）广泛搜集资料，掌握全面情况；

（3）从总体分析入手，深入进行因素和项目分析，确定各种差异及其影响因素；

(4) 结合实际情况，查明各种因素变动的具体原因；
(5) 以全面、发展的观点对企业成本工作进行评价；
(6) 编写成本分析报告。

二、成本分析的方法

成本分析的方法是指通过特定的手段和核算方法完成成本分析目标，一般采用的技术方法有比较分析法、比率分析法、因素替代法和差额计算法。

(一) 比较分析法

比较分析法是指通过对指标的实际数与计划数进行对比，从数量上确定差异的一种分析方法。具体方法主要有以下几种形式：

1. 计划数与实际数进行对比

以计划指标或定额指标作为基本指标，通过实际指标与其相比，可以了解成本计划或定额的执行情况。但前提是制订的计划或定额要先进可行。

2. 本期实际指标数与前期实际指标数对比

以本期实际成本指标与前期（上期、上年同期或历史最好水平）的实际成本指标对比，观察企业成本指标的变动情况和变动趋势。

3. 与同类企业的相同指标实际数进行对比

以本企业实际成本指标（或某项技术经济指标）与国内外同行业先进指标对比，可以在更大范围内找出差距，推动企业改进经营管理。

(二) 比率分析法

比率分析法实质上也是一种比较分析法，是通过计算和对比各项经济指标的比率进行分析的一种方法。分析的内容、要求不同，计算出来进行比较的比率也不同，主要有以下几种：

1. 相关指标比率分析法

相关指标比率分析法就是计算两个性质不同而又相关的指标的比率（即相对数），进行数量分析的一种方法。相关指标比率分析法是指将两个性质不同而又相关的指标进行数量分析的方法。如将利润与成本相比计算的成本利润率，可以看出有消耗单位成本所获得的盈利额。常用的相关成本比率分析指标有：成本利润率、产值成本率、主营业务成本率等。其计算公式如下：

成本利润率 = 利润总额 ÷ 主营业务成本 × 100%

产值成本率 = 产品生产总成本 ÷ 产品总产值 × 100%

主营业务成本率 = 主营业务成本 ÷ 主营业务收入 × 100%

2. 构成比率分析法

所谓的构成比率又称结构比率，是指某项指标的各个组成部分占总体的比重，故构成比率分析法也称为比重分析法，即通过计算部分与全部的比率进行数量分析的一种方法。

3. 动态比率分析法

动态比率分析法，亦称趋势分析法，是通过对连续若干期相同指标数值

(这里的相同指标可以是绝对数指标,如成本、利润等,也可以是相对数指标,如产值成本率、成本利润率等)的动态比较,来分析该指标的增减速度以及发展变化趋势,从而发现企业在生产经营方面取得的成绩或存在的不足的一种分析方法。

采用的基期数值不同,计算出来的动态比率也不同。在进行动态比较时,本期的实际指标若是与固定不变的某期的基数指标进行对比,称为定比,求得的指标就是定基指数;本期的实际指标若是分别与上一期的指标对比,称为环比,求得的指标就是环比指数。公式如下:

基期指数 = 报告期发展水平 ÷ 某一固定基期发展水平 × 100%

环比指数 = 报告期发展水平 ÷ 前一期发展水平 × 100%

(三) 连环替代法

连环替代法是将各个因素的基数按顺序替换为实际数,计算出几个相互联系的因素对综合经济指标变动影响程度的一种分析方法。这一方法应遵循以下几个原则:

(1) 计算程序的连环性。严格按照各因素的排列顺序,逐次以一个因素的实际数替换其基数。

(2) 因素替换的顺序性。先数量指标,后质量指标;先实物量指标,后价值量指标。

(3) 计算条件的假定性。在测定某一因素变动影响时,是以假定其他因素不变为条件的。

连环替代法的计算方法如表 8-3-1 所示。

表 8-3-1 连环替代法计算表格

替换次数	因素			编号	替换后影响程度	差异	产生差异的因素
	第一项	第二项	第三项				
基数	基数	基数	基数	A			
1	实际数	基数	基数	B	B - A		
2	实际数	实际数	基数	C	C - B		
3	实际数	实际数	实际数	D	D - C		

影响材料费用总额的因素很多,按其相互关系可归纳为三个:产品产量、单位产品材料消耗量和材料单价。某企业上述指标的计划和实际资料如表 8-3-2 所示。

表 8-3-2 材料成本各项资料

项目	单位	计划数	实际数	差异
产品产量	件	20	22	2
材料消耗	千克	18	19	1
材料单价	元	10	11	1
材料总成本	元	3 600	4 598	998

根据以上资料，使用连环替代因素的计算表格，可以得到以下结果，如表8-3-3所示。

表8-3-3　　　　　　　　　产品直接材料费用差异分析计算表

编制单位：××公司　　　　　　　　2020年12月　　　　　　　　金额单位：元

替换次数	因素			编号	替换后影响程度	差异	产生差异的因素
	产品产量（件）	材料消耗（千克）	材料单价				
基数	20	18	10	A			
1	22	18	10	B	B-A	360	产品产量
2	22	19	10	C	C-B	220	材料消耗
3	22	19	11	D	D-C	418	材料单价
各项因素影响合计						998	

（四）差额计算法

差额计算法是连环替代法的一种简化形式。先确定各个因素实际数与计划数之间的差异，然后按照各因素的排列顺序，依次求出各因素变动的影响程度。

参照表8-3-2中的数据，使用差额计算法确定各个因素的影响程度：

首先确定分析对象：

4 598 - 3 600 = 998（元）

然后利用差异各因素影响程度：

产量变动影响 = (+2) × 18 × 10 = 360（元）

单位产品材料消耗定额变动影响 = 22 × 1 × 10 = 220（元）

材料单价变动影响 = 22 × 19 × 1 = 418（元）

合计：360 + 220 + 418 = 998（元）

三、全部产品生产成本计划完成情况分析

成本分析既要从总体出发，分析全部商品产品成本计划完成的总括情况，也要分析每种产品成本计划的完成情况。既可以对全部商品产品成本计划的完成情况有总括了解，也为进一步分析指明方向和重点。

全部产品生产成本计划完成情况分析可以按照项目进行分析，也可以按照产品种类进行分析。

（一）按照成本项目分析产品生产成本计划的完成情况

本表参照案例导入中拉卡拉公司数据，按照生产成本项目进行计算。具体如表8-3-4所示。

如表8-3-4所示，则对企业全部产品生产成本完成情况分析：

本年累计全部产品成本实际比计划的差异额 = 实际总成本 - 计划总成本

= 38 841 - 36 846 = 1 995（元）

表 8-3-4　　　　　　　　产品生产成本计算表（按成本项目计算）

编制单位：××公司　　　　　　　　　2020 年 12 月　　　　　　　　　　　　　单位：万元

成本项目	上年实际	本年计划	本月实际	本年累计实际数
直接材料	22 056	21 098	3 500	23 200
直接人工	6 203	6 315	403	6 111
制造费用	8 755	9 187	662	9 312
产品生产成本	37 014	36 600	4 565	38 623
加：在产品、自制半成品期初余额	1 250	1 461	298	1 934
减：在产品、自制半成品期初余额	1 934	1 215	216	1 716
产品成本合计	36 330	36 846	4 647	38 841

全部产品实际生产成本计划完成率 = 实际总成本 ÷ 计划总成本
$$= 105.41\%$$

成本的升降率 = 105.41% − 100% = 5.41%

即本年全部产品成本上升 5.41%。

（二）按产品类别分析产品生产成本计划的完成情况

企业的全部产品可分为可比产品和不可比产品，所以按照产品类别进行产品成本分析，需要使用本年实际总成本与计划总成本相比较，以帮助企业分析全部产品的成本情况。

参考表 8-2-2 的数据，简化表格如表 8-3-5 所示。

表 8-3-5　　　　　　　　产品生产成本计算表（按成本项目计算）

编制单位：××公司　　　　　　　　　2020 年 12 月　　　　　　　　　　　　　单位：元

产品名称	计量单位	单位成本				本年累计总成本		
		本年	上年实际	本年计划	本年累计实际平均	按上年实际平均单位成本计算	按本年计划单位成本计算	本年实际
可比产品合计						518 000	516 000	517 300
A	件	1 000	62	66	65.20	62 000	66 000	65 200
B	件	600	760	750	753.50	456 000	450 000	452 100
不可比产品合计							2 3550	2 3780
C	件	70	—	125	126.00	—	8 750	8 820
D	件	40		370	3 474.00		14 800	14 960
产品生产成本合计							539 550	541 080

根据表 8-3-5，则对企业全部产品生产成本完成情况分析：

本年累计全部产品成本实际比计划的差异额 = 实际总成本 − 计划总成本
$$= 541\ 080 − 539\ 550 = 1\ 530（元）$$

全部产品实际生产成本计划完成率 = 实际总成本 ÷ 计划总成本 = 100.28%

成本的升降率 = 100.28% − 100% = 0.28%

即本年全部产品成本上升 0.28%。

四、可比产品成本计划完成情况分析

（一）可比产品成本降低计划完成情况分析

进行可比产品成本降低计划完成情况分析，需要取得可比产品成本降低计划指标和计划完成情况的资料。前者反映在企业的成本计划中，后者可以从前述的产品生产成本表（按成本种类反映）中取得。

表 8-3-6 是该企业的可比产品成本计划降低任务表。

表 8-3-6　　　　　　　　可比产品成本计划降低任务表

编制单位：××公司　　　　　　　　2020 年 12 月　　　　　　　　单位：元

可比产品	全年计划产量	单位成本		本年累计总成本		计划降低任务	
		上年实际	本年计划	按上年实际	按本年计划	降低额	降低率
A	200	84	82	16 800	16 400	400	2.38%
B	100	760	750	76 000	75 000	1 000	1.32%
产品生产成本合计				92 800	91 400	1 400	1.51%

再根据表 8-3-7 "可比产品成本实际完成情况表"确定该企业可比产品成本完成情况。

表 8-3-7　　　　　　　　可比产品成本实际完成情况表

编制单位：××公司　　　　　　　　2020 年 12 月　　　　　　　　单位：元

可比产品	实际产量	单位成本			本年累计总成本			降低任务	
		实际单位成本	上年实际	本年计划	上年实际	本年计划	本年实际	降低额	降低率
A	210	80	84	82	17 640	17 220	16 800	420	2.38%
B	130	752	760	750	91 800	91 500	91 760	-260	-0.26%
产品生产成本合计					111 440	111 720	111 560	160	0.14%

根据编制好的报表，该企业可比产品成本降低任务完成情况可分析为：

确定分析对象，以可比产品成本实际降低额、降低率指标与计划降低额、降低率指标进行对比，确定实际脱离计划的差异。

（1）根据表 8-3-6 可以看出，该报表期计划降低额为 1 400 元，计划降低率为 1.51%。

（2）根据表 8-3-7 可以看出，该报表期实际降低额为 160 元，实际降低率为 0.14%。

则比较两者，可分析得出实际与计划的差异：

降低额度 = 160 - 1 400 = -1 240（元），即实际降低额低于计划降低额 1 240 元。

实际脱离计划的差异率 = 0.14% − 1.51% = −1.37%

（二）可比产品成本降低任务完成情况的因素分析

确定影响可比产品成本计划完成情况的因素和各因素的影响程度。影响因素主要有产品产量、产品品种构成和产品单位成本。

1. 产品产量变动影响

计算公式如下：

$$\text{产品产量变动对成本降低额的影响} = \frac{\text{本期实际上年单位成本}}{\text{计算的累计总成本}} \times \text{计划降低率} - \text{计划降低额}$$

由公式不难看出，在产品结构和单位成本不变时，产品产量的增减只会引起成本降低额发生同比例的增减变化，不会影响成本降低率的变化。

参照表8-3-6和表8-3-7的数据，可得：

产品产量变动对成本降低的影响 = 111 440 × 1.51% − 1 400 = 356.63（元）

2. 产品品种构成变动的影响

各种产品成本降低率不同，当产品产量不是同比例增长时，就会使降低额和降低率同时发生变动。如果提高成本降低率大的产品在全部可比产品中的比重，就会使成本额的绝对值增大，并使成本降低率的相对值增大；相反，则会减少成本降低额的绝对值和降低率的相对值。

计算公式如下：

$$\text{产品品种比重变动对成本降低额的影响} = \frac{\text{本期实际上年单位成本计算的累计总成本}}{} - \frac{\text{本期实际本年计划单位成本计算的累计总成本}}{} - \frac{\text{本期实际上年单位成本计算的累计总成本}}{} \times \text{计划降低率}$$

$$\text{产品品种比重变动对成本降低率的影响} = \frac{\text{产品品种比重变动对成本降低额的影响}}{\text{本期实际上年单位成本计算的累计总成本}} \times 100\%$$

参照表8-3-6和表8-3-7可以计算出：

产品品种比重变动对成本降低额的影响 = 111 440 − 111 720 − 111 440 × 10.5%

= −36.63（元）

产品品种比重变动对成本降低率的影响 = −36.63 ÷ 111 440 × 100%

= −0.031%

3. 产品单位成本变动的影响

可比产品成本降低计划和实际完成情况，都是以上年单位成本为基础计算的。因此，各种产品单位成本实际比计划升高或降低，必然引起成本降低额和降低率实际比计划相应的升高或降低。

计算公式如下：

$$\text{产品单位成本变动对成本变动额的影响} = \text{本期实际本年计划单位成本计算的累计总成本} - \text{本期实际以本年实际单位成本计算的累计总成本}$$

$$\text{产品单位成本变动对成本变动率的影响} = \frac{\text{产品单位成本变动对成本变动额的影响}}{\text{本期实际上年单位成本计算的累计总成本}} \times 100\%$$

参照表 8-3-6 和表 8-3-7 的数据，可得：

产品单位成本变动对成本变动额的影响 = 111 720 - 111 560 = 160（元）

产品单位成本变动对成本变动率的影响 = 160 ÷ 111 440 × 100%
= 0.137%

根据以上因素计算结果，可编制可比产品成本因素变动分析表，如表 8-3-8 所示。

表 8-3-8　　　　　　　　　可比产品成本因素变动分析表

编制单位：××公司　　　　　　　　2020 年 12 月　　　　　　　　单位：元，%

影响产品成本变动因素	变动额	变动率
产品产量	356.63	0
产品结构	-36.63	-0.031
单位成本	160.00	0.137
实际比计划降低	480.00	0.107

根据以上分析结果，可以对可比产品成本降低计划完成情况做出分析评价。原因主要是 A 产品产量增加和产品单位成本下降，使成本少降低 516.63 元，约合降低率 0.137%。但由于产品结构调整，B 产品单位成本和实际产量上升，导致成本上升 0.031%。最终，企业完成可比产品成本降低计划，实际比计划少降低 480 元，约合降低率 0.107%。

五、主要产品单位成本分析

除了对全部生产成本计划完成情况进行分析，企业还需要对产品的单位成本进行进一步分析，以便更全面、深入地研究企业各项因素对成本的影响。而一般单位成本的分析从两个方面进行：一是产品单位成本计划完成情况的分析；二是产品单位成本变动原因的分析。

（一）主要产品单位成本计划完成情况的分析（见表 8-3-9）

表 8-3-9　　　　　　　　　主要产品单位成本因素变动分析表

编制单位：××公司　　　　　　　　2020 年 12 月　　　　　　　　单位：元

成本项目	历史先进水平	上年实际平均	本年计划	本年实际平均	本月实际	差异			
						比历史先进水平	上年实际平均	比年计划	比本年平均
直接材料	325	350	340	345	344	19	-6	4	-1
燃料及动力	38	39	40	40	41	3	2	1	1
直接人工	66	68	67	67	67	1	-1	0	0
制造费用	130	135	134	136	137	7	2	3	1
产品单位成本	559	592	581	588	589	30	-3	8	1

从表 8-3-9 可知，该产品本月实际单位成本均达到历史先进水平，同时均比本年计划有所提高。因此总体单位成本呈上升趋势。但值得肯定的是直接人工费用比起上年实际平均有所下降，并完成了本年计划任务，而直接材料费用比起上年实际虽也有所下降，但仍然未完成本年计划。其他指标均表示单位成本有所上升，需引起企业重视。

若要进一步分析每个因素对于产品单位成本的影响，则需借助更加具体和有针对性的分析。

（二）主要产品单位成本项目变动原因分析

1. 直接材料

根据材料的特性，一般影响直接材料成本的因素有两个，一是直接材料的消耗量；二是直接材料的价格（见表 8-3-10）。具体公式如下：

$$\text{原材料消耗数量变动的影响} = (\text{实际单位耗用量} - \text{计划单位耗用量}) \times \text{原材料计划单价}$$

$$\text{原材料价格变动的影响} = (\text{原材料实际单价} - \text{原材料计划单价}) \times \text{单位产品原材料实际耗用量}$$

表 8-3-10　　　　　主要产品单位成本直接材料费用变动分析表

编制单位：××公司　　　　　2020 年 12 月　　　　　单位：元

原材料名称	材料耗用数量		单价		直接材料费用	
	本年计划	本年实际	本年计划	本年实际	本年计划	本年实际
A	100	120	25	24	2 500	2 880
B	500	530	15	13	7 500	6 890
合计					10 000	9 770

根据表 8-3-10 资料，使用公式计算：

A 产品材料消耗数量变动影响 = (120 - 100) × 25 = 500（元）

B 产品材料消耗数量变动影响 = (530 - 500) × 15 = 450（元）

A 产品材料价格变动的影响 = (24 - 25) × 120 = -120（元）

B 产品材料价格变动的影响 = (13 - 15) × 530 = -1 060（元）

两个因素产生的共同影响 = 500 + 450 - 120 - 1 060 = -230（元）

通过计算分析不难看出，该产品单位成本中直接材料费用实际比计划节约了 230 元，主要因为材料价格降低使总的产品成本降低了 1 180 元，而因为材料耗用上升，导致产品成本升高了 950 元，两项相抵，A、B 两种产品在直接材料耗用上节省了 230 元。

2. 直接人工

根据直接人工的特性，一般影响直接人工成本的因素有两个，一是工时消耗量的多少，二是工资水平的高低（见表 8-3-11）。具体公式如下：

$$\text{工时消耗量变动的影响} = (\text{实际单位工时消耗量} - \text{计划单位工时消耗量}) \times \text{计划小时费用分配率}$$

$$\begin{pmatrix}小时费用分配\\率变动影响\end{pmatrix} = \begin{pmatrix}实际小时\\费用分配率\end{pmatrix} - \begin{pmatrix}计划小时\\费用分配率\end{pmatrix} \times \begin{pmatrix}实际单位\\工时消耗量\end{pmatrix}$$

表 8 – 3 – 11　　　　　　　　主要产品直接人工费用变动分析表

编制单位：××公司　　　　　　　　2020 年 12 月　　　　　　　　　　单位：元

产品名称	单位工时消耗		小时工资成本		直接人工费用		直接人工费用差异	
	本年计划	本年实际	本年计划	本年实际	本年计划	本年实际	数量	金额
A	80	82	40	45	3 200	3 690	2	490
B	30	28	50	48	1 500	1 344	– 2	– 156
合计					4 700	5 034	0	334

根据表 8 – 3 – 11 资料，使用公式计算：

A 产品工时消耗量变动的影响 =（82 – 80）×40 = 80（元）

B 产品工时消耗量变动的影响 =（28 – 30）×50 = – 100（元）

A 产品小时费用分配率变动影响 =（45 – 40）×82 = 410（元）

B 产品小时费用分配率变动影响 =（48 – 50）×28 = – 56（元）

两个因素产生的共同影响 = 80 – 100 + 410 – 56 = 334（元）

通过计算分析，A 产品单位工时消耗量实际比计划增加了 80 元，B 产品单位工时消耗量实际比计划减少了 100 元，因此两产品总计减少 20 元。同时 A 产品小时工资成本上升 410 元，B 产品小时工资成本下降 56 元，导致 A、B 两种产品直接人工费用升高了 354 元，两项相抵，A、B 产品直接人工成本上升了 334 元。

3. 制造费用

影响单位成本中制造费用高低的因素有两个：一是该产品所消耗的工时；二是单位工时所分配到的制造费用（见表 8 – 3 – 12）。具体公式如下：

$$\begin{pmatrix}工时消耗量\\变动的影响\end{pmatrix} = \begin{pmatrix}实际单位\\工时消耗量\end{pmatrix} - \begin{pmatrix}计划单位\\工时消耗量\end{pmatrix} \times \begin{pmatrix}计划单位工\\时制造费用\end{pmatrix}$$

$$\begin{pmatrix}单位工时制造\\费用变动的影响\end{pmatrix} = \begin{pmatrix}实际单位工\\时制造费用\end{pmatrix} - \begin{pmatrix}计划单位工\\时制造费用\end{pmatrix} \times \begin{pmatrix}实际单位\\工时消耗量\end{pmatrix}$$

表 8 – 3 – 12　　　　　　　　主要产品制造费用变动分析表

编制单位：××公司　　　　　　　　2020 年 12 月　　　　　　　　　　单位：元

产品名称	单位工时消耗		单位工时制造费用		制造费用		制造费用差异	
	本年计划	本年实际	本年计划	本年实际	本年计划	本年实际	数量	金额
A	25	27	520	500	13 000	13 500	2	500
B	45	42	350	340	15 750	14 280	– 3	– 1 470
合计					28 750	27 780	– 1	– 970

根据表 8 – 3 – 12 资料，使用公式计算：

A 产品单位工时消耗量变动的影响 =（27 – 25）×520 = 1 040（元）

B产品单位工时消耗量变动的影响 = (42 − 45) × 350 = −1 050（元）
A产品单位小时制造费用变动影响 = (500 − 520) × 27 = −540（元）
B产品单位小时制造费用变动影响 = (340 − 350) × 42 = −420（元）
两个因素产生的共同影响 = 1 040 − 1 050 − 540 − 420 = −970（元）

通过计算分析，A产品单位工时消耗量实际比计划增加了1 040元，B产品单位工时消耗量实际比计划减少了1 050元，因此两种产品总计减少10元。同时A产品单位小时制造费用成本下降，导致成本下降了540元，B产品单位小时制造费用成本下降420元，导致A、B两种产品单位小时制造费用成本下降了960元，两项相加，制造费用因素导致成本下降了970元。

课堂讨论

使用你学到的成本分析方法，与同学们讨论在实际业务中如何帮助企业完成成本分析？各种行业的分析侧重点是否一致？如果不一致，应如何安排侧重点？

项目九
其他行业成本核算

学习目标

知识目标	技能目标
➢ 了解有关行业成本核算的异同点	➢ 能设置其他行业成本费用账户
➢ 理解其他行业成本费用的概念、构成及账户设置	➢ 能核算商品流通企业的成本费用
➢ 了解其他行业成本费用的核算要求及核算程序	➢ 能核算物流企业的成本费用
➢ 了解其他行业成本核算方法的运用	➢ 能核算房地产开发企业的成本费用

任务一　商品流通企业成本核算

商品流通企业是指所有从事商品流通活动的独立核算企业，主要包括商业、供销合作社、粮食、外贸、物资供销、图书发行等企业。其主要是通过低价格购进商品、高价格出售商品的方式实现商品进销差价，以此弥补企业的各项费用和支出，获得利润的企业。商品流通企业通过商品购进、销售、调拨、储存（包括运输）等经营业务实现商品流转，其中购进和销售是完成商品流通的关键业务，调拨、储存、运输等活动都是围绕商品购销展开的。

商品流通企业按照其在社会再生产过程中作用的不同，可以分为批发企业和零售企业。在实际工作中，有的批发企业还兼营零售业务，有的零售企业也兼营批发业务，以扩大经营范围。

思维导图

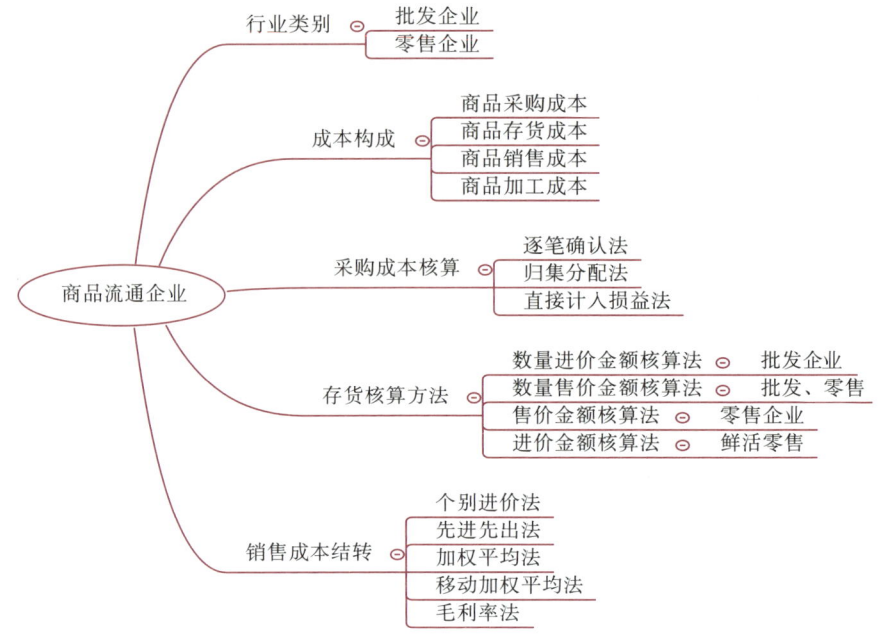

一、商品流通企业成本费用的构成

商品流通企业是商品流通业务的组织者、经营者，从事商品的购进、销售、调拨等经济业务，是具有法人地位的独立经济组织。商品流通又称商品流转，是商品通过买卖方式，从生产领域转移到消费领域的转移过程。

在流通的过程中，商品流通企业成本费用一般包括两个方面：商品采购成本和商品流通费。商品采购成本是指企业购进商品的原始进价；商品流通费是指企业在从事商品购进、调拨、储存、销售活动或提供劳务过程中所发生的费用支出，包括采购过程中发生的运输费、装卸费、保险费等，此外还要考虑商品在贮存和流通中的损耗。

一般来说，商品成本又可细分为商品采购成本、存货成本、销售成本、加工成本。

（一）商品采购成本

1. 商业企业购进的商品，按照采购渠道及类型，其采购成本核算有如下几种情况：

（1）国内购进的用于进出口销售的商品，其采购成本就是指进货原价（不含进项税额）；

（2）进口商品的采购成本，应该由购进商品的国外进价以及进口环节的各种税金构成；

（3）委托其他单位代理购进的商品采购成本为实际支付给代理单位的全部价款；

(4) 企业收购农副产品的采购成本应包括支付的收购价款以及税金等。

2. 采购成本的核算

根据《企业会计准则——存货》的规定,商品流通企业在采购商品过程中发生的运输费、装卸费、保险费以及其他可归属于存货采购成本的采购费用等,应当计入存货采购成本。实务中,对于采购成本的核算,一般可以采取逐笔确认法、归集分配法和直接计入损益法三种。

(1) 逐笔确认法。逐笔确认法是将每次支付的采购费用直接计入相关的购进商品成本价。如果一次只购进一种商品,所发生的采购费用全部归属于该商品;如果一次购买若干个品种,采用逐笔确认法时必须将每次采购费用在若干种商品间进行分配。采购费用分配的方法可以是进价比例法,也可是重量比例法或体积比例法等。

借:库存商品——××商品(分摊的采购费用)
　　　　　——××商品(分摊的采购费用)
　　应交税费——应交增值税(进项税额)
　　贷:银行存款
　　　　应付账款

(2) 归集分配法。归集分配法是在"库存商品"科目下设置"进货费用"明细科目,平时采购时将进货费用记入"库存商品——进货费用"科目进行归集,待期末时,根据进货费用余额涉及的库存商品存销情况,分配采购费用。

发生进货费用时:

借:库存商品——进货费用
　　应交税费——应交增值税(进项税额)
　　贷:银行存款
　　　　应付账款

分摊进货费用时:

借:主营业务成本(分摊的进货费用)
　　贷:库存商品——进货费用

分配采购费用一般使用费用比例和结构比例两种分摊方法。一般来说,企业选择结构比率分摊法更具实际意义。两种分摊方法计算公式如下:

$$费用比例法分摊率 = \frac{期初进货费用 + 本期进货费用}{期初结存商品余额 + 本期进货金额} \times 100\%$$

本期结存商品分摊进货费用额 = 期末结存商品金额 × 分摊率

本期销售商品分摊进货费用额 = 期初进货费用额 + 本期进货费用发生额 − 本期结存商品分摊进货费用额

$$结构比例法分摊率 = \frac{期末结存商品金额}{期末结存商品金额 + 本期销售商品金额} \times 100\%$$

期末结存商品分摊进货费用额 = 本期应分摊的进货费用总额 × 分摊率

$$\text{本期销售商品分摊进货费用额} = \text{本期进货费用总额} - \text{本期结存商品分摊进货费用额}$$

(3) 直接计入损益法。直接计入损益法是指在采购过程中发生的金额较小的采购费用，直接计入发生时的当期损益的方法。这种会计处理方法较为简单，不需要逐一计算进货费用，但容易导致存货账面价值不实，当期利润表不够准确，尤其是当采购费用较大时。

（二）商品存货成本

商品存货成本一般以商品采购成本为基础进行核算，并根据存货计价方法确定其成本。存货计价方法一般包括数量进价金额核算法、数量售价金额核算法、售价金额核算法和进价金额核算法。

1. 数量进价金额核算法

数量进价金额核算法是指对库存商品的总账户、明细账户按照商品的原购进价格记账，库存商品明细账按商品的品名设置，分别核算各种商品收进、付出及结存的数量和金额，主要用于商业批发企业的商品核算。采用数量进价金额核算法，确定商品销售成本和期末商品存货成本时，可以使用倒算成本法和顺算成本法，方法如下：

（1）倒算成本法。指的是先确定期末商品存货成本，再确定商品销售成本的方法。有关计算公式为：

$$\text{期末商品存货成本} = \text{期末商品存货数量} \times \text{商品单位进价成本}$$

$$\text{商品销售成本} = \text{期初商品存货成本} + \text{本期增加商品成本} - \text{本期非销售付出商品成本} - \text{期末商品存货成本}$$

（2）顺算成本法。指的是先确定商品销售成本，再确定商品期末存货成本的方法。

$$\text{商品销售成本} = \text{商品销售数量} \times \text{商品单位进价成本}$$

$$\text{期末商品存货成本} = \text{期初商品存货成本} + \text{本期增加商品成本} - \text{本期非销售付出商品成本} - \text{商品销售成本}$$

2. 数量售价金额核算法

数量售价金额核算法是指库存商品的总账和明细账都按商品的销售价格记账，并同时核算商品实物数量和售价金额，主要适用于部分批发企业和零售企业。对于库存商品购进价与销售价之间的差额需设置"商品进销差价"科目进行调整，以便于计算商品销售成本。有关计算公式如下：

$$\text{商品销售成本} = \text{已销商品售价（含税）} - \text{已销商品分摊的商品进销差价}$$

$$\text{已销商品分摊商品进销差价} = \text{期末结账前商品进销差价总额} - \text{期末结存商品进销差价}$$

$$\text{期末结存商品进销差价} = \text{期末结存商品售价} \times \text{商品进销差价率}$$

$$\text{商品进销差价率} = \frac{\text{期末结账前"商品进销差价"账户余额}}{\text{期末结存商品售价} + \text{已销商品售价}} \times 100\%$$

3. 售价金额核算法

售价金额核算法亦称"拨货计价、实物负责制"，是以售价金额核算与控制各实物负责人经管商品进销存情况的方法。其方法主要是期末计算进销差价率和本期已销商品应分摊的进销差价,并据以调整本期销售成本,一般用于零售企业的商品核算。

在实际工作中,已销商品进销差价的计算方法有综合差价率计算法、分类(组)差价率计算法和实际差价率计算法三种,主要计算公式分别如下:

(1)综合差价率计算法。综合差价率计算法是根据企业经营的全部商品的存、销比例,平均分摊进销差价的一种方法。

$$\text{综合差价率} = \frac{\text{期末调整前"商品进销差价"账户余额}}{\text{期末存货总额} + \text{期末"主营业务收入"账户贷方发生额}} \times 100\%$$

其中:存货包括库存商品、委托代销商品、发出商品。

$$\text{本期销售商品应分摊的商品进销差价(含税)} = \text{本期"商品销售收入"账户贷方发生额} \times \text{综合差价率}$$

(2)分类(组)差价率计算法。分类(组)差价率计算法是按各类商品或按各营业柜组商品的库存销售比例,计算本期销售商品应分摊进销差价的一种方法。这种计算方法与综合差价率计算法相同,只不过是缩小了计算差价率的范围,计算结果较综合差价率计算法准确。各类(组)的差价率计算出来后加以汇总,即形成企业全部商品的进销差价。

(3)盘存差价计算法。盘存差价计算法也叫实际差价计算法,是通过实际盘点,求得已销商品进销差价的一种方法。

$$\text{期末库存商品进销差价} = \text{期末库存商品售价金额} - \text{期末库存商品进价金额}$$

$$\text{已销商品进销差价} = \text{结转前"商品进销差价"账户余额} - \text{期末库存商品进销差价}$$

4. 进价金额核算法

进价金额核算法亦称"进价记账、盘存计销法""进价核算、实物盘点法"。主要是以进价金额核算与控制各实物负责人经管商品的进销存情况的方法,主要用于经营鲜活商品的零售企业。

(三)商品销售成本计算与结转

商品流通企业在商品销售后,一方面要核算取得的商品销售收入,另一方面还需要计算并结转商品销售成本。理论上讲,商品销售成本应包括已销售商品的实际成本,即已销商品的原购进价,以及运费、保管费、包装费等。但在实际工作中,为了简化核算手续,一般商业企业的商品销售成本只局限于已销售商品的购入价,而其他费用则作为经营费用处理。

商品销售成本结转的方法按不同的划分标准有不同的结转方法。按照商品销售成本的时间划分,有逐日结转和定期结转两种;按照商品销售成本计算的程序划分,有顺算法和倒算法两种;按照商品销售成本的结转方式划分,有分散结转和集中结转两种。

计算商品销售成本是一项重要而繁重的工作,它直接关系到期末库存商品的价值及企业的经营成果是否正确。因此，企业有必要根据自身的特点，采用适当的方法，正确计算商品销售成本。一旦确定了计算商品销售成本的方法后，在同一会计年度内不得随意变更。计算商品销售成本的方法主要有：个别计价法、先进先出法、加权平均法、移动加权平均法和毛利率法等。

1. 个别计价法

个别计价法，又称实际计价法，是认定每一件或每一批商品的实际进价，计算该件或该批商品销售成本的一种方法。在整批购进分批销售时，可以根据该批商品的实际购进成本乘以销售量来计算商品销售成本。其计算公式如下：

$$商品销售成本 = 商品销售数量 \times 商品购进单价$$

采用个别计价法，对每件或每批购进的商品分别存放，并分户登记库存商品明细账。对每次销售的商品，应在专用发票上注明进货件别或批次，便于按照该件或该批次的实际购进单价计算商品销售成本。

采用个别计价法计算商品销售成本，可以逐日结转。这种方法计算的商品销售成本最为准确，但计算起来工作量最为繁重，适用于能分清进货批次的库存商品、直运商品、委托代销商品和分期收款发出商品等。

2. 先进先出法

先进先出法是根据先购进先销售的原则，以先购进商品的价格，先作为商品销售成本的一种计算方法。这种方法根据需要，可以用顺算法逐日结转成本，也可以用倒算法定期结转成本。

采用先进先出法计算商品销售成本，由于期末结存商品金额是根据近期进价成本计价的，因此它的价值接近于市场价格。但计算起来工作量较大，一般适用于收、发货次数不多的商品以及先入库必须先发出的商品，比如易变质的鲜活商品。

3. 加权平均法

加权平均法是指在一个计算期内（一般为一个月）综合计算每种商品的加权平均单价，再乘以销售数量，计算商品销售成本的一种方法。其计算公式如下：

$$加权平均单价 = \frac{期初结存商品金额 + 本期收入商品金额 - 本期非销售发出商品金额}{期初结存商品数量 + 本期收入商品数量 - 本期非销售发出商品数量}$$

$$本期商品销售成本 = 本期商品销售数量 \times 加权平均单价$$

在计算公式中，本期非销售发出商品数量和金额是指除销售以外其他商品的发出，包括分期收款发出商品、发出加工商品、盘缺商品等。这些非销售发出的商品在发生时，即在库存商品账户予以转销，所以在期末计算加权平均单价时要去除这些因素。

采用加权平均法，只需在月末一次计算加权平均单位成本，有利于简化成本计算工作，而且在市场价格上涨或下跌时所计算出来的单位成本平均化，对成本的分摊较为折中。但是，这种方法平时无法从账面上提供发出和结存商品的单价及金额，不利于加强实物管理。采用加权平均法一般适用于经营品种较少，或者前后购进商品的单价相关幅度较大，并定期结转商品销售成本的企业。

4. 移动加权平均法

移动加权平均法是指以各次收入数量和金额与各次收入前的数量和金额为基础，计算出移动加权平均单价，再乘以销售数量计算商品销售成本的一种方法。其计算公式如下：

$$移动加权平均单价 = \frac{本次收入前结存商品金额 + 本次收入商品金额}{本次收入前结存商品数量 + 本期收入商品数量}$$

$$商品销售成本 = 商品销售数量 \times 移动加权平均单价$$

采用移动加权平均法，计算出来的商品销售成本比加权平均法更为均衡和准确，但计算起来的工作量大，一般适用于经营品种不多或者前后购进商品的单价相关幅度较大，并逐日结转商品销售成本的企业。

5. 毛利率法

毛利率法是指根据本期商品销售收入乘以上季度实际毛利率，或本季度计划毛利率，推算出商品销售毛利，进而推算商品销售成本的一种方法。其计算公式如下：

$$本期销售毛利 = 本期商品销售收入 \times 上期实际毛利率$$

$$本期销售成本 = 本期商品销售收入 - 本期销售毛利$$

采用这种方法，不是按库存商品品名、规格逐一计算商品销售成本，而是按商品类别进行计算，大大简化了企业的计算工作。由于同一类别内商品的毛利率不尽相同，因此计算出来的商品销售成本不够准确，一般适用于经营商品品种较多、按月计算商品销售成本有困难的企业。

（四）商品加工成本

企业购入的商品，因业务所需，会委托外部单位将某种商品加工为另一种商品。在加工过程中，加工商品成本包括耗用的原材料或半成品的实际成本、加工费、运输费、装卸费等。

为了反映和监督加工商品的成本，企业应设置"委托加工物资"科目，并按照加工合同、受托加工单位以及加工物资的品种进行明细核算。该科目属于资产类科目，其借方登记委托加工物资时发出材料或商品的实际成本以及支付的加工费、运杂费等；贷方登记加工完成并验收入库的委托加工物资的实际成本和退回材料的实际成本；期末余额在借方，反映企业委托外单位加工尚未完成物资的实际成本。

1. 企业发出委托加工商品、支付加工费用及运杂费时

借：委托加工物资

　　应交税费——应交增值税（进项税额）

　　　　贷：库存商品
　　　　　　银行存款
　2. 收回后直接用于销售并需要缴纳消费税的，计入委托加工物资成本
　　借：委托加工物资
　　　　贷：银行存款
　　　　　　应付账款
　3. 加工完成验收入库
　　借：库存商品
　　　　贷：委托加工物资
　4. 加工入库进行销售，结转成本的方法与前文一致
　　借：主营业务成本
　　　　贷：库存商品

二、商品流通企业成本费用的核算

商品流通企业成本核算主要包括商品批发企业和商品零售企业成本核算两种类型。

（一）商品批发企业成本核算

商品批发企业业务流程包括商品购进、销售和储存等三个环节，商品购进是业务流程的起点，为商品销售、储存提供物质基础。商品批发企业成本核算主要以数量进价金额核算法为主。

1. 商品批发企业成本核算应设置的会计科目

（1）在途物资。"在途物资"科目是资产类科目，用于核算企业已经付款或已经开出商业汇票但尚未运抵企业或尚未验收入库商品的实际采购成本。借方登记已经付款或已经开出商业汇票但尚未运抵企业或尚未验收入库商品的实际采购成本；贷方登记已验收入库商品的实际成本；该科目的期末余额在借方，反映企业已付款或已开出、承兑商业汇票，但尚未到达或尚未验收入库商品的采购成本。

（2）库存商品。"库存商品"科目是资产类科目，用于核算企业全部的库存商品，按实际采购成本记账。借方登记企业购入并已验收入库的商品、加工商品收回、盘盈、销货退回等；贷方登记销售发生、进货退回、发出加工、盘亏等；本科目期末借方余额，反映企业库存商品的实际成本。

（3）应付账款。"应付账款"科目是负债类科目，用于核算企业购买材料、商品和接受劳务供应等经营活动应支付的款项。企业购入材料、商品等验收入库，但货款尚未支付，贷记本科目；支付货款时借记本科目；本科目期末贷方余额，反映企业尚未支付的应付账款。

（4）主营业务成本。"主营业务成本"科目是损益类科目，用于核算企业的商品销售成本。借方登记商品销售实际成本，贷方登记期末结转入"本年利润"科目销售实际成本，期末无余额。

2. 商品批发企业成本核算程序。

（1）购入商品时：

借：在途物资
　　　应交税费——应交增值税（进项税额）
　　贷：银行存款
　　　　应付账款
　　　　应付票据

（2）商品验收入库时：

借：库存商品
　　贷：在途物资

（3）销售商品时：

借：银行存款
　　　应收账款
　　贷：主营业务收入
　　　　应交税费——应交增值税（销项税额）

（4）结转销售成本时：

借：主营业务成本
　　贷：库存商品

（二）商品零售企业成本核算

一般零售企业在进行会计核算时，不具备按照商品的品名、规格、等级设置库存商品明细账的条件来控制每种商品的数量和金额。为了适应一般零售企业的经营特点，有利于其开展商品经营业务，简化记账工作，零售企业在会计核算时一般采用售价金额核算法。

1. 为完整准确地进行商品零售企业成本核算，应设置"在途物资""库存商品""应付账款""主营业务成本"等会计科目，科目使用方法与商品批发企业基本一致。因零售企业成本计算方法与批发企业采用的方法不一样，除上述科目之外，还应设置"商品进销差价"科目。

"商品进销差价"科目属于资产类科目，本科目核算从事商品流通的企业采用售价金额核算的情况下，其商品售价与进价之间的差额，属于"库存商品"的备抵科目。贷方登记商品购进的进销差价，借方登记结转已销商品的进销差价，期末贷方余额反映库存商品应分摊的进销差价。本科目应按商品分类设置明细分类科目，进行明细分类核算。月末，"库存商品"科目余额减去"商品进销差价"科目余额，就是库存商品的实际进价成本。

2. 商品零售企业成本核算程序

（1）购入商品时：

借：在途物资
　　　应交税费——应交增值税（进项税额）
　　贷：银行存款

　　　　　应付账款
　　　　　应付票据
（2）商品验收入库时：
借：库存商品（含税售价）
　　贷：在途物资
　　　　商品进销差价
（3）销售商品时：
借：银行存款
　　应收账款
　　贷：主营业务收入（含税售价）
（4）结转销售成本时：
借：主营业务成本（含税售价）
　　贷：库存商品
借：主营业务收入（不含税收入）
　　贷：应交税费——应交增值税（销项税额）
（5）月末摊销商品进销差价时：
借：商品进销差价
　　贷：主营业务成本

【例9-1】某批发企业向A公司购进洗发水2 000瓶，进价40元/瓶，税率13%，款项未支付。采用分期收款销售方式供应给某商场，供应单价为50元/瓶，总价共100 000元，商品进价成本为80 000元（不含增值税）。按照销售合同约定，商品一次性发货给商场，货款分两次收回，第一次收取60%，第二次收取40%。发货时，开出转账支票代某商场垫付运费2 000元。财务部门根据入库单、采购发票、发货单、分期销售发票、运费发票记账，要求进行会计处理。

（1）购入洗发水时：

借：在途物资——洗发水　　　　　　　　　　　　　　　80 000
　　应交税费——应交增值税（进项税额）　　　　　　　10 400
　　贷：应付账款——A公司　　　　　　　　　　　　　　90 400

（2）验收入库时：

借：库存商品——洗发水　　　　　　　　　　　　　　　80 000
　　贷：在途物资——洗发水　　　　　　　　　　　　　　80 000

（3）、向商场发出洗发水时：

借：发出商品——洗发水　　　　　　　　　　　　　　　80 000
　　贷：库存商品——洗发水　　　　　　　　　　　　　　80 000

（4）代垫运费时：

借：应收账款——某商场　　　　　　　　　　　　　　　2 000
　　贷：银行存款　　　　　　　　　　　　　　　　　　　2 000

(5) 第一次收款日到，确认当期销售收入并结转销售成本（本期销售收入和销售成本按60%进行计算）。

借：应收账款——某商场　　　　　　　　　　　　47 800
　　贷：主营业务收入——洗发水　　　　　　　　　　40 000
　　　　应交税费——应交增值税（销项税额）　　　　 7 800

(6) 收到货款、代垫运费并结转销售成本时：

借：银行存款　　　　　　　　　　　　　　　　　49 800
　　贷：应收账款——某商场　　　　　　　　　　　　49 800

本期销售成本 = 80 000 × 60% = 48 000

借：主营业务成本——洗发水　　　　　　　　　　48 000
　　贷：发出商品——洗发水　　　　　　　　　　　　48 000

(7) 第二次收款日到，结清尾款并结转销售成本时：

借：应收账款——某商场　　　　　　　　　　　　45 200
　　贷：主营业务收入——洗发水　　　　　　　　　　40 000
　　　　应交税费——应交增值税（销项税额）　　　　 5 200

(8) 收到货款并结转销售成本时：

借：银行存款　　　　　　　　　　　　　　　　　45 200
　　贷：应收账款——某商场　　　　　　　　　　　　45 200

借：主营业务成本——洗发水　　　　　　　　　　32 000
　　贷：发出商品——洗发水　　　　　　　　　　　　32 000

【例9-2】某零售企业为增值税一般纳税人，采用售价金额核算法进行会计核算，本月发生经济业务如下：

(1) 某零售企业为增值税一般纳税人，采用售价金额核算法进行会计核算。本月，该企业购入A商品一批，已验收入库。收到的增值税专用发票上注明商品单价为50元，数量2 000件，增值税税额13 000元，款项已通过银行转账支付。该商品的零售价为每件60元（含税）。

借：库存商品——A商品　　　　　　　　　　　　120 000
　　应交税费——应交增值税（进项税额）　　　　 13 000
　　贷：银行存款　　　　　　　　　　　　　　　　113 000
　　　　商品进销差价——A商品　　　　　　　　　　20 000

(2) 某零售企业为增值税一般纳税人，采用售价金额核算法进行会计核算。本月，该企业购入一批商品。收到的增值税专用发票注明甲商品200件，单价1 000元/件；乙商品200件，单价1 500元；增值税税率为13%。在采购商品时发生的进货费用为1 110元（含进项税税额110元）。全部款项用银行存款付讫，商品已验收入库。假设企业采用直接计入损益法分配进货费用。甲商品的含税零售价为单价1 200元；乙商品的含税零售价为单价1 800元。

借：库存商品——甲商品　　　　　　　　　　　　240 000
　　　　　　——乙商品　　　　　　　　　　　　360 000

销售费用	1 000
应交税费——应交增值税（进项税额）	65 110
贷：银行存款	566 110
商品进销差价——甲商品	40 000
——乙商品	60 000

备注：企业采购商品进货费用金额较小的，可以在发生时直接计入当期销售费用。

（3）某零售企业为增值税一般纳税人，采用售价金额核算法进行会计核算。本月，该企业内各营业部门销售款（含税）分别如下：五金组 56 500 元、家电组 67 800 元，全部收入均为网银收入。

①确认销售收入时：

借：银行存款	124 300
贷：主营业务收入——五金组	56 500
——家电组	67 800

②冲转库存商品时：

借：主营业务成本——五金组	56 500
——家电组	67 800
贷：库存商品——五金组	56 500
——家电组	67 800

③月末，调整已销商品增值税销项税额时：

不含税销售额 = 124 300 ÷ (1 + 13%) = 110 000（元）

销项税额 = 124 300 - 110 000 = 14 300（元）

五金组应冲减的收入 = 56 500 ÷ (1 + 13%) × 13% = 6 500（元）

家电组应冲减的收入 = 67 800 ÷ (1 + 13%) × 13% = 7 800（元）

借：主营业务收入——五金组	6 500
——家电组	7 800
贷：应收税费——应交增值税（销项税额）	14 300

（4）某零售企业为增值税一般纳税人，采用售价金额核算法进行会计核算。本月末的库存商品余额为 100 000 元，委托代销商品的余额为 80 000 元，发出商品的余额为 60 000 元，主营业务收入的贷方余额为 600 000 元，分摊前的商品进销差价的余额为 210 000 元。根据所给资料，使用综合差价率计算商品进销差价并作会计处理。

①商品进销差价。

商品进销差价率 = 210 000 ÷ (100 000 + 80 000 + 60 000 + 600 000) × 100%
　　　　　　　= 25%

本月销售商品应分摊的商品进销差价 = 600 000 × 25% = 150 000（元）

②编制会计分录。

借：商品进销差价	150 000	
贷：主营业务成本		150 000

【例 9-3】 某批发企业属于一般纳税人，本月购进一批商品，增值税专用发票注明甲商品200件，单价100元，乙商品200件，单价150元，税率13%。采购过程中发生运费1 000元（假设无增值税），其他杂费500元。全部款项用银行存款付清，商品已验收入库。假设企业采用逐笔确认法分配进货费用，进货费用采用进价比例法进行分配。

(1) 购入商品时：

借：库存商品——甲商品	20 000	
——乙商品	30 000	
库存商品——进货费用	1 500	
应交税费——应交增值税（进项税额）	6 500	
贷：银行存款		58 000

(2) 分摊进货费用时：

进货费用 = 1 000 + 500 = 1 500（元）

甲商品进价 = 200 × 100 = 20 000（元）

乙商品进价 = 200 × 150 = 30 000（元）

进货费用分配率 = 1 500 ÷ (20 000 + 30 000) = 0.03

甲商品应分摊的进货费用 = 20 000 × 0.03 = 600（元）

乙商品应分摊的进货费用 = 30 000 × 0.03 = 900（元）

借：库存商品——甲商品	600	
——乙商品	900	
贷：库存商品—进货费用		1 500

【例 9-4】 某批发企业本月发生下列收入和发出A商品业务：

1日，期初库存100件，每件10元。

6日，购入200件，每件11元。

13日，发出200件。

17日，购入300件，每件12元。

20日，发出200件。

27日，购入100件，每件11元。

要求：按加权平均法计算发出商品成本，结转销售商品成本。

A商品加权平均单位成本 = (1 000 + 2 200 + 3 600 + 1 100) ÷ (100 + 200 + 300 + 100) = 11.285（元/件）

本月发出商品成本 = 400 × 11.285 = 4 514（元）

月末库存商品成本 = 300 × 11.285 = 3 386（元）

借：主营业务成本——A商品	4 514	
贷：库存商品——A商品		4 514

【例 9-5】 某批发企业本月A商品期初余额1 000万元，本月购进3 000

万元，本月取得销售收入 3 500 万元，上季度该商品毛利率为 25%。

要求：按毛利率法计算已销商品成本、月末库存商品成本，并结转销售商品成本。

销售毛利 = 3 500 × 25% = 875（元）

本月销售成本 = 3 500 − 875 = 2 625（元）

月末库存商品成本 = 1 000 + 3 000 − 2 625 = 1 375（元）

借：主营业务成本——A 商品　　　　　　　　　　　　2 625

　　贷：库存商品——A 商品　　　　　　　　　　　　　　2 625

> **课堂讨论**
>
> 销售商品后，因质量问题发生退货应作的会计处理有哪些？
>
> 销售折让，企业应该作哪些会计处理？
>
> 同一企业，是否可以既做批发又做零售业务？

任务二　物流企业成本核算

物流企业是指至少从事运输（含运输代理、货物快递）或仓储一种经营业务，并能够按照客户物流需求对运输、储存、装卸、包装、流通加工、配送等基本功能进行组织和管理，具有与自身业务相适应的信息管理系统，实行独立核算、独立承担民事责任的经济组织。

根据物流企业以某项服务功能为主要特征，并向物流服务其他功能延伸的不同状况划分物流企业类型，主要包括货代型物流企业、配送型物流企业、信息型物流企业、第三方物流企业等类型。

物流企业是物流金融公共信息平台建设和运营的主要参与主体，一方面物流企业通过平台发布需求信息、车货交易以及车货跟踪定位等信息，扩大了信息影响范围；另一方面物流金融公共信息平台可以为物流企业提供实时动态信息，减少了信息的不对称性，较全面地掌握融资企业、金融机构以及物流同业的信息，可以增加物流企业与金融机构的合作机会，有利于其发展新的业务，提高自身竞争力。

按照物流企业的业务特征，其成本费用一般包括：运输业务成本和仓储成本、装卸成本、配送业务成本及期间费用。

思维导图

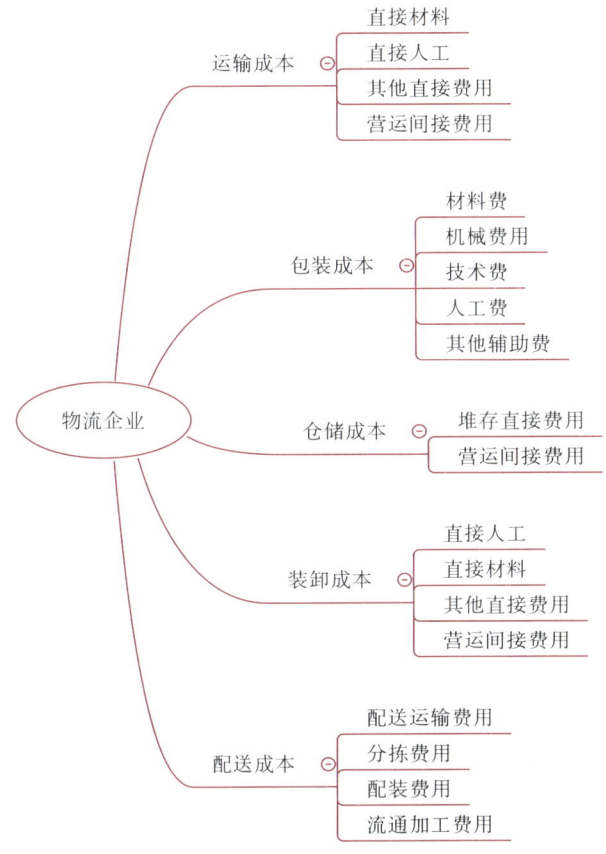

一、运输业务成本

运输业务成本是指物流企业运用各种运输工具及其设备，为客户提供货物在物流结点之间流动的服务过程中产生的成本。

运输业务包括汽车运输业务、火车运输业务、飞机运输业务、轮船运输业务等，由于运输有多种方式，不能——阐述具体核算方法，本任务以汽车运输业务的成本核算为例，介绍运输成本的核算。

（一）运输成本核算对象、核算单位和成本核算期

1. 成本核算对象

汽车运输业务的营运车辆的车型较为复杂，为了反映不同车型的运输经济效益，通常以不同燃料和不同品牌的营运车辆所提供的运输服务作为成本核算对象。对于以特种大型车、集装箱车、零担车、冷藏车、油罐车从事运输业务的物流企业，还应以不同类型、不同用途车辆所提供的运输服务分别作为单独的成本计算对象。

2. 成本核算单位

汽车运输业务的成本计算单位是以汽车运输工作量的计量单位为依据的，

货物运输工作量通常称为货物周转量,其计量单位为吨公里,它是以实际运输货物的吨数与距离的乘积。在实际工作中,通常以千吨公里作为成本计算单位。集装箱车辆的成本计算单位为千标准箱公里。

3. 成本核算期

汽车运输业务的成本应按月、季、半年和年计算从年初至各期末的累计成本。营运车辆在经营跨月运输业务时,通常以行路单签发日期所归属的月份计算其运输成本。

(二) 直接材料的归集与分配

1. 燃料费用的归集与分配

物流企业各种车辆耗用的燃料应根据领料单进行汇总,编制燃料耗用汇总表,以便于对燃料费用进行归集与分配。物流企业确定各月燃料实际耗用数的方法有满油箱制和实地盘存制两种。实行满油箱制的物流企业,在月初、月末油箱加满的前提下,车辆当月加油的数量即为当月燃料的实际耗用数。实行实地盘存制的物流企业,应在月末实地测量车辆油箱的存油数,并根据当月的领用数,计算车辆当月实际耗用的燃料数。其计算公式如下:

<u>当月实际耗用数 = 月初车存数 + 本月领用数 − 本月车存数</u>

2. 轮胎费用的归集与分配

物流企业各种车辆领用的轮胎外胎、内胎和垫带,应根据各月的领料单进行汇总,编制轮胎领用汇总表,以便于对轮胎费用进行归集与分配。

对于外胎采用一次性摊销法的物流企业,在外胎领用时,应根据外胎的领用部门记入"主营业务成本""营运间接费用""管理费用"等相关账户。对于外胎采用按行程摊提法的企业,则应根据外胎行驶里程的原始记录和外胎里程摊提率,编制外胎摊提费用计算表,以便于对外胎费用进行归集和分配。

(三) 直接人工的归集和分配

直接人工主要是指车辆驾驶员和助手的职工薪酬费用,包括工资费用和其他薪酬费用。

对于有固定车辆的驾驶员和助手的工资,可以根据工资汇总表直接列入各成本核算对象的明细账户中;对于没有固定车辆的驾驶员和助手的工资、后备驾驶员和助手的工资,则应按一定的标准通过分配后计入各成本核算对象的明细账户。分配标准主要按营运货物吨位或营运车日进行分配,其计算公式如下:

$$职工工资费用分配率 = \frac{应分配的司机及助手的工资总额}{总运营货物千吨公里(或总营运车日)}$$

相应的职工福利费用等其他薪酬费用直接列入各成本核算对象的明细账户。

(四) 其他直接费用的归集与分配

1. 养路费

物流企业向公路管理部门缴纳的车辆养路费,可以根据缴款凭证直接计入各成本核算对象的成本及有关费用。

2. 折旧费

物流企业中车辆的固定资产折旧一般采用工作量法计提。

3. 其他费用

营运车辆的公路运输管理费,一般按运输收入的规定比例计算缴纳。企业可根据交款凭证直接计入种类运输成本。

(五) 营运间接费用的归集和分配

物流企业运输业务的营运间接费用是运输分公司、车场、车站等部门为组织与管理运输业务过程所发生的各种间接费用,包括工资、职工福利费、折旧费、保险费、差旅费、水电费等。在实际工作中,营运间接费用应分运输分公司、车场、车站等部门进行明细分类核算。

上述费用一般通过"营运间接费用"科目进行核算,该科目是成本类账户,用以核算企业在物流营运过程中发生的不能直接计入成本核算对象的各种间接费用。借方登记发生的各种间接费用的金额,贷方登记期末分配转入各成本核算对象的金额,期末无余额。

期末各部门归集的营运间接费用应按照一定的标准在各成本核算对象内进行分配,分配的标准主要有直接费用或营运车日等。分配率的计算公式如下:

$$营运间接费用分配率 = 直接费用总额 \times \frac{营运间接费用总额}{营运直接费用总额}$$

(六) 单位运输成本的计算

物流企业汽车运输业务应负担的直接材料、直接人工、其他直接费用和营运间接费用构成了汽车运输总成本。汽车运输总成本除以运输周转量即为单位运输成本,其计算公式如下:

$$单位运输成本(元/千吨公里) = \frac{运输总成本}{运输周转量(千吨公里)}$$

物流企业月末应根据"主营业务成本——运输支出"明细账所归集的运输成本和该月实际完成的运输周转量编制汽车运输成本计算表,以反映运输总成本和单位成本。

二、包装成本的核算

包装是指为在流通过程中保护产品、方便运输、促进销售,按一定技术方法而采用的容器、材料及辅助物等的总体名称。

(一) 包装成本的构成

在物流过程中,几乎大多数商品都必须经过一定的包装后才能进行流转。因而,为了方便商品的正常运转,通常企业都会发生一定的包装成本。物流企业的包装成本一般包含如下几项:

(1) 包装材料费用,是指各类物资在实施包装过程中耗费在材料支出上的费用。

(2) 包装机械费用,是指使用包装机械或工具所发生的购置费用、日常维护保养费以及各期间的折旧费等。

（3）包装技术费用，是指设计、实施缓冲包装、防潮包装、防霉包装等技术所支出的费用。

（4）包装人工费用，是指对实施包装作业的人员发放的工资、奖金、津贴和补贴等各项费用支出。

（5）其他辅助费用，是指除了以上主要费用以外，物流企业发生的如包装标记、包装标志的印刷等费用支出。

（二）包装成本的核算

包装费用可能发生在不同的物流环节，也可能发生在不同的企业。

（1）如果企业的包装收入单独核算，对于包装业务中产生的各项费用，凡是可以和包装收入配比的，直接记入"主营业务成本——包装成本"科目，不能直接配比的则应该记入"销售费用"科目。

（2）如果企业的包装收入未能单独核算，对于发生于物流环节的包装费用应区分费用的性质和项目记入"销售费用"总分类账户及其相关的明细账户。

三、仓储成本的核算

仓储业务是指物流企业运用仓库及各种储存设备为客户提供货物储存和保管的业务。

（一）仓储业务的成本核算对象、成本计算单位和成本计算期

1. 成本核算对象

物流企业经营仓储业务的仓库类型复杂多样，按照建筑结构可分为露天仓库、简易仓库、平房仓库、楼房仓库、立体仓库和罐式仓库等；按照保管货物的特性可分为普通仓库、冷藏仓库、恒温仓库、特种危险品仓库等。仓储业务的成本核算对象为各种类型的仓库。

2. 成本计算单位

仓储业务的成本计算单位是以货物堆存量的计量单位为依据的。货物堆存量通常以重量为成本计量单位，所以仓储业务的成本计算单位通常用堆存吨天表示，它是实际堆存货物的吨数与货物堆存天数的乘积。货物堆存量也能以面积作为成本计量单位，因此仓储业务的成本计算单位也可以用堆存平方米天表示，它是实际堆存货物的面积与堆存货物天数的乘积。在实际工作中，通常用堆存千吨天或堆存千平方米天作为仓储业务的成本计算单位。

3. 成本计算期

仓储业务的成本应按月、季、半年、年计算，从年初至各期末的累计成本。

（二）仓储成本项目

仓储成本项目分为堆存直接费用和营运间接费用两个大类。

1. 堆存直接费用

堆存直接费用是指仓库因仓储、保管货物而发生的直接费用。主要包括

工资、职工福利费、材料费、低值易耗品摊销、动力及照明费、折旧费、劳动保护费、事故损失、保险费等费用支出。

2. 营运间接费用

营运间接费用是指物流企业的仓储装卸营运部或分公司为管理和组织仓储和装卸的营运生产所发生的管理费用和业务费用。

（三）堆存成本的核算

由于仓储业务是堆存货物，因此仓储成本也称为堆存成本。仓储业务应负担的堆存直接费用和营运间接费用构成了堆存总成本，总成本再除以货物堆存量即为堆存单位成本。物流企业月末应根据"主营业务成本——堆存支出"明细账所归集的堆存成本和该月实际完成的堆存量编制"堆存成本计算表"，以反映堆存总成本和单位成本。

1. 堆存直接费用的归集和分配

物流企业存储货物所发生的堆存直接费用，应根据"工资及福利分配表""耗用材料汇总表""固定资产折旧费用计算表"及各种发票、单据等，直接列入所属仓库或库区的成本。

借：主营业务成本——堆存支出
　　贷：应付职工薪酬
　　　　原材料
　　　　累计折旧
　　　　银行存款

2. 营运间接费用的归集和分配

物流企业的营运间接费用应按营运部或分公司设明细账，归集营运部或分公司发生的营运间接费用，期末按营运部或分公司的堆存直接费用和堆存费用总额的比例进行分配。其计算公式如下：

$$应分摊的营运间接费用 = 营运间接费用总额 \times \frac{部门直接堆存费用}{堆存费用总额}$$

四、装卸成本的核算

装卸业务是指物流企业运用机械设备和人力为客户提供改变货物在物流同一节点的存在状态和空间位置的服务。

（一）装卸业务成本的核算对象、成本计算单位和成本计算期

1. 成本核算对象

物流企业以运输业务或仓储业务为主，在经营装卸业务时，可以机械作业和人工作业分别作为成本核算对象。以机械作业为主的，可不单独核算人工装卸成本；以人工作业为主的，也可以不单独核算机械装卸成本。

2. 成本计算单位

装卸成本的计算单位以货物装卸量的计量单位为依据，货物装卸量通常以重量作为计算单位，一般用装卸吨表示。

3. 成本计算期

装卸成本应按月、季、半年、年计算，从年初至各期末的累计成本。

(二) 装卸成本的归集和分配

物流企业的装卸成本主要包括以下几个项目：

（1）直接人工，是指进行装卸业务发生的人工成本支出。

（2）直接材料，是指进行装卸业务发生的燃料、动力和轮胎。

（3）其他间接费用，是指装卸机械计提的折旧费用，以及装卸机械领用的工具和装卸过程中耗用的材料。

（4）营运间接费用，是指装卸队直接开支的管理费和业务费用。

(三) 装卸总成本和单位成本的计算

物流企业的装卸总成本是通过"主营业务成本——装卸支出"账户的明细账所登记的各项装卸费用总额确定的。装卸业务的单位成本，是按装卸操作总重量进行计算的，其计算公式为：

$$装卸业务单位成本 = \frac{装卸业务总成本}{装卸操作总重量}$$

五、配送成本的核算

配送业务是指物流企业根据客户的要求，对货物进行储存、拣选、包装、组配等作业，并按时将组配的货物以最合理的方式送交收货人的服务。

(一) 配送成本的构成

（1）配送运输费用，包括车辆费用和营运间接费用。

（2）分拣费用，包括分拣人工费用和分拣设备费用。

（3）配装费用，包括配装材料费用、配装人工费用和配装辅助费用。

（4）流通加工费用，包括流通加工设备费用、流通加工材料费用和流通加工人工费用。

(二) 配送成本核算对象、成本计算单位和成本计算期

1. 成本核算对象

配送成本的核算对象按配送的各个环节确定成本核算对象。如物流保管环节的成本核算对象是仓库，配送发送环节的成本核算对象是货运车辆。

2. 成本计算单位

由于配送业务有多个成本核算对象，因此也就有多个成本计算单位。如货物保管环节的成本计算单位为堆存量，用千吨天表示；配装环节的成本计算单位为配装量。

3. 成本计算期

配送成本应按月、季、半年、年计算，从年初至各期末的累计成本。

(三) 配送直接费用的归集

物流企业配送货物所发生的配送直接费用，应根据"工资及福利费分配表""耗用材料汇总表""固定资产折旧费用计算表"及各种发票、单据等，

直接列入各个环节的成本。

借：主营业务成本——配送支出——堆存费用
　　　　　　　　　　　　——分拣配货费用
　　　　　　　　　　　　——配装费用
　　　　　　　　　　　　——运输费用
　　贷：应付职工薪酬
　　　　原材料
　　　　累计折旧
　　　　银行存款

（四）营运间接费用的归集和分配

物流企业配送业务各个环节的营运间接费用，先在组织和管理这些业务的营运部门或分公司的明细账中归集，期末再将归集的营运间接费用按堆存、分拣及配货、配装和运输等业务的直接费用的比例进行分配。

借：营运间接费用——配送营运部
　　贷：应付职工薪酬
　　　　累计折旧

【例 9-6】某物流企业有 A、B 两个车队，本月发生经济业务如下，要求进行会计处理。

（1）假设企业对燃料耗用数采用盘存制计算。A、B 两车队月初车存汽油分别为 500 升和 1 500 升，当月分别领用汽油 10 000 升和 6 000 升，月末车存汽油分别为 800 升和 600 升汽油的成本为每升 5 元。

A 车队耗用燃料的成本 = 5×(500 + 10 000 - 800) = 48 500（元）
B 车队耗用燃料的成本 = 5×(1500 + 6 000 - 600) = 34 500（元）

借：主营业务成本——运输支出——A 车队（燃料）　　48 500
　　　　　　　　　　　　　　——B 车队（燃料）　　34 500
　　贷：原材料——燃料　　　　　　　　　　　　　　83 000

（2）假设企业对轮胎采用一次摊销法计算。A、B 两车队当月分别领用外胎 5 个和 3 个，每个外胎的成本为 900 元。

借：主营业务成本——运输支出——A 车队（轮胎）　　4 500
　　　　　　　　　　　　　　——B 车队（轮胎）　　2 700
　　贷：原材料——轮胎　　　　　　　　　　　　　　7 200

（3）A 车队驾驶员和助手的工资为 30 000 元，B 驾驶员和助手的工资为 20 000 元，两个车队机动驾驶员和助手的工资为 8 000 元。福利费按工资总额的 10% 提取。A 车队当月营运货物为 1 000 千吨公里，B 车队当月营运货物为 600 千吨公里。

A 车队分摊机动驾驶员和助手工资 = 8 000÷(1 000 + 600)×1 000
　　　　　　　　　　　　　　　= 5 000（元）
B 车队分摊机动驾驶员和助手工资 = 8 000÷(1 000 + 600)×600

= 3 000（元）

A 车队本月福利费 =（30 000 + 5 000）× 10% = 3 500（元）

B 车队本月福利费 =（20 000 + 3 000）× 10% = 2 300（元）

借：主营业务成本——运输支出——A 车队（工资费用）35 000
　　　　　　　　　　　　　　——A 车队（其他薪酬费用）
　　　　　　　　　　　　　　　　　　　　　　　　　3 500
　　　　　　　　　　　　　　——B 车队（工资费用）23 000
　　　　　　　　　　　　　　——B 车队（其他薪酬费用）
　　　　　　　　　　　　　　　　　　　　　　　　　2 300
　　贷：应付职工薪酬　　　　　　　　　　　　　　63 800

（4）企业缴纳养路费 100 000 元，其中 A 车队 60 000 元，B 车队 40 000 元。

借：主营业务成本——运输支出——A 车队（养路费）60 000
　　　　　　　　　　　　　　——B 车队（养路费）40 000
　　贷：银行存款　　　　　　　　　　　　　　　100 000

（5）A 车队计提车辆折旧费 70 000 元，B 车队计提车辆折旧费 30 000 元。

借：主营业务成本——运输支出——A 车队（养路费）70 000
　　　　　　　　　　　　　　——B 车队（养路费）30 000
　　贷：累计折旧　　　　　　　　　　　　　　　100 000

（6）A 车队发生杂费 4 000 元，B 车队发生杂费 2 000 元，均以用银行存款支付。

借：主营业务成本——运输支出——A 车队（其他费用）4 000
　　　　　　　　　　　　　　——B 车队（其他费用）2 000
　　贷：银行存款　　　　　　　　　　　　　　　6 000

（7）企业发生营运间接费用 25 000 元。

A 车队当月直接费用 = 48 500 + 4 500 + 35 000 + 3 500 + 60 000 + 70 000 + 4 000
　　　　　　　　　= 225 500（元）

B 车队当月直接费用 = 34 500 + 2 700 + 23 000 + 2 300 + 40 000 + 30 000 + 2 000
　　　　　　　　　= 134 500（元）

A 车队分配的营运间接费用 = 25 000 ÷（225 500 + 134 500）× 225 500
　　　　　　　　　　　　= 15 659.72（元）

B 车队分配的营运间接费用 = 25 000 ÷（225 500 + 134 500）× 134 500
　　　　　　　　　　　　= 9 340.28（元）

借：主营业务成本——运输支出——A 车队（营运间接费用）
　　　　　　　　　　　　　　　　　　　　　　　15 659.72
　　　　　　　　　　　　　　——B 车队（营运间接费用）
　　　　　　　　　　　　　　　　　　　　　　　9 340.28
　　贷：营运间接费用　　　　　　　　　　　　25 000.00

（8）根据上述资料计算 A、B 两车队的单位运输成本。

A 车队单位运输成本 = (225 000 + 15 659.72) ÷ 1 000
  = 241.16 (元/千吨公里)
B 车队单位运输成本 = (134 200 + 9 340.282) ÷ 600
  = 239.73 (元/千吨公里)

【例 9-7】某物流企业有简易仓库、立体仓库两个仓库,本月发生经济业务如下,要求进行会计处理。

(1) 本月发放的工资总额中,简易仓库仓储人员工资费用为 30 000 元,立体仓库仓储人员工资费用为 40 000 元。

借:主营业务成本——堆存支出——简易仓库(工资费用)
  30 000
  ——立体仓库(工资费用)
  40 000
  贷:应付职工薪酬 70 000

(2) 根据仓储人员的工资总额,按 2% 计提工会经费。

简易仓库人员工会经费 = 30 000 × 2% = 600 (元)
立体仓库人员工会经费 = 40 000 × 2% = 800 (元)

借:主营业务成本——堆存支出——简易仓库(其他人工费用)
  600
  ——立体仓库(其他人工费用)
  800
  贷:应付职工薪酬——工会经费 1 400

(3) 本月仓库设备计提折旧,简易仓库为 36 000 元,立体仓库为 50 000 元。

借:主营业务成本——堆存支出——简易仓库(折旧费)
  36 000
  ——立体仓库(折旧费) 50 000
  贷:累计折旧 86 000

(4) 本月仓储装卸营运部发生间接费用 12 592 元。

分配率 = 12 592 ÷ (30 000 + 40 000 + 600 + 800 + 36 000 + 50 000) = 0.08
简易仓库负担的营运间接费用 = (30 000 + 600 + 36 000) × 0.08
  = 5 328 (元)
立体仓库负担的营运间接费用 = (40 000 + 800 + 50 000) × 0.08
  = 7 264 (元)

借:主营业务成本——堆存支出——简易仓库(营运间接费用)
  5 328
  ——立体仓库(营运间接费用)
  7 264
  贷:营运间接费用——仓储装卸营运部 12 592

> **课堂讨论**
> 1. 仓储成本由哪些项目和明细项目组成？
> 2. 仓储单位总成本和明细成本如何进行计算？
> 3. 装卸成本和配送成本分别由哪些项目和明细项目组成？

任务三　房地产开发企业成本核算

房地产开发企业是指按照《城市房地产管理法》的规定，是以营利为目的，从事房地产开发和经营的企业。房地产开发企业经营活动的主要业务是房地产，是房产与地产的总称。房地产开发可将土地和房屋合在一起开发，也可将土地和房屋分开开发。房地产开发企业就是从事房地产开发和经营的企业，它既是房地产产品的生产者，又是房地产商品的经营者。

房地产开发企业的主要业务范围包括：土地开发和建设、房屋建筑物的开发建设和经营、配套设施开发和建设、代建工程开发和建设及物业管理和服务。

思维导图

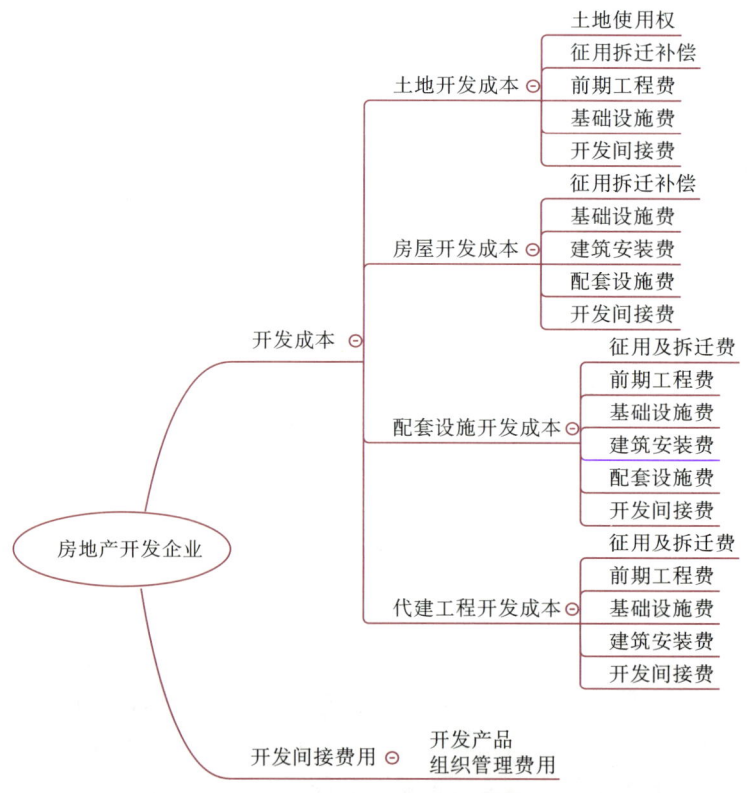

一、房地产开发企业成本费用的构成

房地产开发企事业是从事房地产开发、经营、管理的具有法人资格,实行独立核算、自负盈亏的企业,按照其经营的特点和范围,房地产开发企业成本包括开发成本和期间费用。其中,开发成本适用于配比性原则,把发生的各类开发成本经过归集和分配后,计入所开发的产品成本;期间费用则应当直接计入当期损益。

按照开发产品类别分类,房地产开发成本以用途划分为土地开发成本、房屋开发成本、配套设施开发成本以及代建工程开发成本。

(一) 土地开发成本

土地开发成本,指的是房地产开发企业开发土地所发生的各项费用支出。为了既有利于土地开发支出的归集,又有利于土地开发成本的结转,对需要单独核算土地开发成本的开发项目,可按以下原则确定土地开发成本的核算对象:

(1) 对开发面积不大、开发工期较短的土地,可以每一块独立的开发项目为成本核算对象。

(2) 对开发面积较大、开发工期较长、分区域开发的土地,可以一定区域作为土地开发成本核算对象。

成本核算对象在开工之前就要确定,一经确定就不能随意改变,更不能相互混淆。

(二) 房屋开发成本

房屋开发成本,指的是房地产开发企业开发各种房屋所发生的各项费用支出。房屋开发成本的核算对象,可以按以下原则进行确定:

(1) 一般房屋开发项目,以每一独立编制设计概(预)算,或每一独立的施工预算所列的单项开发工程为成本核算对象。

(2) 同一开发地点,结构类型相同的群体开发项目,开发竣工时间相近,同一施工队伍施工的,可以合并为一个成本核算对象,于开发完成计算实际开发成本后,再按各个单项工程概预算数的比例,计算各幢房屋的开发成本。

(3) 对于个别规模较大、工期较长的房屋开发项目,可以结合经济责任制的需要,按房屋开发项目的部位划分成本核算对象。

(三) 配套设施开发成本

配套设施开发成本,指的是房地产开发企业开发能有偿转让的大配套设施及不能有偿转让、不能直接计入开发产品成本的公共配套设施所发生的各项费用支出。配套设施开发成本一般按以下原则确定土地开发成本的核算对象:

(1) 对于能有偿转让的大配套设施项目,应以各配套设施项目作为成本核算对象,借以正确计算各该设施的开发成本。

(2) 对于不能有偿转让、不能直接计入各成本核算对象的各项公共配套设施，如果工程规模较大，可以各项配套设施作为成本核算对象。

（四）代建工程开发成本

代建工程开发成本，指的是房地产开发企业接受委托单位的委托，代为开发除土地、房屋以外其他工程等所发生的各项费用支出。代建工程开发成本的核算对象，应根据各项工程实际情况确定。

二、房地产开发企业成本费用核算开设的账户

为了总括核算和监督房地产开发建设过程中各项开发建设费用的发生、归集和分配情况，正确计算开发产品成本，房地产开发企业应设置"开发产品""开发成本""开发间接费用"三个账户进行核算。

1. "开发产品"账户

该账户属于资产类账户，用于核算企业已完成产品的实际成本。借方登记竣工验收开发产品的实际成本，贷方反映结转对外转让、销售和结算的开发产品的实际成本。借方余额反映尚未转让、销售和结算的开发产品的实际成本。本账户应按开发产品的种类，如"土地开发""房屋开发""配套设施开发"等设置明细账户，并按成本核算对象组织明细核算。

2. "开发成本"账户

该账户属于成本类账户，用于核算企业在土地、房屋、配套设施和代建工程的开发过程中所发生的各项费用。借方登记开发过程中发生的直接开发费用和期末分配计入各开发成本核算对象的开发间接费用；贷方登记结转的已开发完成并验收合格的开发产品的实际成本；期末借方余额反映企业在建开发项目的实际成本。本账户应按开发产品的种类，如"土地开发""房屋开发""配套设施开发"等设置明细账户，并按成本核算对象组织明细核算。

3. "开发间接费用"账户

该账户用于核算企业为开发产品而发生的各项间接费用，包括工资、福利费、折旧费、修理费、办公费、水电费等。借方登记实际发生的各项开发间接费用，贷方登记期末分配计入有关开发产品核算对象的开发间接费用，期末无余额。

三、开发间接费用的核算

（一）开发间接费用的组成内容

开发间接费用是指房地产开发企业内部独立核算单位在开发现场组织管理开发产品而发生的各项费用。这些费用虽也属于直接为房地产开发而发生的费用，但它不能确定其为某项开发产品所应负担，因而无法将它直接计入各项开发产品成本。为了简化手续，将它先记入"开发间接费用"账户，然后按照适当分配标准，将它分配计入各项开发产品成本。

开发间接费用应分设明细项目进行核算，主要包括工资、福利费、折旧费、办公费、水电费、劳动保护费、周转房摊销、利息支出及其他费用。

（二）开发间接费用的归集与分配

1. 开发间接费用的归集

开发间接费用的总分类核算，在"开发间接费用"账户进行。企业所属各内部独立核算单位发生的各项开发间接费用，都要自"应付职工薪酬——工资""应付职工薪酬——福利费""累计折旧""长期待摊费用""周转房——周转房摊销"等账户的贷方转入"开发间接费用"的借方。

开发间接费用的明细分类核算，一般要按所属内部独立核算单位设置"开发间接费用"明细分类账，将发生的开发间接费用按明细项目分类登记。

2. 开发间接费用的分配

月末，应对开发间接费用进行分配，按实际发生数计入有关开发产品的成本。具体分配方法，企业可根据开发经营的特点自行确定。为了简化核算手续并防止重复分配，对应计入房屋等开发成本的自用土地和不能有偿转让的配套设施的开发成本，均不分配开发间接费用。这部分开发产品应负担的开发间接费用，可直接分配计入有关房屋开发成本。

开发间接费用的分配标准，可按月份内各项目开发产品实际发生的直接成本进行，其计算公式如下：

$$开发间接费用分配率 = \frac{本月开发间接费用额}{本月开发产品直接成本总额}$$

$$分配的开发间接费用 = 本月开发产品直接成本 \times 开发间接费用分配率$$

四、土地开发成本核算

房地产开发企业开发的土地，按其用途可将它分为商品性土地和自用土地。商品性土地是企业的最终开发产品，其费用支出单独构成土地的开发成本；自用土地是企业的中间开发产品，其费用支出应直接计入商品房、出租房等有关房屋开发成本。

（一）土地开发成本核算的内容

（1）获得土地使用权的成本；
（2）土地征用及拆迁补偿款；
（3）前期工程费；
（4）基础设施费；
（5）开发间接费。

（二）土地开发成本的归集

房地产开发企业开发的土地，分为商品性土地和自用土地，在归集土地开发成本时，应采用不同的方法。

（1）企业开发商品性建设场地，直接记入"开发成本——土地开发成本"明细账成本项目中。

（2）企业开发自用建设场地所发生的费用，能分清负担对象的，可以直接计入"开发成本——房屋开发成本"明细账成本项目中，不必单独核算土地开发成本。

（3）企业开发自用建设场地所发生的费用，如果涉及两个或两个以上成本核算对象负担的，应先归集其发生的费用，记入"开发成本——土地开发成本"明细账成本项目中。土地开发完成投入使用后，对需要分配计入的不能有偿转让的公共配套设施费和开发间接费用，可直接分配计入有关商品房、出租房等开发产品成本。

（三）土地开发成本的结转

对于已完工土地开发项目的成本，应根据其用途采用不同的方法进行结转。

（1）企业为有偿转让而开发的商品土地，开发完成后，应将其实际成本转入"开发产品"账户。

借：开发产品——商品性土地
　　贷：开发成本——土地开发成本

（2）企业自用的土地，应在开发完成投入使用时，将其实际成本结转计入有关商品房、出租房等开发产品成本。

借：开发成本——房屋开发成本
　　贷：开发成本——土地开发成本

（3）企业自用的土地，开发完成后近期暂不使用的，应将其实际成本先转入"开发产品"账户，待企业自用土地进行房屋开发建设时，再将其土地开发成本自"开发产品"转入"开发成本"账户。

借：开发产品——自用土地
　　贷：开发成本——土地开发成本
借：开发成本——房屋开发成本
　　贷：开发产品——自用土地

五、房屋开发成本核算

房屋开发是指房地产开发企业在已开发完工的土地上组织兴建符合城市建设总体规划要求的各类房屋并出售或出租给消费者以获取开发利润。

（一）房屋开发成本核算的内容

房地产开发企业开发的房屋，按其用途可分为如下几类：一是为销售而开发的商品房；二是为出租经营而开发的出租房；三是为安置被拆迁居民周转使用而开发的周转房。此外，有的开发企业还受其他单位委托，代为开发如职工住宅等代建房。这些房屋虽然用途不同，但其所发生的开发费用的性质和用途都大体相同，在成本核算上也可采用相同的方法。

房地产开发企业在开发房屋时，其成本核算包括以下几个内容：

（1）土地征用及拆迁补偿或批租地价；
（2）前期工程费；
（3）基础设施费；

(4）建筑安装工程费；

(5）配套设施费；

(6）开发间接费。

（二）房屋开发成本核算应设置的会计科目

为了反映房屋开发所发生的支出，房地产开发企业应设置"开发成本——房屋开发成本"科目。

（三）房屋开发成本核算程序

1. 房屋开发过程中的各项费用

借：开发成本——房屋开发成本

  贷：银行存款

    应付账款

    应付票据

2. 分配房屋开发间接费用

借：开发成本——房屋开发成本

  贷：开发间接费用

3. 结转房屋开发成本

借：开发产品

  贷：开发成本——房屋开发成本

六、配套设施开发成本核算

配套设施是指房地产开发企业根据城市建设规划或开发项目建设设计规划的要求，为满足居民需要而与开发项目配套建设的各种服务性设施。

（一）配套设施开发成本核算的内容

(1）土地征用及拆迁补偿或批租地价；

(2）前期工程费；

(3）基础设施费；

(4）建筑安装工程费；

(5）配套设施费；

(6）开发间接费。

（二）配套设施开发成本核算应设置的会计账户

为了核算和监督各项配套设施费用的发生情况，正确计算各种配套设施项目和商品房等开发项目的成本，房地产企业应设置"开发成本——配套设施开发成本"账户。不能有偿转让的配套设施，所发生的费用支出，不在本账户中核算，应直接记入"开发成本——房屋开发成本"账户。

（三）配套设施开发成本的归集和结转

1. 配套设施开发成本的归集

(1）对在配套设施开发过程中发生的各项明细费用支出，可直接计入各配套设施开发成本明细账成本项目中。

借：开发成本——配套设施开发成本
　　贷：银行存款
　　　　应付账款

（2）对有偿转让大配套设施分配的其他配套设置支出，应计入各配套设施开发成本明细账"配套设施费"项目中。

借：开发成本——配套设施开发成本——××大配套设施
　　贷：开发成本——配套设施开发成本——××明细配套设施

（3）对有偿转让大配套设施分配的开发间接费用，应计入各配套设施开发成本明细账"开发间接费用"项目中。

借：开发成本——配套设施开发成本
　　贷：开发间接费用

（4）对配套设施与房屋等开发产品不同步开发，或房屋等开发完成等待出售或出租，而配套设施尚未全部完成的，经批准后可按配套设施的预算成本或计划成本，预提配套设施费，将它计入房屋等开发成本明细账"配套设施费"项目中，其计算公式如下：

$$\text{单个项目应分摊的配套设施费} = \frac{\text{配套设施费用总额}}{} \times \left(\frac{\text{单个项目预算成本}}{} \div \frac{\text{预算总成本}}{} \right)$$

借：开发成本——房屋开发成本
　　贷：其他应付款——预提配套设施费

2. 配套设施开发成本的结转

（1）对于能够有偿转让的配套设施，竣工验收后，将其实际成本转入"开发产品"账户。

借：开发产品——配套设施开发产品
　　贷：开发成本——配套设施开发成本

（2）对于按规定应计入商品房等开发项目，不能有偿转让的配套设施，竣工验收后，应将其实际成本，按照一定标准分配记入"开发成本——房屋开发成本"等账户。

借：开发成本——房屋开发成本
　　贷：开发成本——配套设施开发成本

（3）对于因不同步开发或竣工而采用预提方式计入有关商品房等开发项目成本的不能有偿转让的配套设施，竣工验收后，应将其实际成本冲减预提的配套设施费。

借：其他应付款——预提配套设施费
　　贷：开发成本——配套设施开发成本

七、代建工程开发成本核算

代建工程是指房地产开发企业接受当地人民政府或其他单位的委托，代为开发建设的各类工程，或参加委托单位招标，经过投标后承建的开发项目。

1. 代建工程开发成本核算的内容

由于各种代建工程有着不同的开发特点和内容，在会计上也应根据各类代建工程成本核算的不同特点和要求，采用相应的费用归集和成本核算方法。一般来说，代建工程开发成本核算的内容包括以下几种：

（1）土地征用及拆迁补偿或批租地价；
（2）前期工程费；
（3）基础设施费；
（4）建筑安装工程费；
（5）开发间接费。

2. 代建工程开发成本核算应设置的会计科目

为了核算和监督房地产开发企业发生的各项代建工程支出和对代建工程分配的开发间接费用，房地产企业应设置"开发成本——代建工程开发成本"账户。

3. 代建工程开发成本核算程序

（1）代建工程开发过程中的各项费用。

借：开发成本——代建工程开发成本
　　贷：银行存款
　　　　应付账款
　　　　应付票据

（2）分配代建工程开发间接费用。

借：开发成本——代建工程开发成本
　　贷：开发间接费用

（3）结转代建工程开发成本。

借：开发产品
　　贷：开发成本——代建工程开发成本

【例9-8】某房地产开发企业开发建设的A小区，本月发生以下经济业务，要求进行会计处理。

(1) 小区2幢已竣工，验收合格，实际总成本4 000万元。

借：开发产品——房屋　　　　　　　　　　　　40 000 000
　　贷：开发成本——房屋开发成本　　　　　　　　40 000 000

(2) 小区配套工程已竣工并验收合格，实际成本为400万元。

借：开发产品——配套设施　　　　　　　　　　 4 000 000
　　贷：开发成本——配套设施开发成本　　　　　　 4 000 000

(3) 小区部分销售取得收入800万元，银行转账收讫，结转销售成本600万元。

借：银行存款　　　　　　　　　　　　　　　　 8 000 000
　　贷：主营业务收入　　　　　　　　　　　　　　 8 000 000
借：主营业务成本　　　　　　　　　　　　　　 6 000 000

贷：开发产品——房屋　　　　　　　　　　　　　　　　　6 000 000

【例9-9】某房地产开发企业开发建设商品房，本月发生以下经济业务，要求进行会计处理。

（1）用银行存款支付商品房设计费20万元。

　　借：开发成本——房屋开发成本（商品房）　　　　　　　　200 000
　　　　贷：银行存款　　　　　　　　　　　　　　　　　　　200 000

（2）根据承建方工程结算清单，列明商品房工程款580万元，未进行支付。

　　借：开发成本——房屋开发成本（商品房）　　　　　　　　5 800 000
　　　　贷：银行存款　　　　　　　　　　　　　　　　　　　5 800 000

（3）月末，分配开发间接费用10 000元。

　　借：开发成本——房屋开发成本（商品房）　　　　　　　　10 000
　　　　贷：开发间接费用　　　　　　　　　　　　　　　　　10 000

（4）商品房已竣工，其全部开发成本为601万元，予以结转。

　　借：开发产品——商品房　　　　　　　　　　　　　　　　6 010 000
　　　　贷：开发产品成本——房屋开发成本（商品房）　　　　6 010 000

【例9-10】某房地产开发企业本月有A土地正在开发建设（该土地为商品性建设场地，开发完成后对外销售），发生下列有关土地开发的经济业务，要求进行会计处理。

（1）以银行存款支付土地征用及拆迁费补偿费800万元。

　　借：开发成本——土地开发成本（A土地）　　　　　　　　8 000 000
　　　　贷：银行存款　　　　　　　　　　　　　　　　　　　8 000 000

（2）由工程公司承包的基础设施工程已竣工，应支付工程款60万元。

　　借：开发成本——土地开发成本（A土地）　　　　　　　　600 000
　　　　贷：应付账款　　　　　　　　　　　　　　　　　　　600 000

（3）月末，分配开发费用20万元。

　　借：开发成本——土地开发成本（A土地）　　　　　　　　200 000
　　　　贷：开发间接费用　　　　　　　　　　　　　　　　　200 000

（4）月末，A土地已开发完成，并经验收合格，结转其实际开发成本860万元。

　　借：开发产品——A土地　　　　　　　　　　　　　　　　8 600 000
　　　　贷：开发成本——土地开发成本（A土地）　　　　　　8 600 000

> **课堂讨论**
>
> 1. 什么是房地产开发企业的开发成本？包括哪些内容？
> 2. 土地开发成本、房屋开发成本、配套设施开发成本及代建工程开发成本的核算内容有何区别和联系？

主要参考文献

［1］赵丽生，高翠莲．企业成本会计（第一版）．辽宁：大连理工大学出版社，2014．

［2］财政部会计资格评价中心．初级会计实务．北京：经济科学出版社，2020．

［3］耿聪慧．成本会计［M］．北京：中国财政经济出版社，2018．

［4］周云凌．成本会计［M］．辽宁：东北财经大学出版社，2016．

［5］万寿义，任月君．成本会计［M］．辽宁：东北财经大学出版社，2019．

［6］丁元霖．物流企业会计（第四版）．上海：立信会计出版社，2019．

［7］李洛嘉．成本会计．北京：中国财政经济出版社，2017．

［8］鲁亮升．成本会计．北京：经济科学出版社，2010．

［9］弓锋伟，刘总理．房地产开发企业会计（第二版）．上海：立信会计出版社，2017．

［10］张秀玲．商品流通企业会计．北京：中国工信出版集团．人民邮电出版社，2016．

［11］财政部会计资格评价中心．初级会计实务（2020年度）．北京：经济科学出版社，2019．

［12］于富生，黎来芳，张敏．成本会计学（第8版）．北京：中国人民大学出版社，2018．

［13］于富生，黎来芳，张敏．成本会计学（第8版）学习指导书．北京：中国人民大学出版社，2018．

［14］周云凌，王雪岩，周敏，庞惠文．成本会计（第四版）．辽宁：东北财经大学出版社，2019．

［15］周云凌，王雪岩，周敏，庞惠文．成本会计（第四版）训练手册．辽宁：东北财经大学出版社，2019．